EUROPAVERLAG

CHRISTIAN HARDINGHAUS

DIE VERDAMMTE GENERATION

Gespräche mit den letzten Soldaten
des Zweiten Weltkriegs

EUROPAVERLAG

INHALT

»Ich möchte, dass die Fakten bekannt und moralisch bewertet werden. Aber man schneidet sich selbst den Erfolg völlig ab, wenn man zunächst einmal pauschal 19 Millionen [Soldaten der Wehrmacht] beleidigt oder aber die Kinder von 19 Millionen glauben lässt, ihre Eltern seien die Schuldigen – und man selber sei nun aufgeklärt, moralisch in Ordnung und wäre – hätte man damals gelebt – Widerstandskämpfer geworden.«

Helmut Schmidt

VORWORT

Als Historiker habe ich eine Menge Bücher über den Zweiten Weltkrieg gelesen, Filme gesehen, Archive besucht, zeitgenössische Fotos und Feldpost studiert. Nichts aber hat mich so nah an die Realität des Krieges herangebracht wie die intensiven Gespräche, die ich mit verschiedenen Zeitzeugen führen durfte. Auch für mich persönlich konnte ich neue Erkenntnisse gewinnen und einiges lernen von den und über die Menschen, die den schlimmsten Krieg der Menschheitsgeschichte hautnah miterlebten. Für dieses Buch habe ich 13 Kriegsgeschichten aus meinem Zeitzeugenarchiv ausgesucht, die mir ehemalige Soldaten der Wehrmacht in den letzten vier Jahren anvertraut haben. Mit einigen Männern verbrachte ich viele Stunden, mit anderen mehrere Tage, sodass insgesamt über 60 Stunden Audiomaterial für die Auswertung zusammenkamen. Alle hier porträtierten Männer waren zum Zeitpunkt der Interviews zwischen 88 und 100 Jahre alt und hatten aktiv als Soldat im Zweiten Weltkrieg gekämpft. Einige haben mit Familie und Freunden über ihre Erfahrungen gesprochen, andere mit niemandem. Ein paar haben versucht, ihre Erinnerungen an die schlimmen Erlebnisse in Form von

Tagebüchern aufzuschreiben; andere haben, solange es ging, alles verdrängt. Nicht immer war es einfach, das Vertrauen der Männer zu gewinnen, doch dies war Voraussetzung, um die Gespräche führen zu können. Meine Gesprächspartner haben mir, nachdem ihnen klar war, dass sie nicht befürchten müssen, vorgeführt oder verurteilt zu werden, ehrlich und detailliert Auskunft zu allen meinen Fragen gegeben. Mein Ziel für dieses Buch ist, ein möglichst realistisches und authentisches Bild des Kriegserlebens eines durchschnittlichen Wehrmachtssoldaten zu beschreiben. Außerdem war es mir wichtig, Soldaten möglichst vieler unterschiedlicher Waffengattungen und vor allem verschiedener Einsatzorte befragen zu können. Die Zeit eilte voran, es war sozusagen die letzte Chance für mich, diesen besonderen Menschen zuzuhören, aber auch für sie, ihre Geschichten in einem Buch für die Nachwelt zu erhalten. Wie drängend das Vorhaben war, zeigt sich darin, dass von meinem ersten Interview bis zur Fertigstellung dieses Buches, also in einer Zeit von etwas über vier Jahren, sechs der 13 interviewten Zeitzeugen verstarben. Nach jedem Abschied ahnten beide Seiten, dass es kein persönliches Wiedersehen geben würde. Ich habe deutlich gemerkt, wie wichtig es allen war, von ihren Erfahrungen aus dem Krieg zu erzählen. Sie gehören einer verdammten Generation an: verdammt zum Kämpfen, verdammt zum Schweigen, später dafür verdammt, am Krieg teilgenommen zu haben.

Ohne ein Blatt vor den Mund zu nehmen, berichteten mir diese Männer schonungslos vom Kämpfen, Töten und Sterben und hinterfragten dabei ihre Rolle immer wieder selbst. Sie reflektierten ihre Kindheit vor dem Krieg, schilderten ihre ersten Erfahrungen mit dem NS-Regime als Hitlerjungen oder Flakhelfer, gaben an, was sie von Judenverfolgung, Holocaust oder Kriegsverbrechen mitbekommen hatten, beschrieben ihren Alltag in Kriegsgefangenschaft und blickten auf ihr Leben nach dem Krieg zurück. Nahezu alle Interviewten sagten mir, dass sie sich in den Darstellungen des Zweiten Weltkrieges, wie sie in Schule und Medien präsentiert wurden, nicht wiedergefunden haben. Oft hatten sie das Gefühl, dass jüngere Generationen nicht zu unterscheiden wussten zwischen einem Nazi und einem unbelasteten Soldaten der Wehrmacht. Sie monierten ebenso, dass viele Aspekte des Krieges in unserer Erinnerungskultur keinen Platz gefunden haben; das betrifft den Kriegsalltag deutscher Soldaten ebenso wie die Thematisierung von Verbrechen gegen deutsche Zivilisten und Soldaten, die sie miterleben mussten. Die Zeitzeugen berichten von ihren nicht aufgearbeiteten Kriegstraumata, die sie ihr ganzes Leben verfolgt und beeinflusst haben, geben Auskunft darüber, warum sie lange Zeit nicht sprechen konnten, und mahnen uns und die kommenden Generationen, verantwortungsvoll mit der Geschichte umzugehen, damit ähnliches Grauen nicht noch einmal über Europa hereinbricht.

ZWISCHEN HYSTERIE UND HISTORIE – ANNÄHERUNG AN DIE *VERDAMMTE GENERATION*

Wir leben heute in einem Deutschland, das zum Glück nicht mehr von Krieg, dafür aber von Hysterie bedroht ist. Die zunehmende Unfähigkeit, zu differenzieren, und das scheinbare Nicht-ertragen-Können anderer Meinungen treiben einen Keil durch die Gesellschaft, aus der sich zumindest ein heftiger Meinungskrieg entwickelt hat. Debatten in Medien oder Politik werden kaum mehr sachlich geführt, Meinungen von Minderheiten – oder immer häufiger auch die von Mehrheiten – werden unterdrückt anstatt ausdiskutiert.

Obwohl wir über das Internet Zugriff auf quasi das gesamte Wissen der Menschheit haben, also in diesem Bereich privilegiert sind wie keine Gesellschaft zuvor, scheint es erhebliche Probleme mit dem zu geben, was wir als Wahrheit anerkennen wollen. Selbst gegen knallharte Fakten werden Menschen in diesem Land resistent, wenn sie nicht der eigenen Meinung entsprechen, aus der ein Lebensbild geformt werden soll. Soziale Medien dienen nicht mehr dem Gedanken- und Meinungsaustausch, sondern sind in erster Linie dafür da, die Richtigkeit eigener Ansichten zu bestätigen und zu stärken. Wir können uns der Flut von Informationen und Nachrichten, die täglich über Dutzende Kanäle auf uns einprasseln, nicht mehr erwehren, geschweige denn sie ausreichend beurteilen und ordnen; deshalb werden wir gezwungen, uns vorschnelle Urteile – mit anderen Worten Vorurteile – zu bilden. Wo Werte beispielsweise durch fehlendes Nationalgefühl, durch das Zerbrechen von Familien, durch das Schwinden des Einflusses der christlichen Religion, durch mangelnde Bildung wegfallen, sucht sich der Mensch Identifikation über alternative, meist vereinfachte Weltanschauungen. Das Bedürfnis, sich mit etwas zu identifizieren, wird paradoxerweise umso größer, je mehr sich alles zerstreut. Und je mehr Angebote zur Orientierung vorhanden sind, umso desorientierter wird die Gesellschaft und umso stärker wird das Bedürfnis des Einzelnen, sich in generellen Fragen von den anderen abzugrenzen und zu unterscheiden. So bleiben letztendlich zwei Prinzipgruppen übrig, die sich gegenseitig als Gut und Böse beschreiben und generell auf keinen Konsens mehr kommen können. Wer der anderen Seite angehört, der ist je nach Lesart verblendet, manipuliert, noch nicht aufgewacht. Halt und Anerkennung bietet die Eigengruppe sozialpsychologisch gesehen allerdings nur, wenn sie ein gemeinsames Feindbild hat. Die sogenannte Ingroup braucht eine Outgroup, die sie abwerten kann, um sich selbst als wahrhaftig zu begreifen und überlegen fühlen zu können. Da die Politik darin versagt, beide Seiten zusammenzuhalten, weil sich die Politiker längst selbst Eigen- und Fremdgruppen zugeordnet haben und daher ebenfalls keine Kompromisse mehr finden können, steigern sich die Argumente auf beiden Seiten immer weiter ins Radikale, Renitente und Unumkehrbare.

Für den Historiker kaum zu ertragen ist es, wenn Menschen mit anderer Meinung, die nicht den Vorstellungen oder der Moral unserer Zeit entspricht, abgewertet werden, indem man sie als Nazi bezeichnet und beschimpft. Ist es möglich, dass unsere Bildungspolitik derart versagt haben kann? Oder warum sonst lässt es die Gesellschaft zu, dass solche Menschen mit den größten Verbrechern gleichgesetzt werden, die jemals in Deutschland regiert haben?

Im Zentrum aller wichtigen Debatten, wie beispielsweise zur Migrations-, EU- oder Klimapolitik, steht die Frage nach unseren Werten und unserem Wesen. *Wer sind wir Deutschen? Wer waren wir? Wie wollen wir sein?* Die Identität eines Volkes wird maßgeblich durch seine historische Vergangenheit geprägt. Und die alles umspannende Pauschalisierung bzw. Popularisierung, der wir aktuell ausgesetzt werden, ist nichts anders als die Folge eines ausgewiesenen innerdeutschen Identitätsproblems. Das ist zwar im Grunde so alt wie Deutschland selbst, und nie konnte hier ein wirklicher Konsens gefunden werden, doch mit Sicherheit stellt die Zeit des Dritten Reiches für uns heute Lebenden den größten, nicht aufgearbeiteten Komplex und gleichzeitig die wichtigste Spaltursache dar. Diese dunkelste Epoche unserer Geschichte ist nach 75 Jahren längst nicht hinreichend verarbeitet, andernfalls würde nicht die Jagd nach vermeintlichen Nazis und Faschisten heute vehementer angetrieben werden als je zuvor. Wir scheinen eben doch nicht ganz verstanden zu haben, wer oder was die Nazis waren und was sie getan haben.

Aber haben denn die aktuelle gesellschaftliche Spaltung und die zunehmende Uneinigkeit der Deutschen wirklich noch etwas mit dem Zweiten Weltkrieg zu tun?

Ganz gewiss! Wir müssen deswegen anfangen, unsere Geschichte multiperspektivisch aufzuarbeiten; wir dürfen Themen aus dieser Zeit nicht ausklammern oder aus Angst nicht ansprechen. Und vor allem sollten wir, wenn wir selbst anders leben wollen, nicht unsere Vorfahren in Schubladen sortieren. Zu häufig liest man in höhnischen Kommentaren unter journalistischen Artikeln, die beispielsweise an den Holocaust erinnern: »Alle haben es gewusst!«, »Alle haben mitgemacht!«, »Alle haben Schuld!«.

Das ist nicht nur historisch völlig inkorrekt, sondern ignorant gegenüber unseren Vorfahren und arrogant bezogen auf unser eigenes Dasein. Diese leicht dahingesagten Phrasen vermitteln Unwissenheit und Überheblichkeit gleichermaßen und zeigen, dass das System Nationalsozialismus nicht begriffen wurde. Das ist gefährlich. Wenn man nämlich alle Menschen zwischen 1933 und 1945 als Nazis bezeichnet, sei es aus Boshaftigkeit, Ideologie oder Unwissenheit, so werden auf der einen Seite die Verbrechen der Nazis verharmlost, auf der anderen Seite völlig unbelastete Menschen mit Schuld überhäuft, die sie nicht auf sich geladen haben. Es kann und darf nicht sein, dass heute jeder, der sich nicht offensichtlich im Widerstand organisiert hat, in den Verdacht gerät, Täter gewesen zu sein, und dass er schuldig gesprochen wird für etwas, das er weder zu verantworten hatte noch hätte verhindern können. Dasselbe Prinzip gilt für den ähnlich populistischen Ausruf »Alle Soldaten sind Mörder!«. Diese Plattitüde zeigt auf, dass auch das Wesen des Krieges nicht verstanden wurde – und das in einem Land, in dem eben noch gar nicht lange her der schlimmste Krieg der Menschheitsgeschichte tobte. Doch sind wir überhaupt unterrichtet worden über das, was Krieg in seinem Wesen ausmacht, wie er sich für die verschiedenen Beteiligten aller Seiten anfühlt, was Kriegsalltag bedeutet? Oder haben uns Schule und Medien lediglich einige wenige Ausschnitte gezeigt, aus denen wir ein Gesamturteil ableiten, wo es keines geben kann und darf, wir uns aber nicht trauen, anderes zu akzeptieren?

Nach den *Nürnberger Prozessen,* die zwischen dem 20. November 1945 und dem 14. April 1949 gegen Kriegsverbrecher und Kriegsverantwortliche geführt wurden, herrschte unter den alliierten Anklägern schnell Einigkeit darüber, dass die deutsche Zivilgesellschaft nicht schuldig sein konnte an den Schandtaten der Nazis. In ihren Urteilen und Schlussplädoyers machten die Richter dies mehr als deutlich und übertrugen ihre Feststellungen auch auf die Soldaten der Wehrmacht. Es herrschte ein Einvernehmen darüber, dass die unter dem Einsatzkommando des Reichssicherheitshauptamtes (RSHA) stehenden Einsatzgruppen der Sicherheitspolizei (SIPO) und des Sicherheitsdienstes (SD) mit der Planung und Durchführung des Holocausts beauftragt worden waren. Das führte dazu, dass die alliierten Rechtsprechenden zwar die NSDAP und die SS als verbrecherische Organisationen einstuften, nicht aber die Wehrmacht und auch nicht ihr Oberkommando (OKW). Heute wissen wir freilich, dass die Wehrmacht als Institution und Werkzeug der Nationalsozialisten Bestandteil eines schrecklichen Vernichtungskrieges geworden ist. Soldaten der Wehrmacht waren an Verbrechen und vereinzelt auch am Holocaust beteiligt. Diese machten aber – und die moderne Geschichtswissenschaft hegt hier keinen Zweifel – in der Gesamtbetrachtung einen geringen Anteil aus. Bis Ende der 1960er-Jahre wusste auch die deutsche Nachkriegsgesellschaft zwischen Zivilisten, Soldaten und Funktionären der NSDAP zu unterscheiden. Dann jedoch begannen die Kinder der letzten aktiv am Krieg beteiligten Generation damit, ihre Eltern für die bloße Teilnahme am Krieg als Täter und Mitwisser zu verurteilen. Eine Stigmatisierung, von der sich diese bis zum Ende ihres Lebens nicht erholen konnten und die ihnen auch danach immer noch anlastet. Die sogenannte 68er-Bewegung war notwendig, ihr Anspruch nach gründlicher Aufarbeitung von Nazi-Verbrechen richtig und wichtig, ihr Streben nach Frieden verständlich. Doch haben sie es sich in Deutschland in einigen Punkten zu leicht gemacht. Die pauschale Verurteilung all ihrer Väter, die am Krieg teilgenommen haben, als Nazis erfüllte auch den Wunsch dieser Generation, sich einerseits selbst von Schuld freisprechen zu können und sich andererseits nicht weiter mit der Vergangenheit ihrer Eltern auseinandersetzen zu müssen. Indem sich die Alt-68er gegenseitig versicherten, alle Väter und Mütter seien Nazis gewesen, konnte sich keiner schuldiger fühlen als der andere. Sie waren typische Rebellen, nahmen sich raus aus einer Debatte, ohne sie zu Ende zu denken, feierten sich selbst und die neue Freiheit lieber allein und dachten, die eigenen Kinder würden ihr Weltbild wohl schon irgendwie übernehmen.

Wer Ende der 1960er-Jahre die Vergangenheit differenziert betrachten wollte, galt als nicht gewillt, der neuen Friedensbewegung anzugehören, und wurde ausgeschlossen. Das galt ebenso für Historiker und Autoren, denn schon vor 40 Jahren liefen sie Gefahr, in die rechte Ecke gestellt zu werden, wenn sie die falschen Fragen über den Zweiten Weltkrieg stellten. Und damit sind nicht jene Geschichtsrevisionisten oder Holocaustleugner gemeint, die mit ihren Thesen nur noch im Ausland publizieren konnten. Gemeint sind genau alle anderen.

Trotz der jahrzehntelangen intensiven gesellschaftlichen, medialen und pädagogischen Versuche, die Verbrechen der Nationalsozialisten zu bewältigen, haben wir wohl nicht genug darüber gelernt – oder es wieder vergessen. Wir pauschalisieren und setzen Menschen, die das Pech hatten, in der Zeit des Dritten Reiches gelebt zu haben, sowie Soldaten, die keine andere Wahl hatten, als am Krieg teilzunehmen, mit Nationalsozialisten gleich. Wir können und müssen das korrigieren. Die Geschichtswissenschaft stellt Wissen zur Verfügung, das anderen erlaubt, eigene Werturteile und Sachurteile aus der Vergangenheit zu ziehen, mit diesen Erkenntnissen die Gegenwart zu analysieren, auf den Prüfstand zu stellen und darüber hinaus Prognosen für die Zukunft zu treffen.

Das Problem ist aber komplexer: Die Verbrechen des Holocausts überwiegen so deutlich, dass es bis heute nur wenige deutsche Historiker wagten, sich mit der Alltagsgeschichte deutscher Soldaten auseinanderzusetzen. Auschwitz und andere Lager des industriellen Massenmordes wurden zur Messlatte für alles

Schlimme und Schreckliche, sodass es scheint, für andere Katastrophen dieser Zeit dürfe es keinen Platz geben. Im Ergebnis pflegen wir heute eine funktionierende, richtige und immer wichtige Erinnerungskultur, was die Opfer des Holocausts und die Judenverfolgung, die in der Shoah mündete, betrifft. Diese Verbrechen bilden den Kern auch unserer gesamtgeschichtlichen Erinnerungskultur, aber dies kann bei aller Warnung und Mahnung nicht genug sein. Die Folgen bemerken wir heute. Die Nationalsozialisten haben abscheuliche Gräuel begangen, die weitestgehend erforscht sind. Unsere Aufgabe und Pflicht ist die Erinnerung daran. Das wird auf ewig so bleiben. Doch das reicht nicht, dadurch wachsen wir nicht mehr und nicht wieder oder überhaupt einmal zusammen. Unsere Erinnerungskultur soll auch identitätsstiftend sein. Wir müssen in gemeinsamer Verantwortung gedenken und nicht Schuld abtragen. Das ist auch längst keine Forderung mehr, die unsere ehemaligen Kriegsgegner an uns stellen. Auch nicht die Opfer des Holocausts. Den Juden ist daran gelegen, dass wir mit uns selbst klarkommen und uns nicht über die Verbrechen definieren, die von diesem Land ausgingen, aber nicht von den Heutigen an ihnen verübt worden sind. Das hilft Juden nämlich nicht, und der größte Beweis dafür zeigt sich darin, dass der Antisemitismus im heutigen Deutschland nicht schwindet, sondern stetig steigt und bereits so bedrohliche Formen annimmt, dass zahlreiche Juden auswandern oder zumindest mit dem Gedanken spielen. Sie erleben vornehmlich nicht den Antisemitismus der NS-Zeit, sondern neue Formen, und zwar von Rechtsradikalen, von Linksradikalen und von radikalisierten Muslimen, die aus Ländern zu uns kommen, in denen Antisemitismus legitim ist.

Ist die deutsche Gesellschaft gespalten und mit sich selbst nicht im Reinen, dann leiden Juden darunter: diejenigen, die hier nach dem Krieg wieder ein Zuhause gefunden haben, diejenigen, die in Israel einen eigenen Staat schützen, sowie natürlich das jüdische Volk weltweit.

Wir müssen endlich offen darüber diskutieren, in wieweit es sinnvoll ist, Schuld- und Schamgefühle, die wir heute auf unsere Vergangenheit beziehen, besser ertragen zu können, wenn wir eine ganze Generation als Nazis abstempeln, unsere eigenen Opfer aber nicht in Schutz nehmen, unsere Widerständler nicht ehren, den eigenen gefallenen Soldaten nicht gedenken. Dennoch darf die Vergangenheitsdiskussion über die Zeit des Dritten Reiches natürlich nie ohne die Thematisierung des Holocausts auskommen, und das braucht sie auch nicht, sie tut es in jedem Falle und muss das sogar. Nur im Kontext kann dieses Menschheitsverbrechen begriffen und in eine multiperspektivische und differenzierte Debatte eingewoben werden. Dazu gehört es, ertragen zu können, dass es schwere Misshandlungen, Folter und Verbrechen auch gegen deutsche Zivilisten und Soldaten gegeben hat. Sowohl Historiker, Politiker, Medien als letztendlich auch die Zeitzeugen selbst haben diese Erzählungen weitestgehend vermieden, aus Angst, deren Thematisierung könne die schwerer wiegenden Gräuel der Nazis verharmlosen. Das führt nicht nur zu den Lücken in unserer Vergangenheitsbewältigung mit allen Folgen für die Gegenwart, es ist auch aus anderer Hinsicht brandgefährlich. Denn das Ausklammern historischer Tatsachen, insbesondere des Leides der deutschen Bevölkerung in dieser Zeit, lädt jene Radikale ein, die wir am wenigsten ertragen sollten und dürfen: echte Neonazis und Faschisten. Diese können und wollen den Umstand nutzen, dass die Mehrheitsgesellschaft die eigene Geschichte in spezifischen Teilaspekten verschleiert. Sie haben leichtes Spiel damit. Und so greifen hier vor allem Propagandisten der rechtsextremistischen Seite jene Themen auf, die ungehört geblieben sind, die in der Schule keine Beachtung finden und über die es kaum eine vernünftige Dokumentation gibt. Verbrechen an Deutschen im Zweiten Weltkrieg aber lassen sich im Zeitalter unbegrenzter Information nicht oder nicht mehr verschweigen. Die Gefahr besteht konkret darin, dass eben jene Propagandisten Zulauf bekommen, weil sie uns in teilweise gut recherchierten Büchern und spannenden Dokumentationen Dinge erzählen, die nachweislich geschehen, aber nie oder nur selten besprochen worden sind. Sie können also behaupten: »Seht her, das wird euch von unserer Regierung und unserer Presse verschwiegen!«

Das wiederum kann dazu führen, dass man Schulen und Medien auch die andere Seite, das heißt unsere gepflegte Erinnerungskultur, nicht mehr abnimmt – Verfolgung von Juden, Sinti, Roma und anderen Minderheiten, Holocaust, Hauptkriegsschuld. Ein nicht geringer Teil unserer Gesellschaft – das zeigen Umfragen und Stimmungsbilder – fühlt sich bereits genervt und wendet sich zunehmend vom gemeinsamen Gedenken an den Genozid ab. Geschichtsfälscher brauchen dann nichts weiter zu tun, als das Ganze umzudrehen und diese lange behandelten und bekannten Themen ihrerseits auszuklammern, indem sie nur noch von der anderen Seite erzählen. Der Gefahr wirken wir nur entgegen, wenn wir als Gesellschaft *alle* Themen des Dritten Reiches und des Zweiten Weltkrieges besetzen und verschiedene Perspektiven und Meinungen, die es dazu gibt, nicht verdrängen. Wenn wir erst einmal so weit sind, der vorhandenen Geschichtsschreibung generell nicht mehr zu glauben – die Geschichtswissenschaft ist längst nicht die einzige Wissenschaft, die von dieser Art Skepsis befallen ist –, dann riskieren wir, dass Extremisten aller politischen Richtungen Zulauf bekommen.

Im Sinne der wissenschaftlichen Methode *Oral History* oblag mir als Historiker die verantwortungsvolle Aufgabe, die Erinnerungen meiner Interviewpartner nicht nur zu erfragen, sondern das Aufgenommene ebenso sorgfältig zu prüfen. Von Anfang an war klar, dass ich die individuellen Erlebnisse der Protagonisten dieses Buches nur darstellen kann, wenn sie im historischen Kontext kontrolliert und eingeordnet sowie einer genauen wissenschaftlichen Analyse unterzogen werden. Mir war es wichtig, dass ich von möglichst vielen verschiedenen Erlebnissen erzählen kann, die sich an unterschiedlichen Schauplätzen und zu unterschiedlichen Zeiten abgespielt haben. Daher enthält dieses Buch ein breites Spektrum an Berichten zwischen Kriegsbeginn und Kriegsende. Die einzelnen Episoden porträtieren die Zeitzeugen während ihrer gesamten Kriegszeit, bilden aber entsprechende Schwerpunkte. Die Episoden können losgelöst voneinander gelesen werden. Ich habe dennoch eine gewisse Chronologie bewahrt, über die man anschaulich das Fortschreiten des Krieges verfolgen kann. So beginnen die ältesten Protagonisten zu erzählen, da sie den Anfang des Krieges bereits als erwachsene Soldaten erlebten. Die Angaben der Zeitzeugen über die Zugehörigkeit zu bestimmten militärischen Einheiten oder erinnerte Einsatzorte konnte ich mithilfe erhaltener Dokumente aus verschiedenen Archiven verifizieren und entstandene Erinnerungslücken gegebenenfalls schließen. Die meisten Zeitzeugen besaßen noch Originale bzw. Kopien ihrer Wehrpässe, Soldbücher oder Entlassungspapiere aus der Gefangenschaft sowie Fotos aus ihrer Dienstzeit. Hilfe erhielt ich auch durch Angehörige. Für die Übertragung der Interviews in die Schriftform habe ich darauf geachtet, möglichst viel von der Authentizität der gesprochenen Sprache zu bewahren. Aus Gründen besserer Lesbarkeit habe ich an einigen Stellen das Tempus vom erzählten Perfekt ins Präteritum übertragen sowie natürlich Dialekte und Wortfindungsstörungen in den Erzählungen ausgelassen oder Halbsätze logisch geschlossen. Ergänzt werden die Geschichten durch Sachtexte, die den historischen Umstand erläutern, über den der jeweilige Protagonist gerade berichtet. Militärische Abkürzungen oder Fachbegriffe werden in Klammern erklärt. Das vorliegende Buch ist im wahrsten Sinne des Wortes individuell erlebte Geschichte aus erster Hand, liefert aber gleichermaßen historisches Hintergrundwissen zu den wichtigen Ereignissen des Zweiten Weltkrieges und kann durch seinen Aufbau und das nachstehende Register auch als Nachschlagewerk dienen. Als Besonderheit wird dabei der Krieg aus deutscher Perspektive erzählt.

In dieser Zeitzeugensammlung kommen keine Kriegsverbrecher zu Wort. Hier sprechen unbelastete Soldaten der Wehrmacht, die aber durchaus Zeugen von Verbrechen geworden sind. Die meisten von ihnen haben nie den Rang eines Offiziers erreicht, sind Schütze, Gefreiter oder Unteroffizier geblieben. Daneben berichten aber auch zwei Oberleutnante von ihren Erfahrungen in der Verantwortung für andere Soldaten. Bevor ich die Zeitzeugen erzählen lasse, möchte ich – damit die Leser den Kriegsgeschichten möglichst vorurteilsfrei folgen können – zunächst die Wehrmacht im Hinblick auf ihre Beteiligung an Kriegsverbrechen und am Holocaust unter Einbezug aktueller Forschungsergebnisse analysieren und darstellen. Ebenso soll aufgezeigt werden, wie sich die Bewertung der Wehrmacht im Laufe der Zeit mehrmals verändert und gewandelt hat.

DIE WEHRMACHT – EINE HISTORISCHE BEURTEILUNG

Als deutsche Wehrmacht bezeichnet man die Gesamtheit der Streitkräfte im nationalsozialistischen Deutschland, die sich in drei Teilbereiche gliederte: Heer, Kriegsmarine und Luftwaffe. Militärhistorisch gesehen zählt die Wehrmacht, der insgesamt während ihres zehnjährigen Bestehens zwischen 1935 und 1945 etwa 18 Millionen Soldaten angehörten, zu den schlagkräftigsten jemals aufgestellten Streitkräften in der Geschichte Europas. Sie gehört aber ebenso zu den umstrittensten Armeen der Weltgeschichte, und das hat bereits damit zu tun, dass ihre Soldaten seit dem 2. August 1934 bis zum Ende des Krieges einen Treueid auf die Person Adolf Hitler schwören mussten, der nach dem Tod Paul von Hindenburgs gleichzeitig als Reichskanzler, Reichspräsident und Oberbefehlshaber der Wehrmacht fungierte. Die deutschen Soldaten des Zweiten Weltkrieges waren wie alle anderen Organisationen im Deutschen Reich den Befehlen des faschistischen Diktators unterstellt. In ihrem Selbstverständnis allerdings war die Wehrmacht kaum politisch, und ihr Personal fühlte sich – der Tradition der deutschen Streitkräfte folgend – dem Land verpflichtet und nicht dem Nationalsozialismus.

Soldatische Tugenden wurden weiterhin hochgehalten, was eine generelle politische Indoktrinierung von Anfang an unmöglich erscheinen ließ, da diese im Widerspruch zu den Kernzielen des Nationalsozialismus gestanden hätte. Genau aus dem Grund brauchte Hitler zur Durchsetzung seiner ideologischen Interessen zunächst die Sturmabteilung (SA) als paramilitärische Organisation, später die Schutzstaffel (SS) und ihre Untergruppen als politische Armee. Diese Notwendigkeit von doppelten oder dreifachen voneinander unabhängig operierenden (para-)militärischen Einheiten war den Nazis schon bei Aufstellung der Wehrmacht bewusst, denn von Anfang an gab es Versuche der militärischen Führungsebene, sich den Befehlen Hitlers zu widersetzen. Der bedeutendste Anteil des Widerstandes generierte sich aus Reihen der Wehrmacht und mündete in dem Putschversuch des 20. Juli 1944, den Hunderte Soldaten mit ihrem Leben bezahlen sollten. Es verwundert deshalb nicht, dass Hitler seinen regulären Streitkräften gegenüber immer skeptisch blieb. Am Ende des Krieges gab er den deutschen Generälen gar die Schuld an der Kriegsniederlage und bezichtigte sie des Verrates. Hitler sprach während des Deutsch-Sowjetischen-Krieges ganz offen über sein Verhältnis zur Wehrmacht:

»Als ich noch nicht Reichskanzler war, habe ich geglaubt, der Generalstab gleiche einem Fleischerhund, den man fest am Halsband halten müsse, weil er sonst jeden anderen Menschen anzufallen drohe. Nachdem ich Reichskanzler wurde, habe ich feststellen müssen, daß der deutsche Generalstab alles andere als ein Fleischerhund ist. Der Generalstab hat mich immer hindern wollen, das zu tun, was ich für nötig hielt. Der Generalstab hat der Aufrüstung, der Rheinlandbesetzung, dem Einmarsch in Österreich, der Besetzung der Tschechei und schließlich dem Krieg gegen Polen widersprochen.

*Der Generalstab hat mir abgeraten, gegen Frankreich offensiv
vorzugehen und gegen Russland Krieg zu führen.«*[1]

Bis 1939 aber hatte Hitler es durch eine systematische Mischung
aus Verführung, Belohnung und Bestrafung geschafft, sich der
Loyalität seiner Generäle zumindest insoweit zu versichern, dass
er einen Krieg überhaupt wagen konnte. Der Führungsebene der
Wehrmacht war selbstverständlich spätestens mit den Plänen,
die Sowjetunion zu überfallen, auch bewusst, dass Hitler einen
ideologischen Vernichtungsfeldzug führte. Sein Generalstab
wusste, dass es darum ging, Lebensraum im Osten zu erobern:
von einem Volk, das die Nazi-Ideologie als minderwertig be-
trachtete, für ein Volk, das die Nazis auserkoren hatten, andere
Völker auszubeuten. Die Wehrmacht war Mittel zum Zweck.
Historiker wissen heute ebenso unmissverständlich um Hitlers
übergeordnete Ziele. Doch darf man davon ausgehen, dass der
einfache deutsche Soldat in der Mehrheit deswegen so erbittert
kämpfte, weil er glaubte – und bewusst in dem Glauben gelassen
wurde –, er verteidige in der Sowjetunion die Heimat. Veran-
schaulicht wird dieser Umstand auch dadurch, dass eine der am
häufigsten geäußerten Sorgen der Wehrmachtsoldaten in ihren
Briefen an die Angehörigen in der Heimat war, den für sie so
barbarisch kämpfenden Russen könnte es gelingen, in Deutschland einzufallen und ihre Liebenden zu bedrohen. Dies war eine
Taktik der Nazis, ihre Soldaten mit der Überzeugung in den
Krieg zu schicken, sie täten etwas Notwendiges und Gerechtes.
Und dies war auch der Grund, warum die Nationalsozialisten
dem Militär seinen so hoch gehaltenen Ehrenkodex ließen, der
vor allem besagte, dass sich ein deutscher Soldat keiner Verbrechen schuldig machen durfte. Dass Teile der Wehrmacht an
Kriegsverbrechen beteiligt waren, leugnet kein einziger Historiker. Dass Hitlers Ideologie auch einfache Soldaten erfasste, dass

es auch unter ihnen überzeugte Antisemiten gab, ebenfalls nicht. Feldpostbriefen ist zu entnehmen, dass einige wenige Soldaten der Wehrmacht während des Deutsch-Sowjetischen Krieges in bestimmten Gebieten in Kontakt mit Einsatzgruppen gekommen sind und zumindest Teile der von diesen verübten Verbrechen gekannt haben. Doch kann man über diese Einzelbeschreibungen weder auf die Art noch den Umfang des Wissens anderer am Krieg beteiligter Wehrmachtssoldaten schließen, noch sollte man meinen, diese Zeugen hätten ohne Weiteres ihr Leben riskiert, um mehr über das Erlebte in Erfahrung zu bringen.

Die wenigsten deutschen Soldaten dachten während ihres Fronteinsatzes über Politik nach. Sie hatten vor allem gar nicht die Zeit dazu, sondern mussten tagtäglich um ihr eigenes Leben und das ihrer Kameraden kämpfen. Wehrmachtsangehörigen war es während ihrer Dienstzeit nicht umsonst verboten, Mitglied der NSDAP zu sein. Man wollte verhindern, dass die kämpfende Truppe sich mit etwas anderem beschäftigte, als militärisch zu funktionieren und strategische Erfolge einzuheimsen. Dabei war den Nazis, die ja für ihre verbrecherischen Unternehmungen eigene Truppen stellten, durchaus daran gelegen, dass der deutsche Soldat als Teil der Wehrmacht, die den Grundpfeiler eines bis dato nie da gewesenen strategischen, logistischen und effektiven Eroberungskampfes markierte, ein anständiges Bild in der Welt abgab. Jeder Soldat der Wehrmacht trug ein Merkblatt bei sich mit den zehn Geboten der Kriegsführung, an denen er sich zu orientieren hatte und die in Einklang standen mit den Richtlinien der völkerrechtlichen Bestimmungen der Haager Landkriegsordnung (1907) und der Genfer Konventionen (1929).[2]

Über alle übergeordneten Ziele der Kriegsführung durfte der Soldat keine Kenntnisse haben. Hitler bestand hier auf absolute Geheimhaltungspflicht. Als eines der wichtigsten Schlüsseldokumente dafür gilt der als geheime Verschlusssache für die Führung der Wehrmacht herausgegebene Führerbefehl Nr. 1 vom 11. Januar 1940, der für alle Soldaten zu gelten hatte:

a) *Niemand soll Kenntnis von geheimen Dingen haben, die nicht in seinen eigenen Aufgabenbereich gehören.*

b) *Niemand soll mehr erfahren, als er zur Erfüllung der ihm unterstellten Aufgabe wissen muss.*

c) *Niemand soll früher Kenntnis erhalten, als es für die ihm gestellten Obliegenheiten notwendig ist.*

d) *Niemand darf mehr oder früher geheim zu haltende Aufträge an nachgeordnete Stellen weitergeben, als dies zur Erreichung des Zwecks unvermeidlich ist.*[3]

Die Beweislage dafür, dass auch Soldaten der Wehrmacht an Kriegsverbrechen beteiligt waren, ist jedoch eindeutig und geht aus einschlägigen Akten hervor. Diese individuelle Schuld wiegt so schwer, dass man sie nicht mit Befehlsnotstand erklären kann. Eher als Verrohung innerhalb eines immer brutaler werdenden Krieges, der das Schlechteste im Menschen hervorbringen konnte. Persönliche Frustration über Niederlagen, der Verlust von Kameraden, die Erbarmungslosigkeit des Gegners, Angst- und Hoffnungslosigkeit, letztendlich Erschöpfungs- und Verwirrungszustände durch psychische Belastungsstörungen, aber auch der in der Wehrmacht weitverbreitete Drogenmissbrauch konnten Soldaten dazu treiben, schlimmste Verbrechen zu begehen. Letztendlich gab und gibt es unter den Menschen immer auch einen kleinen Teil von Niederträchtigen, Mordlustigen und Sadisten, die sich erst dann so recht entfalten können, wenn ihnen Macht übertragen wird und Barrieren durch einen Kriegszustand entfallen.

Uneinigkeit herrscht allerdings darüber, welche Vergehen auch nach damaligem Recht als sogenannte Kriegsverbrechen zu gelten haben. Was beispielsweise die Erschießung von Geiseln oder Partisanen betraf, so war das nicht eindeutig kriegsrechtlich geregelt. Das Exekutieren von Geiseln etwa verstieß nicht explizit gegen das Völkerrecht, zumindest wurde dieser Passus erst 1949 durch das Zivilschutzgesetz in die Genfer Konvention aufgenommen. Auch galten Partisanen im Sinne des Völkerrechtes weder als zu schützende Zivilisten noch als unbewaffnete Soldaten. Der Umgang mit ihnen sollte nach internationalem Kriegsrecht verhältnismäßig bleiben, wobei dies nicht näher definiert wurde. Eines steht jedoch fest: Niemand konnte gezwungen werden, einem Exekutionskommando anzugehören, und der Großteil aller Soldaten lehnte dies entschieden ab. Doch letztendlich brauchte es nur eine Waffe, um viele Menschen zu töten. So fanden sich stets Freiwillige, denen man für diese gewissenlose Tätigkeit beispielsweise als zusätzlichen Anreiz Orden verlieh. Aus heutiger Sicht verstoßen selbstverständlich alle Vergeltungsmaßnahmen an Zivilisten, Unbewaffneten oder auch Partisanen gegen das Völkerrecht. Auch wenn alle Kriegsparteien Exekutionen von Gefangenen durchführten und Zivilisten ermordeten, so sind bestimmte Erlasse, die Adolf Hitler persönlich befahl, an perfider Eindeutigkeit kaum zu überbieten. Als prägnantes Beispiel gilt hier der sogenannte Kommissarbefehl, der für die Wehrmacht von Juni 1941 bis zu seiner Aussetzung im Oktober 1941 verbindlich galt. Dieser sah vor, gefangen genommene politische Kommissare der Roten Armee schon wegen des Verdachts von Widerstand oder Sabotage zu erschießen. Wann und wie das geschah, sollte im Ermessen der jeweils zuständigen Kommandeure liegen. Je nach Einstellung des Befehlshabenden kam dies in einigen Truppenteilen oft vor, in anderen gar nicht. Schätzungen zur Folge wurden bis zu 4000 Exekutionen an politischen Offizieren der Sowjetunion durch die Wehrmacht durchgeführt.

Neben der Erschießung von Geiseln, Zivilisten, Partisanen und Kommissaren rechnet man heute auch den größtenteils durch

Hunger, Seuchen und Kälte ausgelösten Tod von nach Schätzungen 2,6 bis 3,2 Millionen sowjetischen Kriegsgefangenen während ihrer von katastrophalen Zuständen geprägten Zeit in deutschem Gewahrsam zu den Kriegsverbrechen der Wehrmacht. Ein besonders grausames Beispiel dafür ist die zwischen dem 8. September 1941 und 18. Januar 1944 angeordnete und durchgeführte Blockade der Stadt Leningrad, die es darauf abgesehen hatte, die Einwohner der Stadt durch Einkesselung und Abschottung systematisch auszuhungern. Während dieses Ernährungskrieges starben über eine Million Zivilisten.

Insgesamt wurden 0,05 Prozent aller Wehrmachtssoldaten wegen Kriegsverbrechen verurteilt. Entweder während des Krieges durch die Wehrmachtsgerichtsbarkeit – beispielsweise bei Plünderungen oder Vergewaltigungen – oder durch alliierte Gerichte nach dem Krieg. Wie viele Wehrmachtssoldaten tatsächlich Verbrechen begangen haben, lässt sich schwer schätzen, aber deutlich eingrenzen. Die Beteiligung der Wehrmacht am Holocaust ist nur unter verschiedenen moralischen Gesichtspunkten verwertbar und kann nicht allgemeingültig festgelegt werden, sofern man nicht Anhänger jener Kollektivschuldthese ist, die besagt, die Wehrmacht sei alleine deswegen schon verantwortlich, weil durch ihre Eroberung im Osten der Holocaust erst möglich gemacht wurde. Das ist zwar theoretisch richtig, als Argument aber zu schwammig und abstrakt, um konkrete Aussagen über Schuld einzelner Soldaten treffen zu können.

Der Holocaust in all seinen grausamen Facetten – neben dem systematischen Massenmord in den Vernichtungslagern zählen ebenso sämtliche Massenerschießungen von Juden in den besetzten Gebieten dazu – ist heute hinlänglich erforscht, und kein seriöser Historiker kann daran noch Zweifel hegen, auch nicht an der geschätzten Anzahl von 6 Millionen Todesopfern. Dass die Führungsebene der NSDAP und der SS in Kenntnis darüber war, ist ebenso eindeutig wie die Tatsache, dass nicht die Wehrmacht, sondern die speziellen Einsatzgruppen der Sicherheitspolizei und des SD unter Befehl des Reichssicherheitshauptamtes und dem Kommando Reinhard Heydrichs bzw. Heinrich Himmlers mit der Organisation, Durchführung und Vertuschung des Holocausts betraut waren. Doch was wusste und was tat die Wehrmacht? Klar ist, dass die mordenden Einsatzgruppen zu keiner Zeit unter dem Befehl der Wehrmachtsführung standen und dass für alle Beteiligten absolute Geheimhaltungspflicht galt. Mordaufträge wurden nur mündlich erteilt; in den wenigen Schriftstücken, die erhalten geblieben sind, ist die Sprache codiert. Daher kann man nicht davon ausgehen, dass ein nicht Eingeweihter wusste, dass mit einschlägigen Befehlen Mord gemeint war. Die von den Einsatzgruppen durchgeführten Massaker fanden intendiert außerhalb von besetzten Ortschaften und fernab von Truppenteilen der Wehrmacht statt.

Hat also kein Soldat davon gewusst?

Doch!

Das beweisen Berichte, die Historiker in der Feldpost von Wehrmachtsangehörigen gefunden haben. Diese hatten auf Weisung die hinter ihnen operierenden Einsatzgruppen mit angeforderten Materialien, Benzin oder Lebensmitteln zu versorgen. Außerdem arbeiteten Soldaten der Wehrmacht in sogenannten Kommandanturen, die in besetzten Orten eingerichtet wurden. Diese hatten den Auftrag, Juden zu erfassen, zu kennzeichnen und anschließend den nachrückenden Einsatzgruppen zur Evakuierung zu übergeben. Auch wenn wohl die meisten in dem Glauben handelten, die Juden würden tatsächlich nur umgesiedelt, so kam auch vor, dass Soldaten der Wehrmacht dazu beordert wurden, den Einsatzgruppen bei der Logistik der verbrecherischen Transporte behilflich zu sein. Diese rekrutierten sich allerdings in der Regel nicht aus kämpfenden Divisionen, sondern explizit aus sogenannten Sicherungsdivisionen der besetzten Gebiete. Es stellt sich dem Historiker die Frage, ob man diese vergleichsweise sehr wenigen Männer dafür verurteilen kann, wenn sie nicht direkt gemordet haben, aber für die Einsatzgruppen beispielsweise Straßen im Hinterland absperrten oder ihnen den Weg freiräumten. Zu Bedenken dabei gilt weiterhin: Sollten diese Soldaten etwas mitbekommen und es gewagt haben, sich genauer danach zu erkundigen, dürften sie keine Antworten erhalten und mit Sicherheit ihr Leben riskiert haben. Inwieweit der Wehrmacht eine Mitschuld am Holocaust auferlegt werden kann, wird sich ohne genaue Definition auch weiterhin nicht eindeutig beantworten lassen. Natürlich ist dies immer eine Frage unterschiedlicher Bewertung verschiedener Ereignisse. Selbst wenn die Wehrmacht in der Regel nicht direkt oder aktiv an Massakern beteiligt war, so starben doch etliche Juden, die als Geiseln, Partisanen oder Kommissare hingerichtet wurden und die damit als Opfer des Holocausts gezählt werden. Manchmal wählten Kommandeure gar absichtlich Juden aus, die für die Vergeltungsmaßnahmen herhalten sollten. Partisanen und Kommissare wurden propagandistisch, ob sie es nun waren oder nicht, sprachlich mit Juden gleichgesetzt, und natürlich kämpften Hunderttausende Juden aufseiten der Roten Armee und anderen Streitkräften, von denen etliche im Gefecht oder in Gefangenschaft starben. Und letztendlich gab es Ausnahmen von der Regel: Die 707. Infanterie-Division beispielsweise wurde von einem überzeugten und scharfen Antisemiten geführt: Generalmajor Gustav Freiherr von Mauchenheim gen. Bechtolsheim. Da dieser zwischen 1941 und 1943 auf eigene Faust beschloss, mit der SS zu kooperieren, und auch autonom Erschießungen von Juden befahl, muss man hier zweifelsfrei von einer aktiven Beteiligung einer Wehrmachtseinheit am Holocaust sprechen. Dies kann man anhand der Untersuchung eines bestimmten Falles angeben, ohne dass dies auf eine größere Gruppe übertragbar ist.

Es bleibt aber die Frage nach der Anzahl von Soldaten, die sich an Kriegsverbrechen im Allgemeinen beteiligt haben. Merkwürdigerweise scheint es sich bei den Schätzungen nicht immer um seriöse historische Urteile zu handeln. So war die Bewertung der Wehrmacht dem Wandel der Zeit unterworfen, und nicht selten entsprang eine falsche, teilweise fatale Einstufung aus dem Gefühl des vorherrschenden Zeitgeistes und einer entsprechenden politischen Motivation heraus. Da die Wehrmacht, wie bereits erwähnt, von allen Anklagepunkten während der Nürnberger Prozesse freigesprochen und nicht als verbrecherische Organisation eingestuft worden war, entstand in den ersten Jahren nach dem Zweiten Weltkrieg in Deutschland zunächst der Eindruck einer insgesamt fair kämpfenden Truppe. So gab auch der erste Bundeskanzler der BRD, Konrad Adenauer, am 2. Dezember 1952 im Bundestag eine Ehrenerklärung ab:

»Wir möchten heute und vor diesem hohen Hause im Namen der Regierung erklären, dass wir alle Waffenträger unseres Volkes, die im Rahmen der hohen soldatischen Überlieferung ehrenhaft zu Lande, zu Wasser und in der Luft gekämpft haben, anerkennen. Wir sind überzeugt, dass der gute Ruf und die große Leistung des deutschen Soldaten (...) in unserem Volk noch lebendig geblieben sind und auch bleiben werden.«[4]

Auch Bundespräsident Theodor Heuss fand damals passende Worte. Während der Gedenkzeremonie zum zehnten Jahrestag des Attentates auf Hitler am 20. Juli 1944 verkündete er:

»Als ich kürzlich mit einem früheren Berufsoffizier zusammen war (...) meinte er, ich möge aber doch in der Gedenkrede nicht die anklagen, die nach dem 20. Juli, die bis zur Schlußkatastro-

phe weiterkämpften. Ich konnte ihn nur bitten, mich nicht für
so töricht und ungerecht zu halten. Ich müßte dann ja Freunde
und geliebte Verwandte anklagen, die Hitler, die den National-
sozialismus hassten, aber als sie starben, glauben mochten,
glauben durften, daß ihr Kämpfen Deutschland vor dem
Äußersten vielleicht doch rette. Und der gute Truppenoffizier
dachte an seine Leute!«⁵

Eine *Legende über die saubere Wehrmacht,* die einige Historiker
immer wieder anführten, um sie dann anhand ausgesuchter Ein-
zelfälle widerlegen zu können, hat es indes zumindest in der Geschichtswissenschaft nie gegeben. Schon die Nürnberger Prozesse hatten zutage gebracht, dass Teile der Wehrmacht an
Mordtaten an unbewaffneten feindlichen Soldaten, an Gefangenen und auch an der Zivilbevölkerung beteiligt waren – also
Kriegsverbrechen begangen hatten. Doch war man sich, ohne
genaue Zahlen zu kennen, einig – so sah es auch die Bewertung
der Siegermächte –, dass die Anzahl derer, die hier involviert
gewesen waren, nur sehr gering sein konnte. Und so war es den
Deutschen in den ersten 30 Jahren nach dem Krieg möglich, neben der zaghaft beginnenden Aufarbeitung der Gräueltaten in
den Vernichtungslagern und der durch die Einsatzgruppen verübten Massaker sich Erlebnisse von Soldaten vorurteilsfrei anzu-
hören. Es entstanden Filme, die einen heldenmütigen Kampf der
Wehrmacht darstellten wie *Des Teufels General (1955), Canaris
(1954)* oder *Hunde, wollt ihr ewig leben (1959).* In gewisser Weise wurden die Soldaten dadurch heroisiert, weil in Filmen und
Büchern negative Aspekte wie die Beteiligung Einzelner an Verbrechen ausgespart blieben. Deutlich zeigte sich dies zum Beispiel an der erfolgreichen Romanheftreihe *Der Landser.* Die sogenannte Trümmerliteratur oder Filme wie *Die Brücke* (1959)
widmeten sich hingegen dem Schicksal und dem Leid der Solda-

ten während und nach dem Krieg, thematisierten auch früh schon Schuld wie in *Die Mörder sind unter uns* (1946). Doch der einfache, kleine Soldat wurde nicht der Mittäterschaft bezichtigt, andererseits auch nicht heroisiert. Sein Schicksal, sein Verarbeiten des im Krieg erlebten Grauens und seine Neuorientierung in einem zerstörten Deutschland standen im Vordergrund. Eine Form von Erinnerungskultur notleidende Soldaten einer Armee betreffend, bildete sich in jedem an einem Krieg beteiligten Land zu allen Zeiten heraus. In den Kulturen der Alliierten, aber auch der damaligen deutschen Verbündeten geschieht dies heute immer noch wie selbstverständlich, ebenfalls was ihre Rollen im Zweiten Weltkrieg betrifft, häufig ist dort aber zentrales Stilmittel die Tapferkeit der kämpfenden Soldaten. Filme, Bücher, Spiele, Comics erinnern an die heldenhaften Soldaten in den großen Schlachten von Stalingrad über Tobruk bis zum D-Day. Auch dabei geht es nicht um Politik, werden eigene Verbrechen nicht behandelt. Möglich ist das, weil die anderen Nationen zu den Siegern oder den weniger Schuldigen zählen und eben nicht die Bürde des Holocaust zu tragen haben. Jedes Land dieser Welt pflegt eine Erinnerungskultur, die den Soldaten der vergangenen Kriege gedenkt. Deutschland tat dieses vor 1945 ebenfalls nicht nur selbstverständlich, sondern leidenschaftlich. Davon zeugen noch Tausende Kriegerdenkmäler des Deutsch-Französischen-Krieges und des Ersten Weltkrieges. Doch nach dem Zweiten Weltkrieg wurde diese Erinnerungskultur nicht mehr aktiv gepflegt. Zumindest schaffte man es aber kurz danach noch, wenigstens zu differenzieren und nicht allzu vorschnell zu verurteilen. Doch etwas hat sich im Laufe der Zeit verändert. Allgemein scheint ein deutscher Soldat, selbst ein Angehöriger der Bundeswehr, die sich noch in ihrem ersten Traditionserlass vom 1. Juli 1965 verpflichtete, den gefallenen Soldaten ihrer Vorgängerarmee zu gedenken, heute weder Vorbild noch Respektsperson zu sein. Das ist einmalig in der Geschichte eines Landes.

Alles begann, wie schon in der Einleitung erwähnt, mit den zu ihrer Zeit wichtigen Friedensinitiativen der sogenannten 68er-Bewegung. Sie wollten das Kapitel Weltkrieg, am liebsten das ganze Buch Krieg, für immer zuschlagen. Linke Ideologien, studentische Revolutionen und der Anspruch auf uneingeschränkte Freiheit passten nicht mehr zur Generation der Väter, für die man sich zu schämen begann, da sie mit Maschinengewehren feuerten, Panzer bewegten und Kampfbomber flogen. Die Debatte mit den Eltern, die nie ernsthaft geführt wurde, kippte in eine pauschale Verurteilung. Die Epoche der 68er markiert den Beginn der Gleichsetzung von Nationalsozialismus und Wehrmacht, die noch heute in weiten Teilen der Bevölkerung vorherrscht. Dass man nun alle am Zweiten Weltkrieg beteiligten deutschen Soldaten mitschuldig sprach, damit konnte die von den Ideen junger Idealisten geprägte deutsche Gesellschaft eine Zeit lang gut leben. Es war auch die Zeit von drei Jahrzehnten linksradikalem Terror, der einen neuen Feind forderte: den Kapitalismus, zu dem unter anderem der militärisch-industrielle Komplex, vor allem jener der USA, sowie eine deutsche Waffenlobby gehörten, die sich an neuen kriegerischen Auseinandersetzungen in der Welt bereicherten. Die Wehrmacht als solche geriet zunehmend in den Hintergrund, doch für den historischen Umgang mit ihr sollte es noch einmal schlimmer kommen. Als Deutschland zu Beginn der 1990er-Jahre mit Bildern von brennenden Asylheimen geschockt wurde und man bemerkte, dass manche Enkel der Kriegsgeneration sich rechtsradikalisierten und sich sogenannte Skinheads stolz mit Wehrmachtsdevotionalien zu schmücken begannen, waren ihre linksgeprägten Väter zu Recht besorgt. Doch anders als der einfache Landser waren die jungen Rechtsradikalen seit den 1990er-Jahren politisch. Sie hatten – es wurde ihnen ja so vorgelebt – die Wehrmacht mit dem Nationalsozialismus gleichgesetzt, nutzten diese so ein weiteres Mal aus und missbrauchten sie für eine alte Ideologie, um daraus einen neuen Hass auf Ausländer im Allgemeinen zu kreieren. Es entstanden Tausende Projekte gegen den Rechtsradikalismus. Viele davon waren erfolgreich und arbeiten bis heute. Doch nicht alles lief rund. Keine gute Methode, was den Umgang mit unserer Geschichte betrifft, stellte die sogenannte Wehrmachtsausstellung dar: ein gesellschaftspolitischer GAU, der das Land, das erst sieben Jahre zuvor vereint worden war, bereits wieder tief spaltete. Die Vorstellung von der Wehrmacht, wie sie die Ausstellung mit ihrem vollen Titel *Vernichtungskrieg. Verbrechen der Wehrmacht 1941 bis 1944* präsentierte, hält sich bis heute hartnäckig in großen Teilen der Gesellschaft. Die Ausstellung wurde vom Hamburger Institut für Sozialforschung unter Leitung und Organisation ihres Chefs Jan Philipp Reemtsma realisiert und zunächst zwischen 1995 und 1999 als Wanderausstellung in 34 deutschen und österreichischen Städten gezeigt. Etwa 900 000 Besucher sahen sie in dieser Zeit. Eine These der Macher lautete, es seien 80 Prozent aller Wehrmachtssoldaten an Kriegsverbrechen beteiligt gewesen. Ein Schock! Aber genau das wollte man anhand von ganz neuen Dokumenten, Fotos und Zeitzeugenaussagen belegen, die auf großen Schautafeln so präsentiert wurden, dass sie in ihrer Mitte ein überdimensionales Eisernes Kreuz bildeten. Und nach Jahren der Verdrängung war die Wehrmacht damit quasi über Nacht zum Politikum geworden, niemand schien darauf vorbereitet: Sollte tatsächlich 50 Jahre nach Kriegsende alles neu bewertet werden müssen? Konnte dieser Krieg noch schlimmer gewesen sein als angenommen? Waren doch alle Beteiligten schuldig? Würde es noch einmal Kriegsverbrecherprozesse geben?

Die *Reemtsma-Ausstellung* – wie sie schnell genannt wurde – schickte sich an, das Urteil der Nürnberger Kriegsverbrecherprozesse zu revidieren, und scheute nicht davor zurück, dieses plakativ darzustellen. Die Ausstellung warb auf Plakaten mit Slogans wie »die Sünden der Väter« und setzte damit ganz auf Emotionen, auf Wut. Es fanden sich darin vor allem Fotos von Leichen, Leichenbergen, am Galgen hängenden Toten, schießenden Soldaten. Quellen für die Zeitdokumente wurden selten angegeben. Infotafeln zu den Fotos wiesen zu einfachen Schlagworten wie »Genickschüsse« oder »Spuren verwischen« aus, was die Wehrmacht auf den gezeigten Ausschnitten des Krieges wo und wann angeblich getan hatte. Diese unwissenschaftliche und pointierte Form fand schnell ihre Kritiker unter den Besuchern, die die Absicht dahinter zu erkennen glaubten, was zwangsläufig zu Protesten in Teilen der Bevölkerung führen musste. Denn noch lebten genug Zeitzeugen, die ihren Sinnen nicht mehr trauen mochten, als sie die Bilder sahen, die sie aus eigenen Erfahrungen nicht kannten und nicht für sich gelten lassen wollten. Jetzt hüllte man sich nicht mehr auf beiden Seiten in Schweigen, sondern warf sich gegenseitig Schuld und Schande vor. Die großen Medien, die anfangs eine Sensation gewittert und die Ausstellung vorschnell als gelungen und bahnbrechend beurteilt hatten, gerieten ebenfalls in Irritationen, wusste man doch nicht so recht, auf welche Seite man sich zu stellen hatte. Schließlich konnte es sich keine Redaktion erlauben, die alten Leser, aber auch nicht die jungen zu verlieren. Ein journalistisches Dilemma. Bald gab es kein Medium mehr, das nicht die Ausstellung oder Vorkommnisse rund um diese zum Hauptthema machte. Und die Pressestimmen wurden zunehmend kritischer. Die *Frankfurter Allgemeine Zeitung* vom 6. Februar 1996 urteilte über die Inhalte der Ausstellung, sie seien »Zeugnisse eines vagabundierenden Schuldempfindens«[6]. Am 22. Februar 1997 schrieb der *Bayernkurier:* »Die Ausstellung verallgemeinert tatsächliche Verbrechen durch Einheiten und Soldaten der Wehrmacht zum Pauschalvorwurf gegen alle ehemaligen Soldaten. [...] Es geht also den Veranstaltern darum, Millionen von Deutschen die Ehre abzusprechen.«[7]

In den Kommunen und Landtagen stritten Politiker. Mehrheitlich CDU- und CSU-Abgeordnete mauserten sich zu Gegnern der Ausstellung, weil sie die Soldaten verunglimpft sahen. Mehrheitlich Bündnis 90/Die Grünen, PDS und FDP bekannten sich zu Befürwortern, da sie sich weitere Aufklärung über bisher verschwiegene Verbrechen erhofften. Veteranenverbände äußerten sich empört, Vertriebenenverbände geschockt. Sowohl Rechtsextremisten als auch Linksextremisten nutzten die Situation und trugen Gewalt auf die Straße. Im Fernsehen sah man schreckliche Bilder, die an Nazitum einerseits und an RAF-Terror andererseits erinnerten. Irre Szenen: Polizisten prügelten sich mit Linksautonomen, begleitet von johlenden Gesängen Rechtsradikaler. Als wäre die Debatte noch nicht aufgeheizt genug gewesen, forderte sodann die Partei Bündnis 90/Die Grünen per Antrag, die Ausstellung auch im Reichstagsgebäude stattfinden zu lassen. Die PDS schloss sich dem Gesuch an. Darauf wurde im Bundestag am 13. März 1997 eine Aktuelle Stunde veranstaltet, in der die Parlamentarier erstmals und umso heftiger über Schuld oder Unschuld deutscher Soldaten im Zweiten Weltkrieg diskutierten. Letztendlich wurde nach einer weiteren Aktuellen Stunde am 24. April 1997 der Antrag Der Grünen mit großer Mehrheit abgelehnt. Es gab also keine Wehrmachtsausstellung im Reichstag, aber Lösungen in der Auseinandersetzung über ihre Inhalte hatte man auch nicht gefunden. Unter den strengen Augen der Öffentlichkeit, hatte es keine Fraktion gewagt, eindeutig Partei zu ergreifen für die Wehrmacht, aber auch nicht ganz dagegen. Die Angst um den Verlust allzu vieler Wählerstimmen war zu groß. So sprachen die Bundestagsabgeordneten je nach politischer Ausrichtung ihrer Partei der Wehrmacht mehr oder weniger Schuld zu. Von Anerkennung, Andenken und Ehre an die Wehrmacht, die es bis zur Ausrichtung der Wehrmachtsausstellung innerhalb aller Parteien gegeben hatte, redete allerdings fortan niemand mehr. Es herrschte eine Stimmung der Angst vor, und man ergoss sich förmlich in Phrasen. Öffentlichkeit und Medien setzten daraufhin all ihre Hoffnung auf die Beantwortung der drängenden Fragen zur Beurteilung der Wehrmacht in Historiker. Diese wiesen zwar unisono auf Unstimmigkeiten in der Ausstellung hin, aber fast alle wollten es vermeiden, selbst in die Schusslinie zu geraten. Wer sich nämlich in dieser Zeit als Gegner der Schau zeigte – oder sie auch nur kritisierte –, geriet schnell unter Beschuss von Linksextremisten. Der Militärhistoriker Rolf-Dieter Müller vom Militärgeschichtlichen Forschungsamt war einer der wenigen Fachleute, die sich nicht verbiegen lassen wollten. Zur Zurückhaltung seiner Kollegen merkte er an: »Jeder Kritiker riskierte (...) an den rechtsradikalen Rand gedrückt zu werden. Zudem verklagen die Ausstellungsmacher gern ihre Kritiker. [...] Die Ausstellung suggeriert ein Gesamtbild über die Wehrmacht, das undifferenziert und schief ist. Es wird Jahre an Arbeit kosten, dies wieder zurechtzurücken.«[7a]

Eine Erkenntnis, der sich auch *Focus*-Chefredakteur Wolfgang Markwort anschloss, der die Aufarbeitung der Fehler der Schau zur Chefsache erklärt hatte. Er schrieb über die Schwierigkeiten, die sich durch die Zusammenarbeit mit Historikern ergab:

> *»Warum hat kein deutscher Historiker die vielen Fehler und Täuschungen aufgedeckt? Die Antwort geben Geschichtsprofessoren nur, wenn unsereiner verspricht, seinen Namen nicht zu nennen: Jeder Historiker hat sofort gesehen, wie schlampig und suggestiv die Ausstellung eingerichtet war, aber wer hat schon Lust, sich öffentlich fertigmachen zu lassen?«[8]*

Müller kritisiert generell die Zurückhaltung bei der Historiographie der Wehrmacht durch deutsche Historiker, die sich außer an der Aufarbeitung der Verbrechen der Wehrmacht kaum an alternativen Forschungsgebieten beteiligen würden:

>*In Deutschland steht noch heute die Schuld- und Betroffenheitsfrage im Mittelpunkt des Interesses, geht es häufig allein um politische Aufklärung und »political correctness« [...] Briten, Amerikaner und Israelis können über Militärgeschichte fast im Plauderton schreiben, während die deutsche Historiographie gerade bei diesem Thema oft einem angestrengt eifernden und belehrenden Ton anschlägt.*«[9]

Weiter schreibt Müller:

>*Die seriöse Historiographie der Wehrmachtgeschichte hat sich stets im Fahrwasser der allgemeinen Zeitgeschichte bewegt, auch wenn sie dort nicht immer ausreichend wahrgenommen worden ist. Sie ist in Deutschland oft auch von Pädagogen, Politologen, Sozialphilosophen, Literaturwissenschaftler u. a. mehr als ein volkspädagogisches Unternehmen stilisiert, denn im Sinne interdisziplinärer Zusammenarbeit instrumentalisiert worden.*«[10]

Und so wundert es nicht, dass es letztendlich tatsächlich zwei ausländische Historiker waren, die sich der unvermeidlichen Aufgabe annahmen, die Wehrmachtsausstellung zu bewerten.

Eine erste detaillierte Untersuchung nahm der ungarische Historiker Krisztián Ungváry vor, der zu der Erkenntnis gelangte, dass von allen 801 Bildern höchstens 10 Prozent Verbrechen von Wehrmachtsoldaten dokumentierten. In 90 Prozent der Fotos erkannte er entweder keine Soldaten der Wehrmacht, sondern Angehörige anderer Streitkräfte, keine Beweise für Verbrechen oder schlicht Manipulationen und Fälschungen, die aus russischen Archiven stammten. Und selbst bei den 10 Prozent könne man anhand des Gezeigten nicht immer eindeutig erkennen, ob es sich um Verbrechen oder zum damaligen Zeitpunkt vom geltenden Kriegsrecht abgedeckte Maßnahmen handelte.

Der polnische Historiker Bogdan Musial kam nach seiner unabhängigen Prüfung zu dem Ergebnis, dass etwa die Hälfte aller Fotos Handlungen zeigten, die nichts mit Kriegsverbrechen zu tun gehabt hätten. Zehn besonders eindrückliche Fotos wollte er als Aufnahmen von sowjetischen Kriegsverbrechen entlarvt haben. Der Eklat war nicht mehr aufzuhalten. Da war mehr faul als angenommen. Die Kritiker der Ausstellungen triumphierten. Rechtsextreme auf den Straßen besangen die *Rückkehr von Ruhm und Ehre der Wehrmacht* (und ihrem Gusto entsprechend des Nationalsozialismus). Militärhistoriker Müller warf den Ausstellungsmachern vor, das Massenpublikum absichtlich manipuliert zu haben, und das Magazin *Focus* feierte wohl einen seiner größten Erfolge:

»Jetzt steht fest, dass vor der ganzen Ausstellung gewarnt werden muss. Zwei Historiker, einer aus Polen und einer aus Ungarn, haben zweifelsfrei nachgewiesen, dass die Sammlung voller schwerwiegender Fehler steckt. Einige wichtige Bilder, zum großen Teil aus sowjetischen Archiven, sind so fahrlässig mit Texten kombiniert, dass Wehrmachtssoldaten Morde untergeschoben werden, die in Wahrheit die sowjetische Terrororganisation NKWD begangen hat. Die Täter wurden einfach ausgetauscht.«[11]

Der *Focus* empfahl nun, sich die Ausstellung als Lehrbeispiel für Propaganda anzusehen: »Wer sie jetzt besucht – bis Freitag ist sie in Osnabrück –, der kann studieren, wie mit zeitgeschichtlichem

Material manipuliert und getäuscht werden kann. Von Dezember an soll die Ausstellung durch die USA ›wandern‹.«[12]

Die tatsächlich bis dahin geplante Wanderausstellung durch Amerika wurde beidseitig abgesagt, da inzwischen zu diesem Zeitpunkt auch eine Studie von 13 unabhängigen Militärhistorikern und -experten erschienen war, die sich zur Aufgabe gemacht hatten, die tatsächliche Anzahl der an Kriegsverbrechen beteiligten deutschen Soldaten so genau wie möglich einzuschätzen. Auf fast 600 Seiten wurde die Beteiligung an Verbrechen im Sammelband *Die Soldaten der Wehrmacht* präsentiert. Mit überraschend neuer Schätzung: Lediglich 1,5 % der deutschen Soldaten sollten danach an Kriegsverbrechen beteiligt gewesen sein.[13] Also 78,5 % weniger, als es die aufgestellte These der Ausstellungsmacher suggerieren wollte. Der nächste Knüller. Zerstreuung überall.

Der an der Studie beteiligte Militärhistoriker Horst Rohde resümierte: »*Wer nach wie vor die These von einer insgesamt verbrecherischen Wehrmacht aufrechthält, macht sich der Geschichtsfälschung schuldig.*«[14] Verbrechen in der Wehrmacht seien nicht die Regel, sondern die absolute Ausnahme gewesen.[15]

Die *FAZ* verglich die Manipulationen der Ausstellungsmacher schließlich mit staatlich gelenkten Desinformationskampagnen, wie man sie aus einstigen totalitären Regimen kenne. Harte Kritik, besonders auch an Ausstellungsleiter Hannes Heer, fand Horst Möller, Leiter des Münchner Instituts für Zeitgeschichte:

»*Die Ausstellungsmacher agitieren. Sie erschlagen den Besucher mit einer Fülle von zum Teil dramatischen Bildern, mit entsetzlichen Szenen. Der Besucher kommt zu dem Schluss: So war die Wehrmacht. Herr Heer ist kein so harmloser Mensch, wie er gern vorgibt. Diesen Effekt hat er beabsichtigt. Das ist der Einhämmerungseffekt – frei nach le Bon, den schon Hitler zitiert hat: immer wieder dasselbe wiederholen, dann wird es schon einsickern. Nämlich dass die Wehrmacht zumindest in solchem Umfang an Verbrechen beteiligt war, dass man sie insgesamt als ein Instrument des Verbrechens bezeichnen muss.«*[16]

Die Wehrmachtsausstellung war am Ende. Politiker und Medien waren nicht mehr zurückzugewinnen, und so sahen sich die Ausstellungsmacher gezwungen, die Schau am 5. November 1999 bis auf Weiteres einzustellen. Reemtsma entließ seinen Ausstellungsleiter Hannes Heer, der maßgeblich die Linie des Konzeptes vorgegeben hatte, und versprach eine Aufarbeitung durch eine eigene Expertenkommission. Auch bemühte er sich fortan darum, in Interviews klarzustellen, dass man Soldaten auf keinen Fall als Verbrecher bezeichne, nur weil sie Teil der Wehrmacht waren. Kurzum, es wurde massiv zurückgerudert, auch die anklagende Sprache mäßigte sich schnell. Die Experten stellten bei der Überprüfung eine Fülle von Ungenauigkeiten, falschen Zuschreibungen und tendenziösen Darstellungen fest, sprachen aber nicht von Fälschungen. Kritiker postulierten umgehend, die Kommission bestehe ja auch weitestgehend nur aus Befürworten der Ausstellung. Niemand war zufrieden, auch nicht die Besucher. Trotz einer scharfen Revision konnte die zweite Ausstellung, die unter dem leicht geänderten Titel *Verbrechen der Wehrmacht. Dimensionen des Vernichtungskrieges 1941–1944* zwischen 2001 und 2004 gezeigt wurde, nicht an den Erfolg der ersten anknüpfen. Die Besucherzahlen gingen im Vergleich um die Hälfte zurück. Die kritischen Historiker wurden enttäuscht, da sie keine konkreten Angaben über die Anzahl von Falschdarstellungen oder getätigte Fehler erhielten und ihre Gutachten in Teilen einfach übergangen sahen. In der Gesamtbetrachtung sollte konstatiert werden, dass die Ausstellung insofern einen positiven Aspekt auf die Debatte hatte, als dass die Sinne in der Gesellschaft für die Verbrechen der Nazis geschärft und dass vor allem die Dimensionen eines Vernichtungskrieges bekannt geworden sind, in dem zweifelsohne die Wehrmacht als Organisation eine zentrale Rolle spielte. Nur geschah dies unter falschen Voraussetzungen. Eine Einsatzgruppen-Ausstellung hätte vermutlich mehr bewegt und wäre ehrlicher gewesen, oder eine über Kriegsverbrechen aller beteiligten Einheiten, eine differenzierte Betrachtung eben. Neue wissenschaftliche Erkenntnisse über die Wehrmacht im Krieg nämlich lieferte die Ausstellung ohnehin nicht. Die Schau war von Beginn an dafür konzipiert worden, die Soldaten der Wehrmacht mit in die volle Verantwortung für den Holocaust zu ziehen. Obwohl dies im Endeffekt nicht gelang und die Fakten für die Wehrmachtssoldaten sprachen, sollte sich schnell zeigen, dass die öffentliche Debatte über den Zweiten Weltkrieg dennoch seit den 2000er-Jahren tendenziös geprägt wurde. Und wie schon zuvor hielten sich deutsche Historiker lieber zurück. Durch fehlende Differenzierung in den Medien blieb so in vielen Köpfen hängen oder wurde erst geformt, was die Wehrmachtsausstellung zu suggerieren versucht hatte: Alle deutschen Soldaten waren irgendwie böse und nichts weiter oder nichts anderes als Nazis. Das schien in der Bevölkerung aus irgendeinem Grund Anerkennung zu finden, bildete es doch weiterhin die angenehmste Form der Verdrängung. Die Versuchung, sich selbst moralisch für einwandfrei zu halten, war stets eine große, und diese Art von Selbstbeweihräucherung funktioniert eben, man ahnt es, durch die Schaffung kollektiver Feindbilder. Selbst spätere Veröffentlichungen oder Aussagen von Historikern zu der verhältnismäßig geringen Anzahl von deutschen Kriegsverbrechern aufseiten der Wehrmacht fanden kaum mehr Beachtung. Wieder einmal sollte das Kapitel lieber schnell geschlossen als zu lange thematisiert werden.

Zu den wichtigsten Einschätzungen zur Beurteilung von Wehrmachtsverbrechen gehören die Aufarbeitungen des hier mehrfach zitierten Militärhistorikers Rolf-Dieter Müller, der sich auf einen Anteil von unter fünf Prozent an beteiligten Kriegsverbrechern in der Wehrmacht festlegte.[17] Seither hat sich kein Historiker mehr getraut, eine Schätzung in Prozent anzugeben. Einer der ganz wenigen Militärhistoriker der jüngeren Generation, Sönke Neitzel, der in Interviews immer wieder um eine Angabe gebeten wird, erklärt dies in einem Interview so:

»(...) wenn wir als Historiker darüber reden, über Verbrechen und so weiter, dann kommt man irgendwann an den Punkt, wo man immer wieder gefragt wird, ja, wie viele waren es denn? Der Historiker versucht natürlich, hier mit einem entschiedenen »Vielleicht« zu antworten, mit ungefähren Dingen, es waren viele oder wenige, aber irgendwann geht dann das Gedrängel los und man sagt, wie viele waren es denn? Und der Kollege (...) Professor Rolf-Dieter Müller aus Potsdam, der hat im ›Spiegel‹ mal vor einigen Jahren im Zusammenhang mit der Wehrmachtsausstellung eben diese Zahl genannt, diese fünf Prozent, und ich werde mich nun hüten, eine genaue Zahl zu nennen, weil natürlich eine genaue Zahl nie wirklich exakt aus den Quellen nachweisbar ist.«[18]

Neitzel hat recht, man wird keine genaue Anzahl ermitteln können. Geht ein Historiker mit der Einschätzung zu hoch, wird er unglaubwürdig, geht er eine Prozentzahl runter, wird er verdächtigt, zu verharmlosen. Deshalb glaubt so manch einer, es sei allemal besser, sich weiter allein mit den Verbrechen der Nazis zu beschäftigen, denn diese waren ja nun erwiesenermaßen Nazis. Geschichten über den Zweiten Weltkrieg und über die einfachen deutschen Soldaten sucht man daher nach wie vor vergeblich. Und das könnte mit dem falschen Verständnis oder mit der Angst vor einer erneuten Debatte zu tun haben. Um dem Anspruch des

Kapitels gerecht zu werden, die Zeitzeugengeschichten möglichst vorurteilsfrei zu lesen, sei am Schluss festgehalten, dass in jedem Fall eine deutliche Minderheit der Wehrmachtssoldaten an Kriegsverbrechen beteiligt war, für die Schuld immer nur individuell ausgesprochen werden sollte. Das gilt selbstverständlich auch für die Verbrechen der anderen am Krieg beteiligten Armeen, über die ebenfalls in den folgenden Geschichten berichtet wird.

OTTO UND DER
ENGEL VON BROMBERG

Otto (*1916) sitzt nachmittags bei sonnigem Wetter auf der Terrasse seines Hauses im niedersächsischen Wallenhorst bei Osnabrück. Er hat ansteckend gute Laune, scherzt mit der neuen Pflegerin Editha herum, die er Edeka nennt, weil er es nicht besser versteht. Otto fühlt sich fit, hat jedoch seit vielen Jahren Probleme mit dem Hören. Selbst wenn das Hörgerät auf maximaler Leistung läuft, muss er sich konzentrieren. In Wahrheit hat Otto seit einigen Jahren zunehmend auch Probleme, sich fortzubewegen. Im Geist gesund, vergisst er, körperlich kein junger Mann mehr zu sein, springt die Treppen vor seiner Haustür hinunter und hat Glück, dass er sich nach Stürzen bisher nur die dünne Haut aufgerissen und Blutergüsse zugezogen hat. Weil das zu gefährlich ist, Otto aber nirgendwo anders leben will als in seinem »mit den eigenen Händen erbauten Haus«, hat er seit zwei Jahren verschiedene Pflegerinnen, die im Wechsel für einige Wochen bei ihm wohnen und ihn rund um die Uhr betreuen und beschäftigen. Editha ist seine siebte Pflegekraft aus Polen. Und obwohl er das seit Beginn des Zweiten Weltkrieges nicht mehr getan hat, spricht Otto, seit die Polinnen bei ihm sind, in hohem Alter wieder Polnisch. Zumindest Grundlagen beherrscht er noch. Edithas Deutsch ist aber besser, deshalb unterhalten sie sich meistens in Ottos Muttersprache. Die junge Frau ist aufgeschlossen und interessiert und will alles über die Vergangenheit ihres Schützlings wissen, von seinem Leben in Polen, wo er unweit ihres eigenen Heimatortes seine Kindheit und Jugend verlebt hat. Häufig spielen die beiden auf der mit Kakteen und Blumen geschmückten Terrasse Dame und Halma, trinken Kaffee – er ohne Koffein wegen des schwachen Herzens, sie mit extra viel davon. Sie sprechen über Gott und die Welt. Heute über Gott, denn Editha ist gläubig und katholisch. Otto ist evangelisch.

»Otto, glaubst du an Gott«, fragt sie, während sie einen Stein auf dem Spielbrett verschiebt.

»Glauben?« Otto runzelt die ohnehin schon mit Dutzenden Altersfalten überzogene Stirn. »Das hat nichts mit Glauben zu tun. Ich weiß, dass es Gott gibt.«

Editha schaut auf und lacht.

»Da gibt es auch nichts zu lachen. Du weißt wohl nicht, warum ich 100 Jahre alt bin?«

»Nein, Otto.«

»Dann will dir das mal erzählen. *Słuchaj*!«

Otto wird im Februar 1916 im westpreußischen Bromberg (heute Bydgoszcz) geboren und wächst hier in dem Vorort Flötenau (Fletnowo) zusammen mit seinen drei Schwestern und drei Brüdern auf dem elterlichen Hof auf. Otto ist Volksdeutscher. So werden im Dritten Reich jene Deutschen bezeichnet, die nicht innerhalb der Reichsgrenzen wohnen. Von den etwa acht Millionen Volksdeutschen leben in den 1920er-Jahren über eine Million in Polen. Deutsche, die in ihren Heimatregionen in Posen, Schlesien und Westpreußen bleiben wollten, obwohl diese Gebiete nach der Niederlage Deutschlands im Ersten Weltkrieg

Polen zugesprochen worden sind. Und obwohl die hier lebenden Deutschen teilweise Diskriminierungen ausgesetzt sind,
emigrieren vor allem Landwirte nicht, da sie Angst um ihre Exis-
tenz haben müssen. Ähnlich ergeht es Zugehörigen der litaui-
schen, weißrussischen und ukrainischen Minderheiten in Polen.
Otto hat seine Kindheit und Jugend in friedlicher Erinnerung.
Er beendet die Volksschule, danach eine Lehre zum Korbma-
cher und hilft nebenbei so oft es geht dem Vater in der Landwirtschaft.

Otto in Bromberg
kurz vor Ausbruch des
Zweiten Weltkrieges

»Ich muss so 17 Jahre gewesen sein, als ich damals krank wurde«,
beginnt Otto eine Geschichte, die er sonst nur seinen Kindern
und Enkeln anvertraut, und das auch erst seit zehn Jahren, immer
zu Weihnachten. »Da musste ich zu Fuß zum Arzt nach Bromberg. Ich hatte unerträgliche Bauchschmerzen, aber man konnte
mir nicht helfen, die Ärzte wussten nicht, was ich habe. Also
musste ich zu Fuß wieder zurück nach Flötenau, eine andere

Möglichkeit gab es nicht. Und die Schmerzen wurden schlimmer, sodass ich es nicht mehr aushielt. Ich habe mich in einer Waldlichtung auf einen Stein gesetzt und habe gebetet. Ich habe in den dunklen Himmel geschaut und vor mich hin gesprochen: *Bitte lieber Gott, ich bin noch so jung, lass mich noch nicht sterben, ich möchte noch ein bisschen auf deiner schönen Erde bleiben, wenigstens bis ich 50 bin.*« Ottos Augen öffnen sich weit, Edithas auch, dann sieht sie, wie er leicht zitternd den Zeigefinger hebt. »Und so wahr ich hier sitze – und ich lüge nie –, da habe ich diese liebliche Stimme gehört, von oben, ganz laut und deutlich: *Otto, du wirst nicht nur 50 Jahre alt, du wirst 100 Jahre alt.*«

Otto ist überzeugt, dass an diesem Tag ein Engel – oder Gott selbst – zu ihm gesprochen hat.

»Dann hat Gott Wort gehalten«, sagt Editha. »Du bist 100 Jahre alt«.

»Ja, und ich habe den Engel sogar kürzlich noch mal gesprochen. Er hat mir etwas Aufschub gegeben, damit ich mich von allen verabschieden kann. Und wenn man weiß, wie oft ich dem Tod von der Schippe gesprungen bin, vor allem im Krieg, und dass ich hier sitze und lebe, wie soll man denn da nicht an Gott glauben?«

Editha ist gerührt, schaut Otto ehrfürchtig an. Sie wagt nicht mehr, ihn zu unterbrechen.

»Ich träume heute noch oft von der wunderschönen Gegend an der Weichsel« schwärmt er. »Ich habe es geliebt, stundenlang am Fluss zu sitzen und zu fischen. An einen Krieg habe ich lange nicht geglaubt. Natürlich ist uns in Polen nicht entgangen, dass sich im Deutschen Reich etwas geändert hatte, nachdem Hitler an die Macht gekommen war. Und wir haben uns insgeheim alle gewünscht, wieder zu Deutschland gehören zu können. Wenn wir aber gewusst hätten, welchen Preis wir dafür bezahlen müssen, wir wären wohl lieber Polen geworden.«

Kurz nachdem die Nationalsozialisten am 30. Januar 1933 die Macht übernommen haben, tritt in ihrem Namen Deutschland aus dem Völkerbund aus, kündigt seine im Versailler Vertrag auferlegten Verpflichtungen und rüstet massiv auf. Die Annexionen von Österreich im April 1938 und der Tschechoslowakei im März 1939 sorgen für weltweite Aufregung, ziehen aber keine nennenswerten Konsequenzen nach sich. Noch, so scheint es zumindest, lässt das europäische Ausland das wirtschaftlich und militärisch wiedererstarkte Deutschland gewähren und bemüht sich, den Frieden zu bewahren. Die politischen Spannungen mit Polen allerdings eskalieren spätestens Mitte 1939. Deutsche Pläne, etwa die Freie Stadt Danzig wieder ins Reich einzugliedern, werden von der polnischen Regierung genauso abgelehnt wie die angedachte Errichtung von Transitstrecken im zu Polen gehörenden sogenannten Weichselkorridor (auch Polnischer Korridor), die das Reich mit seinen Ostgebieten verbinden sollen. Hitler nimmt diese Streitigkeiten schließlich zum Vorwand, um am 1. September 1939 Polen zu überfallen. Dieser Angriff markiert den Ausbruch des Zweiten Weltkrieges.

Nachdem Otto vom Kriegsausbruch erfahren hat, fährt er am 2. September mit dem Fahrrad nach Bromberg in der Hoffnung, mehr Informationen darüber zu erhalten, wie es jetzt für ihn und seine verängstigte Familie weitergehen wird. Es herrscht Aufruhr in der Stadt. Otto wird zusammen mit Hunderten anderen Volksdeutschen von polnischen Polizisten festgenommen und am Abend aus der Stadt getrieben.

»Alles war hektisch und chaotisch«, erzählt Otto. »Die Polen sprachen so schnell, dass ich nicht verstehen konnte, was mit uns geschehen sollte. Tagelang wurden wir durch Dörfer und Wälder getrieben. Es gab einige Tage lang kein Essen, manchmal sogar nicht mal Wasser. Die alten Männer haben das nicht durchgehalten, sind einfach vor Schwäche umgefallen oder wurden, wenn sie am Ende ihrer Kräfte waren und nicht mehr laufen konnten, von einem polnischen Soldaten getötet. Ich werde diese Szenen nie vergessen. Sie haben gesagt, Kugeln seien für uns zu schade, und haben die Schwachen mit den auf den Gewehren aufgepflanzten Bajonetten erstochen und in den Chausseegraben geworfen. Uns blieb nichts übrig, als weiterzumarschieren, trotz all des Schmerzes, trotz des Hungers. Stillstand hätte den Tod bedeutet, das hatte ich schnell bemerkt. Während des Marsches schlossen sich einige andere Gruppen an. Überall das gleiche Bild. Deutsche gescheucht von polnischen Soldaten, in unseren Zug gedrängt. Ich wusste nicht mehr, wo ich mich befand, die Gegend war mir völlig fremd. Irgendwann sprach sich in unserem Zug herum, dass wir in ein Arbeitslager nach Warschau gebracht werden sollten.«

Otto spricht über sogenannte Todesmärsche, die in den ersten Septembertagen von polnischen Soldaten, Polizisten und militärischen Jugendverbänden organisiert werden. Die Polen wollen vor allem verhindern, dass sich Deutsche der einmarschierenden Wehrmacht anschließen, und treiben sie deshalb in Konzentrationslager im Landesinneren. In dieser Zeit kommt es zu spontanen und brutalen Vergeltungsaktionen an der deutschen Minderheit in Polen. Frauen und Kinder bleiben nicht verschont. Einen Tag, nachdem Otto verschleppt worden ist, ereignet sich in der Weichselstadt ein grausames Massaker. Während des häufig so bezeichneten *Bromberger Blutsonntags* erschlagen aufgebrachte Polen in Bromberg und den umliegenden Dörfern bis zu 1500 Deutsche auf offener Straße. Die Zahl der Volksdeutschen, die durch solche Vergeltungsmaßnahmen insgesamt in Polen ermordet werden, schätzen Historiker auf 4000 bis 6000 ein.

Getötete Volksdeutsche in Bromberg im September 1939

Ottos Treck zieht an Lowicz vorbei, in der Nähe wird bereits heftig gekämpft. Die polnischen Bewacher werden nervöser, trennen die Gruppen, verstecken sie in Wäldern und treiben sie schließlich in verschiedene Richtungen auseinander. Otto ist noch etwa 30 Kilometer von Warschau entfernt, als den Männern befohlen wird, stehen zu bleiben.

»Dann befahlen sie, wir sollten uns in einer Reihe aufstellen. Die einen bedrohten uns mit Gewehren, die anderen bauten Maschinengewehre auf. Wir waren da noch so etwa 200 Mann. Sie redeten hektisch miteinander, aber ich konzentrierte mich und konnte einiges verstehen. Sie hatten wohl Anweisungen, im Fall eines schnellen deutschen Vormarsches keine Gefangenen zu behalten. Es war aber auch so für jeden klar, dass unsere Exekution vorbereitet wurde und kurz bevorstand. Ich hatte allerdings noch nicht vor zu sterben und wusste, dass Gott mich beschützen würde. Ich spürte die Kraft des Engels immer in solchen Situationen und wusste, was zu tun ist. Als ein Offizier den Befehl zum Feuern gab, habe ich mich blitzschnell gedreht und bin gesprungen. Im gleichen Moment schlugen die Kugeln überall um mich herum ein. Ich sah und hörte, wie die Männer, die neben mir gestanden hatten, ins Feld fielen. Sie schrien, einige wie am Spieß. Ich robbte so schnell ich konnte immer weiter, während die Patronen nur so an mir vorbeizischten und die Maispflanzen zerfetzten. Aber die Ähren waren so hoch, dass sie mich nicht genau anvisieren konnten. Ich habe nur gedacht: Nein, ich werde heute nicht sterben – und bin weitergekrabbelt im Dreck. Plötzlich Stille. Eine Feuerpause? Laden sie nach? Ich stoppte meine Bewegungen und presste mich flach auf den Boden. Sie beobachteten das Feld, das merkte ich. Ich konnte die Polen von weit weg hören, ich musste also ein ganzes Stück gekommen sein. Vereinzelt vernahm ich auch noch die Schreie anderer deutscher Männer. Noch ein paar Mal rasselte das Maschinengewehr, auch in meine Richtung, aber ich blieb ganz still. Einige Male war es wirklich haarscharf. Schließlich verstummten die Schreie, ich vernahm nur noch vereinzelt eine Pistole. Vermutlich gingen sie den Straßenrand ab und erteilten Gnadenschüsse. Ob sie wirklich Munition sparten, weil sie jeden Moment erwarteten, gegen die Wehrmacht kämpfen zu müssen? Wahrscheinlich. Jedenfalls hat die Schießerei aufgehört, und es wurde gespenstisch ruhig in meinem Versteck. Ich würde davonkommen, da war ich nun ganz sicher, wollte aber so lange es mir möglich erschien in Deckung bleiben. Einige Stunden hörte ich noch ein leises Wimmern im Feld, aber ich bewegte mich kein Stück. Und dann war ich allein, aber ich ging nicht raus. Ich habe drei Tage in dem Maisfeld gelegen. Nachts war es heftig kalt, am Tag habe ich es gewagt, die grünen Stängel der Maispflanzen ein wenig zur Seite zu drücken, damit die Sonne mich wärmt. Der Mais war gerade so reif, dass man ihn essen konnte. Der hat mich am Leben gehalten, und so war ich in der Lage, zu warten, und machte mir so meine Gedanken, wann ich es wagen sollte oder könnte, zu fliehen. Ob sie alle erschossen hatten? Hat der Engel nur mich gerettet? Was würde das für ein Krieg werden? Und wofür? Im Hintergrund war dauernd dieses Donnergrollen zu hören. Artillerie-Feuer. Ich hoffte, dass die Deutschen bald da sein würden und der Spuk schnell ein Ende fand. Am meisten dachte ich – eigentlich fast ununterbrochen – an meine Mutter und ob ich sie wiedersehen würde. Die Frage, ob sie auch meiner Familie etwas angetan hatten, quälte mich. Aber so feige würden die doch nicht sein, dass sie Frauen erschießen würden? Und dann am dritten Tag sah ich sie am Himmel: Stukas (Sturzkampfbomber), mehrere Verbände hintereinander. Ich konnte die Hakenkreuze am Heck erkennen. Die Tragflächen spiegelten sich in der Sonne. Ich jubelte innerlich; dann wagte ich mich hinaus und lachte laut vor Freude und Erleichterung.«

Es muss um den 20. September 1939 herum gewesen sein, als Otto es für sicher genug hält, aus dem Maisfeld zu kriechen. Nur wenige Kilometer marschiert er in Richtung Front, als er schon auf einen Spähtrupp der Wehrmacht stößt. »Ich nahm die Arme hoch und rief, so laut ich konnte: Ich bin Deutscher! Ich bin Deutscher! Sie haben mich herangewunken, ich habe meinen Pass gezeigt und erzählt, was mir passiert war. Ein Offizier der Einheit, die mich aufgegabelt hatte, fragte mich, ob ich Polnisch sprechen könne. Ich antwortete: einigermaßen. Das reichte ihm, und er bat mich, bei der Truppe zu bleiben und zu dolmetschen. Das tat ich einige Tage lang, dann versuchte ich ihm zu erklären, dass ich unbedingt nach Hause möchte, um zu sehen, ob es meiner Familie gut geht. Als ich dem Offizier verriet, woher ich komme, lachte er und erklärte mir, dass es unmöglich sei, nach Bromberg zu gelangen. Alle Schienen und Straßen seien durch Bomben zerstört, und es sei auch nicht unbedingt wahrscheinlich, dass meine Mutter überhaupt noch lebe. Die Polen hätten Schlimmes getan. Das waren keine guten Nachrichten. Was blieb mir übrig? Ich resignierte und blieb also bei der Truppe. Schon am 1. Oktober kapitulierte Warschau. Ich übersetzte das, was ich übersetzen sollte und konnte. Es ging hauptsächlich darum, versprengte polnische Soldaten oder vermeintliche Widerstandskämpfer festzunehmen. Wir zogen von Hof zu Hof und befragten die Bauern. Wir fanden polnische Armeeangehörige, die sich versteckt hatten und die dann gefangen genommen wurden. Was man mit ihnen gemacht hat oder wo man sie hingebracht hat, habe ich nicht erfahren. Aber ich hatte ein mulmiges Gefühl. Das war alles keine Aufgabe für mich. Zwischendurch fragte ich deshalb immer wieder, ob ich es nicht doch versuchen könnte, nach Bromberg zu gelangen. Die Sehnsucht nach meiner Mutter war zu groß. Schließlich hatte der Kompaniechef ein Einsehen, wahrscheinlich auch deshalb, weil für mich nichts mehr zu tun war, und ließ mich unter der Bedingung ziehen, dass ich mich von dort aus umgehend zum Kriegsdienst zu melden habe. Ich war überglücklich, brauchte aber noch zwei Wochen, bis ich durchkam. Die meiste Zeit lief ich oder wurde von Bauern auf Heuwagen mitgenommen. Auf so einem saß ich auch, als ich kurz vor Flötenau ankam. Ich konnte es kaum glauben, auf der Straße sah ich meinen ältesten Bruder Fritz auf dem Fahrrad. Ich schrie seinen Namen, er griff seine Mütze, winkte damit und fiel fast vom Rad. Ich sprang sofort vom Gespann und fiel meinem Bruder in die Arme. Ich erinnere mich genau an seine Worte: Otto, du kannst es dir nicht vorstellen. Auf den Straßen haben sich die Leichen gestapelt, und ich habe jede einzelne umgedreht, um zu sehen, ob du darunter bist. Aber du warst nicht dabei. Wir alle haben gedacht, du wärst tot. Fritz nahm mich dann mit nach Hause. Meine Mutter brach sofort in Tränen aus, als sie mich sah. Ich habe auch geweint. Wir haben uns über Stunden nicht mehr losgelassen. Es war einer der schönsten Momente meines Lebens. Wir haben wochenlang gefeiert. Ich ahnte damals nicht, wie grausam der Krieg für uns alle noch werden sollte.«

In einem geheimen Zusatzprotokoll des Deutsch-Sowjetischen Nichtangriffspaktes (auch Hitler-Stalin-Pakt), der am 24. August 1939 zwischen dem Deutschen Reich und der Sowjetunion geschlossen wird, vereinbaren beide Seiten, Polen anzugreifen und das Territorium aufzuteilen. Deshalb marschiert ab dem 17. September die Rote Armee ebenfalls ins Nachbarland ein, das bereits am 6. Oktober 1939 kapituliert – auch weil England und Frankreich Polen ihre zuvor versicherte Unterstützung bei einer deutschen Invasion versagen. Etwa 70 000 polnische Staatsangehörige sterben während des Polenfeldzuges durch deutsche Angriffe, weitere 50 000 durch sowjetische. Über 140 000 Polen geraten in Gefangenschaft. Auf Seite der Wehrmacht lassen etwa 11 000 deutsche Soldaten ihr Leben, die Rote Armee verliert 1000 Soldaten.

Am 8. Oktober 1939 teilen Deutschland und die Sowjetunion Polen im Abkommen von Brest-Litowsk unter sich auf. Die nach den Versailler Verträgen aberkannten deutschen Ostgebiete werden reintegriert, Ost- und Südpolen zum Generalgouvernement erklärt. Den Rest verleibt sich die Sowjetunion ein.

Ein besonders tragisches Kapitel des Polenfeldzuges bildet die gezielte Ermordung von polnischen Zivilisten durch speziell dafür eingerichtete Tötungskommandos der SiPo und des SD. Bis Ende des Jahres 1939 ermorden diese Einsatzgruppen bis zu 60 000 polnische Zivilisten. Auch Kompanien der Wehrmacht beteiligen sich. Angehörige des sowjetischen Volkskommissariats für Innere Angelegenheiten (NKWD) machen sich in dieser Zeit ebenfalls schlimmster Verbrechen schuldig. Auf Stalins Befehl werden bis zu 25 000 polnische Offiziere, Polizisten und Intellektuelle erschossen. Erst im Jahr 1990 bekennt sich die Sowjetunion zu einigen dieser Taten. Dazu gehört das sogenannte Massaker von Katyn, bei dem 4400 polnische Armeeangehörige Opfer einer Massenexekution geworden sind.

Die ehemaligen Volksdeutschen werden nach und nach erfasst, gemustert und in die Wehrmacht einberufen, denn Hitler bereitet insgeheim längst den Krieg gegen seinen neuen Bündnispartner, die Sowjetunion, vor. Doch nach dem siegreichen Feldzug in Polen herrscht zunächst eine ganze Weile Ruhe. England und Frankreich haben Deutschland den Krieg erklärt, unternehmen aber weiterhin nichts. Hitlers nächster Plan lautet daher, zunächst Norwegen zu besetzen – nicht aus ideologischen, sondern aus strategischen Gründen. Dem skandinavischen Land, das sich bei Kriegsausbruch für neutral erklärt hat, wird zum Verhängnis, dass im Winter der Import von schwedischem Eisenerz über den nordnorwegischen Hafen Narvik erfolgen muss. Wie wichtig diese Ressource für die deutsche Rüstungsindustrie ist, haben die Alliierten früh erkannt, und der damalige Erste Lord der Admiralität Winston Churchill treibt die Pläne für die Besetzung norwegischer Häfen Anfang 1940 voran. Als der britische Zerstörer *Cossack* am 16. Februar 1940 das deutsche Versorgungsschiff *Altmark* in den ungeschützten Hoheitsgewässern Norwegens entert, erkennt Hitler die Notwendigkeit einer schnellen Invasion Dänemarks und Norwegens. In den frühen Morgenstunden des 9. April 1940 startet unter dem Decknamen *Unternehmen Weserübung* der Überfall auf Skandinavien. Noch am selben Tag kapituliert Dänemark. Zur gleichen Zeit steuern zwei deutsche Schlachtschiffe, sieben Kreuzer, acht Torpedoboote, 14 Zerstörer und 31 U-Boote auf die norwegischen Häfen der Städte Oslo, Trondheim, Bergen, Kristiansand und Narvik zu, unterstützt von 430 Maschinen der Luftwaffe. Unter militärischem Beistand der Alliierten kann sich Norwegen bis zum 10. Juni 1940 verteidigen. Als Briten und Franzosen ihre Streitkräfte aufgrund des beginnenden Westfeldzuges bis zum 8. Juni 1940 vollständig abziehen, kapituliert zwei Tage später die norwegische Armee. König Haakon VII. ist zuvor per Schiff die Flucht nach England gelungen, von dort aus baut er eine Exilregierung auf.

Während des *Unternehmens Weserübung* fallen zu Lande 1317 deutsche, 1899 britische und 1335 norwegische Soldaten, dazu kommen noch 530 beteiligte Polen und Franzosen sowie 26 Dänen. In den folgenden Jahren stationiert die Wehrmacht durchschnittlich 300000 Soldaten aus Heer, Marine und Luftwaffe in Norwegen. Ihre Aufgaben bestehen vornehmlich darin, die Befestigungsanlagen auszubauen, die langfristig vor einem britischen Landungsversuch schützen sollen. Neben der Küstensicherung gehört aber auch das Planen und Durchführen von Angriffen auf alliierte Nordmeergeleitzüge, die Waffen und Kriegsgerät in die verbündete Sowjetunion transportieren, zu den Aufgaben, in die insbesondere die Stukas der Luftwaffe und U-Boote der Marine eingebunden werden.

Otto absolviert seine Grundausbildung ab dem 10. Dezember 1940 beim Infanterie-Ersatz- Bataillon 45, das zu dieser Zeit in Zditz (Zdice), im Protektorat Böhmen und Mähren (heute Tschechien) stationiert ist. Anschließend erhält er seinen Marschbefehl Richtung Norwegen. Ab dem 15. Februar 1941 wird er in die 10. Kompanie des Infanterie-Regimentes 341 der 199. Infanterie-Division zur Küstensicherung in Nordnorwegen eingegliedert.

»Ich war die meiste Zeit in Narvik und Tromsø stationiert, kam aber auch nach Kirkenes, Hammerfest und bis nach Oslo. Die Invasion war längst beendet, als ich in Norwegen eingetroffen bin. Wir waren als Besatzungstruppen für den Küstenschutz zuständig. Unser Dienst bestand zum Großteil aus Patrouillen, Manövern, Übungen oder Wachehalten. Eigentlich war Norwegen eine deutsche Baustelle. Nicht nur Befestigungsanlagen wurden errichtet, sondern auch Straßen, Flugplätze, Industrieanlagen. Ich kann nur von meiner Sicht aus sprechen. Die Norweger begegneten uns freundlich. Ich glaube heute sogar, dass die Norweger die ehrlichsten Menschen der Welt sind. Dazu habe ich eine gute Geschichte: Ein Kamerad hatte bei einer Patrouillenfahrt seine teuren Skier versehentlich im Schnee an einem Ortseingang vergessen. Als wir eine Woche später wieder dorthin mussten, hatte sie niemand angerührt. Diese kleinen Dinge vergisst man nicht. Norwegen ist auch landschaftlich ein Paradies. Ich konnte sogar in den Fjorden fischen. Nur einmal wurde es bedrohlich. Wir standen ständig in Alarmbereitschaft, denn es gab immer wieder Gerüchte, die Briten könnten eine Invasion in Norwegen starten. Normalerweise passierte nichts. Nur diese eine Nacht. Ich hatte Wache, als sich plötzlich drei kleine Boote näherten. Ein britisch-norwegisches Kommando soll es gewesen sein, kein Landungsunternehmen, eher ein Handstreich oder ein Aufklärungsunternehmen. Ich habe sofort Alarm geschlagen, bin ans Maschinengewehr und habe gefeuert. Nach ein paar Minuten war der Angriff abgewehrt. Das erste Mal hatte ich auf Menschen geschossen. Ob ich in jener Nacht jemanden erwischt habe, weiß ich nicht. Das war besser so. Jedenfalls habe ich später dafür das Kriegsverdienstkreuz mit Schwertern erhalten. Das war wohl das Aufregendste, was ich während meiner anderthalb Jahre in Norwegen erlebt habe, und die einzige militärische Auseinandersetzung. Von Krieg konnte man da oben nicht sprechen, der kam zumindest für mich erst viel später.«

Mit dem fortschreitenden Krieg gegen die Sowjetunion, der im Sommer 1941 beginnt, werden überschüssige Truppen aus Norwegen abgezogen und in der Regel zunächst dem Ersatzheer unterstellt. Otto erhält Ende Oktober 1942 Marschbefehl Richtung Niederlande. Ab dem 10. November 1942 gehört er der unter dem Oberkommando West stehenden, einzigen deutschen gepanzerten Artillerie-Brigade an, kurz darauf der Schnellen Brigade West, die später in Erwin Rommels am 14. Juni 1943 in Frankreich neu aufgestellte 21. Panzer-Division integriert wird. Otto wird in der Normandie zum Unteroffizier und Panzergrenadier ausgebildet und auf das Führen von Beutepanzern geschult. Am Tag der Landung der Alliierten, am 6. Juni 1944, steht Ottos Sturmgeschütz-Abteilung 200, der er als Panzerführer eines französischen Beutefahrzeuges mit aufgesetzter leichter 10,5-cm-Kanone angehört, südlich der Stadt Caen. »Wir haben erst am Tag der Invasion quasi von der Invasion gehört, konnten so auch nicht direkt an der Küste eingreifen. Außerdem war Rommel nicht bei der Truppe, sondern in Deutschland, um den Geburtstag seiner Frau zu feiern. Wir haben also in Caen gewartet, denn es war klar, dass die Alliierten kommen würden. Anscheinend wurde die Wehrmacht völlig überrascht. Aber wir hatten keine Angst, waren gerüstet, allein meine Abteilung hatte über 40 Panzer zur Verfügung. Es ging aber doch recht zügig. Die gelandeten Briten begannen noch am Tag der Invasion, auf Caen vorzurücken, wurden aber von uns zurückgeschlagen. Es gab blutige Kämpfe um die Stadt. Unsere Abwehr hat lange standgehalten, wochenlang. Ich habe viele Tote gesehen, wurde in der Zeit selbst glücklicherweise nur durch eine Kugel an der Wade erwischt.«

Ende Juli haben die Briten, unterstützt von kanadischen Truppen, kaum Geländegewinne gemacht, im Gegenteil: Sie sind den Verteidigern unterlegen. 400 alliierte Panzer sind zerstört und etwa 5500 britische und kanadische Soldaten gefallen. Die Wehrmacht hält Caen und verliert nur 109 Panzer. Doch da die Alliierten im Gegensatz zu den Deutschen quasi unaufhörlich Nachschub liefern können, ist die Niederlage der Wehrmacht nur eine Frage der Zeit. Am 7. August 1944 gelingt kanadischen Truppen der Durchbruch im Süden von Caen, von Nordosten drängen die Engländer vor, und amerikanische Truppen nähern sich von Südosten. Zwischen den Städten Falaise und Argentan werden die in die Zange getriebenen deutschen Truppen eingekesselt. Die Bombardements der alliierten Luftstreitkräfte lassen von Falaise kaum mehr etwas übrig, wo Ottos Einheit verzweifelt versucht, Schutz zu finden. Von den 100 000 deutschen Soldaten, die im Kessel von Falaise, der schnell den Namen Todeskorridor erhält, eingeschlossen sind, werden 10 000 bei den Bombenangriffen getötet.

Falaise, 25.8.1944: Französische Kinder vor einem zerstörten Panzerkampfwagen V Panther

»Als Gruppenführer hatte ich die Verantwortung für zwölf Mann. Es gab einen Bunker, in den wir liefen, wenn ein Luftangriff kam. Ein paar Mal ging das gut, die meisten Soldaten und Zivilisten erwischte es aber sofort. Die Straßen waren schnell mit Leichen gepflastert, weil es sonst kaum Möglichkeiten gab, sich zu verstecken. Und dann erlebte ich meinen schlimmsten Kriegstag. Vor einem dieser Bombenangriffe liefen wir wieder in Richtung des Bunkers. Und durch irgendeine Eingebung, die mir plötzlich in den Sinn kam, rannte ich daran vorbei und schmiss mich unter den eisernen Fuß einer umgefallenen Straßenlaterne. Ich lag auf dem Rücken, starrte nach oben wie damals, als ich im Maisfeld lag. Jetzt konnte ich sehen, wie die Klappen der Flieger aufgingen und die Bomben ausgeklinkt wurden. Es krachte höllisch, die Erde wackelte. Ein Granatsplitter erwischte mich an der Schläfe. Auf einem Truppenverbandsplatz, den ich viel später wegen der Blutung aufsuchte, gratulierte mir der Arzt. Er sagte, wäre der Splitter ein paar Millimeter weiter unten eingeschlagen, wäre ich sofort tot gewesen. Dennoch hat mir jene Eingebung, die ich von oben erhielt, das Leben gerettet. Es war erneut der Engel, den ich gespürt habe. Denn ausgerechnet an diesem Tag hat ein Volltreffer den kleinen Bunker erwischt, in den sich Dutzende Männer gequetscht hatten. Es waren sicher 40 oder 50 Mann, die da tot lagen. Aus meiner Gruppe hat kein Einziger überlebt. Bei einem Angriff eine ganze Gruppe zu verlieren, es sind ja Kameraden geworden, das ist schlimm. Ich musste Verantwortung übernehmen, und das Einzige, das ich noch tun konnte, war, jeden der zerfetzten Männer vom Schutt zu befreien, ihn umzudrehen und ihm die Erkennungsmarke abzureißen. Erkannt hätte ich sowieso niemanden mehr. Es war so ein entsetzlich grausames Bild, das man es in Worten nicht zu beschreiben vermag.«

Nachdem Ende August 1944 Paris befreit ist, rückt der Vormarsch der Alliierten unaufhaltsam voran. Die 21. Panzer-Division wird in eine letzte Abwehrschlacht auf französischem Gebiet gezwungen und immer weiter ostwärts gedrängt. Im Dezember steht die Division in Saarlautern (Saarlouis).

»Erneut gab es heftige Kämpfe. Aber es war dann schnell alles vorbei. Vor einem Keller, in dem wir uns verkrochen hatten, hielten dunkelgrüne amerikanische Sherman-Panzer. Wir legten die Waffen nieder und ergaben uns mit erhobenen Händen. Wir hatten keine Chance mehr, Widerstand zu leisten. Dann transportierten uns die Lastwagen ab. Es war der 10. Dezember 1944. Auf diesen Tag folgten die grausamsten drei Jahre meines Lebens.«

Im Lager 1102 in Rennes, im Département Ille-et-Vilaine, wird aus Otto Gefangener Nummer 1392388. Durchschnittlich werden hier 50 000 deutsche Soldaten eingesperrt.

»Mit Ölfarbe bekamen wir vorne und hinten auf die Uniform die Buchstaben POW aufgetragen. Damit waren wir *Prisoner of war* und mussten in Zelten mit jeweils fünfzig Mann hausen.«

Schon im Dezember 1943 einigen sich die Alliierten auf der Konferenz von Jalta, den deutschen Gefangenen den verbindlichen Kriegsgefangenenstatus nach der Haager Landkriegsordnung und der Genfer Konvention abzuerkennen. Danach sollen Kriegsgefangene eigentlich nach Beendigung der Kampfhandlungen umgehend freigelassen werden. Außerdem soll gewährleistet sein, dass ihnen während der Zeit der Gefangenschaft genug Verpflegung zur Verfügung steht und das Rote Kreuz Zugang zu den Lagern hat. Diese völkerrechtswidrige Verweigerung des Kriegsgefangenenstatus ist von den Alliierten als notwendige Maßnahme begründet worden, um mögliche Kriegsverbrecher nicht entkommen zu lassen. Tatsächlich sind viele Kriegsverbrecher während der Gefangenschaft aufgespürt worden, aber zu einem unmenschlich hohen Preis. Denn Hunderttausende unschuldige deutsche Gefangene sterben in den Internierungslagern unter höllischen

Qualen an Unterernährung, Krankheiten, bei Fluchtversuchen oder in einigen Fällen auch durch Folter oder Mord.

»Was soll ich erzählen aus der Gefangenschaft beim Amerikaner?«, fragt Otto. Editha zuckt mit den Schultern. Sie raucht schon ihre vierte Zigarette, mag kaum glauben, was der Mann, dem sie jeden Morgen beim Rasieren hilft und dem sie so gerne Hausmannskost polnischer Art zubereitet, da durchmachen musste. »Erzähl bitte, Otto«, fordert sie ihn auf.

»Hör zu, Zigaretten nicht zu rauchen, das kann Leben retten, wie du gleich merken wirst. Also: Wir lagen einfach nur da auf dem Boden, auf Stroh, dicht gedrängt, in Eiseskälte, froren und litten unerträglichen Hunger. Man konnte nichts tun, außer versuchen, zu schlafen, und auf die Essensausgabe warten. Immer wieder Zeltappelle, durchzählen, liegen und ausharren. Man braucht nicht zu glauben, dass es irgendetwas gab, was man tun konnte. Es gab keine Zeitungen, nicht ein einziges Buch. Einfach nichts, um sich zu beschäftigen. Wir sprachen viel von der Heimat und immer wieder vom Essen. Das einzige Gute, an das ich mich überhaupt aus dieser Zeit erinnere, ist ein Chor, der sich aus Gefangenen zusammengesetzt hatte. Wenn sie nachts Lieder sangen, kamen mir die Tränen, auch heute noch, wenn ich dran denke. Dieses eine Lied, das habe ich komplett abgespeichert:

Heimat deine Sterne, sie strahlen mir auch am fernen Ort.
Was sie sagen, deute ich ja so gerne,
als der Liebe zärtliches Losungswort.
Schöne Abendstunde, der Himmel ist wie ein Diamant.
Tausend Sterne stehen in weiter Runde,
von der Liebsten freundlich mir zugesandt.
In der Ferne träum ich vom Heimatland.

Als wir um den 8. Mai 1945 erfuhren, dass der Krieg zu Ende war, hofften wir einmal mehr, bald endlich nach Hause kommen zu können. Doch das geschah nicht. Im Gegenteil, es sollte alles noch unerträglicher werden. Am 24. Juli 1945 zogen die Amerikaner ab, und Lager 1102 wurde den Franzosen übergeben. Auf unsere schon völlig ausgefransten Uniformen trugen unsere neuen Bewacher jetzt die Buchstaben PG (*Prisonnier de Guerre*) auf. Französische Kriegsgefangene waren wir nun, immer noch ohne Rechte. Während wir unter den Amerikanern zwar Hunger zu leiden hatten, aber immer noch so viel bekamen, dass wir am Leben blieben, war der Hunger in französischer Kriegsgefangenschaft nicht auszuhalten; für Tausende endete es tödlich. In den ersten Wochen erhielten wir als Tagesration einen Liter Wasser, einen Liter heiße Wassersuppe – in der, wenn man Glück hatte, ein paar Bindfäden Sauerkraut schwammen – eine Scheibe Weißbrot, eine Prise Vitaminpulver und eine Zigarette. Das war's. Davon konnte man nicht lange überleben. Es gab aber noch immer Raucher, die ihre Kippe gegen ein Brot eintauschten. Ich habe meine Zigaretten natürlich jedes Mal für eine zweite Scheibe Brot abgegeben. So habe ich wohl überlebt. Der Hunger wurde für manche so schrecklich, dass sie Grashalme aßen oder sich in der Latrine die Bäuche mit Wasser volllaufen ließen. Man sah es an den Klumpfüßen, die sie bekamen. Wasserablagerungen, an denen sie gestorben sind. Oder an Durchfall. Medizinisch behandelt wurden wir über Monate nicht. Manche haben ihr Leben riskiert, um nachts am Küchenzelt in den Abfällen herumzuwühlen. Auch ich habe das gemacht. Ein paar verschimmelte Kartoffelschalen konnten in diesen Zeiten das größte Glück für mich bedeuten. Im Winter wurde es noch schlimmer. Es quälten uns jetzt nicht nur der Hunger und die unendlich vielen Läuse, sondern die Eiseskälte. Die meisten hatten nicht mal Stroh, auf dem sie liegen konnten. Wir kauerten in Embryonalstellung auf dem gefrorenen

Erdboden und schlotterten die Nächte durch. Jeden Morgen habe ich den neben mir Liegenden den Puls gefühlt, um festzustellen, ob sie noch lebten. Jeden Morgen mussten wir Tote aus den Zelten tragen. Das war unser Alltag.«

Während des Zweiten Weltkrieges geraten etwa 300 000 deutsche Soldaten in französische Kriegsgefangenschaft. Sie werden auf insgesamt 115 Lager, sogenannte Depots, im ganzen Land verteilt. Durch die Kriegszerstörungen liegen Volks- und Landwirtschaft des Nachbarlandes so gut wie brach. Die Gefangenen sollen zum Wiederaufbau eingesetzt werden. Das französische Kontingent ist im Gegensatz zu dem der Amerikaner und Briten, deren Länder durch den Krieg nicht in eine bedrohliche wirtschaftliche Krise geraten sind, ungleich kleiner. Deswegen bittet die französische Regierung schon während des Krieges darum, deutsche Zwangsarbeiter übernehmen zu dürfen. Ab dem 22. Februar 1945 übergeben die Amerikaner den Franzosen über 700 000 deutsche Gefangene. Erst nach mehreren Monaten erhält das Internationale Komitee vom Roten Kreuz (IKRK) Zugang zu den französischen Lagern und dokumentiert mit Entsetzen, dass über 90 Prozent der Insassen unterernährt und die medizinische Versorgung und Hygienezustände katastrophal sind. Die Gefangenen leiden an Durchfallerkrankungen, Lungenentzündungen, Ekzemen und Furunkeln. Nach Protesten des Roten Kreuzes erhalten die Häftlinge zumindest Seife, um sich waschen zu können. Außerdem erwirkt das IKRK, dass ab Herbst 1945 die Übergabe weiterer Kriegsgefangener von den Amerikanern ausgesetzt wird. Wohl auch, da immer weniger Häftlinge in der Lage sind, zu arbeiten, erlaubt die französische Regierung gegen Ende 1946, dass Verpflegungspakete aus Deutschland gesendet werden dürfen. Die Schweiz schickt außerdem massenhaft Kartoffeln in die Lager.

»Durch die Hilfe des Roten Kreuzes kamen wir Ende 1946 langsam wieder zu Kräften. Und endlich durfte ich auch arbeiten. Da ich über Erfahrungen in der Landwirtschaft verfügte, wurde ich in dem Bereich eingesetzt. Ich konnte auf dem Hof einer französischen Familie mithelfen, für acht Stunden am Tag. Was für eine Wohltat, endlich etwas tun zu können. Obwohl wir uns gegenseitig sprachlich nicht verstanden, hat das gut geklappt mit den Bauern. Da ich ordentlich auf dem Feld gearbeitet habe, gab man mir dort anständiges Essen. Suppe und Vollkornbrot.«

Mit der Einteilung zur Arbeit auf einem Bauernhof hat Otto erneut Glück. Denn viele – vor allem junge Männer – werden während ihrer Gefangenschaft in Frankreich zu Schwerstarbeiten gezwungen. Sie schuften im Steinbruch, im Berg- oder Straßenbau. Am schlimmsten trifft es diejenigen, die zu Minenräumarbeiten an den Küsten der Normandie und in Südfrankreich eingesetzt wurden. Allein im Jahr 1945 soll es nach Angaben französischer Behörden monatlich bis zu 2000 Tote bei den gefährlichen Arbeiten gegeben haben. Viele blieben für immer verstümmelt.

»Obwohl es mir sehr viel besser ging auf dem Hof, blieb die Sehnsucht nach der Heimat immer groß, da überhaupt nicht abzusehen war, wann ich entlassen werden würde. Ich erinnere mich, dass ich oft an Flucht dachte, schließlich wurde ich tagsüber bei der Arbeit nicht bewacht. Aber wo sollte man schon hin? Eines Morgens entschied ich mich dann, nicht vom Lager zum Hof zu gehen, sondern in Richtung Grenze zu fliehen. Ich wollte wissen, ob meine liebe Mutter, von der ich nie wieder etwas gehört hatte, noch lebt. Aber ich kam nicht weit. Französische Zivilisten erkannten mich als Gefangenen und überredeten mich, wieder umzukehren. Es seien schon viele getürmt, aber alle wieder eingefangen worden, sagten sie mir. Ich wusste, dass es für Fluchtversuche harte Strafen gab. Nach kurzer Überlegung lief ich zurück, so schnell ich konnte, schaffte es noch, bis abends auf dem Hof zu sein. Die Familie hat sicher mitbekommen, dass ich flüchten wollte, hat mich aber nicht gemeldet und auch nicht verraten. Es waren anständige Leute. So musste ich noch über ein Jahr durchhalten.«

Am 19. Februar 1948 wird Otto in die Freiheit entlassen. Er hat überlebt, dank seines Engels von Bromberg, da ist er sich immer sicher gewesen in seinem Leben. Wie viele Deutsche in französischer Kriegsgefangenschaft umgekommen sind, ist nie von neutraler Seite erhoben worden. Nach amtlichen französischen Angaben sollen 24000 Gefangene gestorben sein. Historiker und Sachverständige schätzen die Verluste deutlich höher ein. Es hat über 170 000 Fluchtversuche gegeben, wovon die allermeisten scheiterten. Am 15. Dezember 1948 werden die letzten deutschen Kriegsgefangenen aus französischer Internierung entlassen. In Russland warten einige Männer noch acht weitere Jahre auf ihre Freiheit.

Drei Fragen an Otto

Sind Sie nach dem Krieg nach Bromberg zurückgekehrt?
Ich bin nie wieder in meiner Heimat gewesen, habe sie aber mein ganzes Leben vermisst. Als ich aus der Gefangenschaft kam, gehörten Bromberg und mein Dorf Flötenau wieder zu Polen, und niemand von meiner Familie war noch dort. Auch meine Eltern lebten nicht mehr; keiner konnte mir sagen, wie sie gestorben waren. Sie haben aber den Einmarsch der Roten Armee 1945 nicht überlebt, wie viele andere auch nicht, die nicht flüchten wollten oder konnten. Überhaupt haben nur zwei meiner Schwestern den Krieg überlebt, die rechtzeitig in den Westen fliehen konnten; sie haben mich gegen Ende meiner Gefangenschaft per Brief kontaktiert. An die beiden habe ich mich zuerst gewandt. Ich freute mich so sehr, aus der Gefangenschaft rausgekommen zu sein, aber ich

fand auch ein Land vor, das ich nicht kannte. Es war nicht leicht, sich neu zu orientieren. Ich bekam bald einen ganz neuen Blick auf den Krieg, verspürte Hass auf Hitler, darauf, dass er uns das alles angetan hatte, dass ich meine Heimat verloren hatte, meine Eltern. Ich habe versucht, das Beste aus mir zu machen, habe einen zweiten Beruf erlernt, hart gearbeitet, ein Haus gebaut und eine Familie gegründet. Damit war ich immer zufrieden.

Haben Sie vom Holocaust gewusst während des Krieges?
Nein, das habe ich nicht; solange ich im Krieg war, ganz bestimmt nicht. Vom Holocaust habe ich erst nach meiner Gefangenschaft erfahren. Zwar hatten die Amerikaner nach der Befreiung von Auschwitz – auch diesen Namen habe ich erst viel später gehört – Bilder von Lagern gezeigt mit Tausenden von Toten, die sie Jews nannten. Aber wir haben das alle nicht ernst genommen oder nicht geglaubt, dass die Nazis diese Todeslager betrieben; wir hielten das für amerikanische Propaganda, und somit war es unter uns auch kein Thema. Wir hatten jeden Tag mit dem eigenen Überleben zu tun. In Bromberg und während meiner Zeit als Soldat habe ich auch von der Judenverfolgung nichts mitbekommen. Selbst bin ich nur einmal in meinem Leben einem Juden begegnet, eine junge Jüdin war das. Als ich vor dem Einmarsch der Alliierten für ein paar Tage Urlaub hatte und in Paris war. Da stand ein Mädchen mit einem gelben Stern auf der Jacke in der Metro vor mir und hat ängstlich auf meine Uniform geschaut. Ich hatte mich darüber gewundert und ihr freundlich zugezwinkert. Doch die Angst in ihren Augen blieb. Heute weiß ich, warum.

Haben Sie Ihren Engel noch einmal wiedergetroffen?
Er ist ständig bei mir. Er hat mich nicht nur im Krieg beschützt, ich habe auch zwei Herzinfarkte überlebt, eine Krebserkrankung. Jetzt bin ich 100 Jahre alt und nach den Weissagungen des Engels

am Ende meines Lebens. Ich bin zwar selten zur Kirche gegangen, aber ich habe jeden Tag gebetet und kürzlich den Engel um ein kleines bisschen Aufschub gebeten. An meinem 100. Geburtstag kamen so viele Menschen, dass ich gemerkt habe, dass ich noch ein wenig Zeit brauche, um mich zu verabschieden. Aber dann reicht es. Ich bin alt genug geworden. Angst vor dem Tod habe ich ja gar nicht. Ich bin so sicher, dass es weitergeht, dass ich mich schon sehr auf meine Frau Maria freue, die leider bereits vor 25 Jahren von uns gegangen ist. Sozusagen, vorgegangen. Und meine Eltern, Mutter, meine Geschwister, Fritz. All die werde ich wiedersehen. Und die, die bleiben, meine Kinder, Enkel und Urenkel, die werden irgendwann auch mal dazukommen. Familie bleibt über den Tod hinaus.

Otto verstarb 2017 im Alter von 101 Jahren.

WIGAND UND DIE PFERDE VON STALINGRAD

Wigand (*1920) sitzt auf seinem Lieblingssessel in seiner Münchner Wohnung, die die großen Lebenshobbys des 96-Jährigen widerspiegelt. Auf Tischen, Kommoden und in Vitrinen stehen selbst gebaute Modellschiffe, und an den Wänden hängen Aquarelle, die alle eine besondere Bedeutung haben. Seine Lebensstationen, auch die im Zweiten Weltkrieg, hat Wigand hier verewigt. Nach dem Mittagessen hat er ein kleines Nickerchen gemacht, auf seinem Sessel, in dem er auch bequem liegen kann, wenn er die Lehne nach hinten verstellt. Seine Frau Ruth hat Kaffee und Gebäck auf den Tisch gestellt, zu ihm setzen sich sein Sohn Manfred und seine Enkelin Lara, die heute ihren ersten Ferientag genießt. Traditionell geht es da zu Opa, um das Zeugnis und den Verlauf des Schuljahres zu besprechen. Lara weiß, dass, wenn ihr Großvater zufrieden ist, er es sich nicht nehmen lassen wird, ihr die Sommerferien mit einem großzügigen Taschengeld zu versüßen. Doch heute spricht sie nicht nur über die Schule mit ihm. Wigands Sohn hat erneut Anfragen von Journalisten bekommen, die seinen Vater als einen der letzten deutschen Stalingrad-Zeitzeugen interviewen möchten.

Wigand hat das viele Jahre gemacht und gibt immer noch gerne Auskunft.

Wigand wird im August 1920 in Göttingen geboren und wächst mit einer vier Jahre jüngeren Schwester als Sohn eines Gymnasiallehrers in gutbürgerlichen Verhältnissen auf. Die Mutter arbeitet in einem lohnenden Kunstwarenladen seiner Großeltern. Als die Nationalsozialisten 1933 die Macht übernehmen, ist Wigand zwölf Jahre alt. »Wir Kinder verstanden damals gar nicht, was das bedeutete und warum die Erwachsenen alle über Hitler sprachen. Klar, jeder von uns kannte den Boxer Max Schmeling. Aber wer war denn nur Hitler noch?«

Lange blieb die Frage nicht offen. Während die Straßen der Dreißigerjahre mehr und mehr mit Hakenkreuzfahnen ausstaffiert werden und Wigands Vater in die NSDAP eintritt, wird auch der Junge angehalten, erst ins Jungvolk und mit 14 Jahren dann in die Hitlerjugend (HJ) einzutreten.

»Mir hat das keinen Spaß gemacht. Dieses ewige Marschieren und Singen und mit der Sparbüchse Passanten um Spenden für Parteiorganisationen anzubetteln. Das hat mich in meiner Freiheit eingeschränkt. Ich drückte mich, wo ich konnte. Ich habe damals schon lieber gemalt. Außerdem habe ich mich für alles Technische interessiert und war fasziniert von Pferden und Reitunterricht. So ist um die Zeit herum auch mein Wunsch entstanden, Artillerieoffizier zu werden, denn ein solcher hat immer mit Pferden zu tun. Und da sah ich die Möglichkeit, Reiten und Technikverständnis miteinander zu verbinden. Bis Kriegsbeginn habe ich mir überhaupt keine Gedanken um Politik gemacht. Soldat zu sein war für mich immer das Gegenteil davon, Politiker zu sein.«

Nach seinem Abitur absolviert Wigand den Reichsarbeitsdienst (RAD) am Westwall, jenem legendären militärischen Verteidigungssystem, das zwischen 1936 und 1940 auf 630 Kilometer Länge entlang der Westgrenze des Deutschen Reiches zum Schutz vor den Franzosen gebaut wird. Bei Kriegsausbruch umfasst der Vorläufer des späteren Atlantikwalls, der von den Alliierten auch Siegfried-Linie genannt wird, bereits 18 000 Bunker. Für den Bau des Bollwerkes, das 17,3 Millionen Tonnen Beton und 1,2 Millionen Tonnen Stahl verschlingen wird, werden auch Tausende junge Männer herangezogen, die zum sechs Monate andauernden RAD verpflichtet wurden. Ab 1935 wird die Teilnahme an dem Unternehmen, das die Erziehung und die Arbeitsmoral in der NS-Volksgemeinschaft stärken soll, für alle männlichen und weiblichen (ab 1939) Arbeitskräfte verpflichtend.

Im Frühjahr 1938 bewirbt sich Wigand beim Artillerie-Regiment 19 in Hannover und rückt dann im November ein. Als Hitler Österreich annektiert hat, ist Wigand bereits Unteroffizier. »Ich war gerne Soldat. Der Anschluss Österreichs war abzusehen und verlief friedlich, aber an einen Krieg habe ich immer noch nicht geglaubt. Keiner von uns jungen Soldaten.« Die Lage in Polen wird immer angespannter. »So richtig stutzig wurde ich erstmals, als ich aus der Zeitung vom Hitler-Stalin-Pakt erfuhr«, sagt Wigand. »Das passte so gar nicht zusammen. Und dann kam es ganz plötzlich über uns. Ich weiß noch, ich war gerade mit Kameraden im Freibad, als wir zusammengerufen wurden zur Mobilmachung. Unsere Batterie wurde auf Güterwagen bis 60 Kilometer vor die polnische Grenze transportiert.« Wigands Regiment führt 36 leichte Feldhaubitzen mit 10,5-cm- und 12 schwere Feldhaubitzen mit 15-cm-Kanonen. Dazu 24 leichte Maschinengewehre (MGs). Insgesamt fahren mit dem Regiment 156 motorisierte und 240 bespannte Fahrzeuge, die von über 2000 Pferden gezogen werden, sowie 54 Kräder gen Osten. »Gegen neun Uhr morgens am 1. September 1939 sind wir so in der Kolonne über die Grenze gefahren. Die Geschütze bewegten wir auf Protzen, die von Lkws gezogen wurden. Im Polenfeldzug war ich Geschützführer einer leichten Haubitze, kommandierte die fünf Mann, die das Geschütz bedienten. Am ersten Tag ging alles recht schnell. Deutsche Jagdflugzeuge donnerten im Tiefflug über unsere Köpfe hinweg. Dann habe ich auch schon das erste Mal auf einen Menschen geschossen. Ich saß auf meinem Pferd Phanter, als Schüsse aus einem Kornfeld fielen. Freischärler hatten mit Gewehren das Feuer auf uns eröffnet. Phanter drehte durch. Ich zog die Pistole aus dem Halfter und feuerte das ganze Magazin leer. Ich weiß noch, dass ich dachte, das geht ja zu wie im Wilden Westen.«

»Was war das für ein Gefühl, einen Menschen zu erschießen?«, unterbricht Lara, die die Erzählung sichtlich nachdenklich macht.

»Mhh, da habe ich weiter nichts bei empfunden«, antwortet Wigand trocken.

»Opa, wirklich? War der dann tot, der Mann, auf den du geschossen hast?«

»Das nehme ich doch wohl an. So ist das im Krieg, du willst doch wissen, wie Krieg ist. So was muss man doch wissen.«

»In der Schule erfährt man das jedenfalls nicht so detailliert. Und überhaupt von den Kämpfen lernen wir nichts. Ich stelle mir das furchtbar vor.«

»Dann höre deinem Opa mal genau zu«, sagt Wigands Sohn Manfred.

»Er hat also auf mich geschossen«, erklärt dann Wigand. »Und ich musste auf ihn schießen, weil ich weiterleben wollte. Jedenfalls müssen wir alle Angreifer getötet haben. Es ist komisch, wenn ich heute drüber nachdenke. Ich habe damals wirklich überhaupt nichts dabei empfunden. Dafür hatte ich wohl keine Zeit. Ich musste ja eine Mannschaft kommandieren. Bald kamen uns Scharen von gefangen genommenen polnischen Soldaten entgegen.

Nur hier und da sah man mal einen toten deutschen Landser am Wegesrand. Ich hatte keine Ahnung, was uns erwarten würde an der Front. Oder wo die überhaupt sein sollte. Aber kurze Zeit später sah es schon ziemlich nach Krieg aus. Bei der Stadt Petriekau musste heftig gekämpft worden sein. Überall Bombenkrater, Patronenhülsen, tote Polen, zerschossene deutsche Panzer. Dann kam der erste Angriff. Aus weiter Ferne beobachteten wir Hunderte polnische Soldaten, die auf Pferden auf uns zuritten. Wir bereiteten die Haubitzen vor und feuerten die Granaten ab. Infanteristen, die in der Nähe waren, schossen mit MGs. Die Polen fuchtelten mit Säbeln in der Luft herum. Wollten die uns wirklich so angreifen? Ich verstand es nicht. Das war ein Selbstmordkommando. Jede MG-Garbe saß. Wenn eine der Granaten detonierte, fielen gleich fünf bis sieben Feindpferde um. Ein fürchterliches Gemetzel. Von uns wurde keiner verletzt. Nur wenige Feinde aber konnten in ein nahes Waldstück flüchten. Unsere Sanitäter versorgten die verwundeten Polen, ihre Pferde wurden durch gezielte Schüsse von ihrem Leiden befreit.«

Wigands Regiment zieht weiter. Auf Deutsch geschriebene provisorische Schilder am Straßenrand kündigen den Weg zur Hauptkampflinie an. In einem Dorf, das die Soldaten passieren, wird Wigand Zeuge, wie zwei Männer der SS verängstigte polnische Juden quälen.

»Wohl einfach, um sich zu amüsieren, rasierten sie ihnen Bärte und Haare ab und grinsten dabei. Wir alle von unserer Batterie fanden die Szene widerwärtig. Unser Hauptmann beendete die Schmach auch recht schnell, als er dazu kam. Er schrie den SS-Frisören seine Verachtung entgegen, und sie ließen ab von den Männern. Was die Einsatzgruppen tatsächlich für Grausamkeiten an den Juden begangen hatten, sollten wir erst viele Jahre später erfahren. Sie taten das erst dann, wenn wir Frontkämpfer vorbeigezogen waren. Ich kann das nur als abgrundtief feige bezeich-

Wigand während des
Polenfeldzugs 1939

nen. Aber wenn ich später darüber nachdachte, fällt mir diese
Szene mit den SS-Leuten in dem polnischen Dorf ein.«

Wigands Regiment erreicht nach kleineren Scharmützeln am
27. September 1939 Warschau und beteiligt sich am Sturm auf die
Stadt und auch an der anschließenden Siegesparade. Während
der Zeit des sogenannten Sitzkrieges, dem monatelangen Ausharren und Abwarten der Briten und Franzosen zwischen Polen- und
beginnendem Westfeldzug, setzt Wigand seine Ausbildung beim
Artillerie-Regiment 19 fort. Ab Februar 1940 wird er zum Artillerie-Regiment 171 der 71. Infanterie-Division im brandenburgischen Jüterbog versetzt und zum Leutnant befördert. Ab dem
9. Mai 1940 nimmt er mit seinem Regiment am Westfeldzug teil,

der sich direkt an die Okkupation Norwegens anschließt und vor allem Frankreich treffen soll. Nach der schnellen Eroberung der Niederlande und Belgien *(Fall Gelb)* marschiert die deutsche Wehrmacht mit fast drei Millionen Soldaten in 144 Divisionen ins Nachbarland ein. Die 71. Infanterie-Division durchbricht als eine der ersten deutschen Einheiten die Maginot-Linie, den Verteidigungswall der Franzosen, und leitet damit den Blitzkrieg gegen Frankreich *(Fall Rot)* ein, der am 10. Mai 1940 beginnt. Wigand ist als Batterie-Offizier für das Kommando von vier schweren Haubitzen verantwortlich. Als vorgeschobener Beobachter kämpft seine Artillerie-Batterie an der vordersten Front gegen La Ferté, ein Infanteriewerk der französischen Maginot-Festung. »Das waren schon heftige Kämpfe, die zwar nur drei Tage dauerten, aber die französische Artillerie war perfekt ausgebildet und schoss punktgenau. Das hat mich sehr beeindruckt.« Nach dem Sturm auf La Ferté hat Wigands Regiment 90 Tote, 446 Verletzte und 17 Vermisste zu beklagen und ist damit erstmals erheblich geschwächt. Wigand verdient sich mit dem Eisernen Kreuz zweiter Klasse (EK2) seinen ersten Orden. Die französische Armee geht in die Defensive. »Taktisch klug«, sagt Wigand, der sich nach dem Einmarsch mit einem französischen Beutepferd anfreundet, das er Petra nennt und das ihm lange gute Dienste erweisen wird. »Mit Petra hatte ich viel Freude, ein liebes Tier mit enormen Sprungqualitäten. Mit ihr musste ich nach Verdun. Als wir hörten, dass wir an diesem geschichtsträchtigen Ort kämpfen sollten, wurde mir schon etwas mulmig. Uns allen war der Name ja durch den Ersten Weltkrieg ein gruseliger Begriff. Aber dort, wo das Grauen für viele Väter von uns geendet hatte, hatten wir dann erstaunlicherweise kaum Verluste.«

Gegen die anstürmenden deutschen Divisionen haben die Franzosen im Inneren des Landes kaum mehr eine Chance. Bereits am 25. Juni 1940 kapituliert Frankreich und wird danach in eine deutsche Besatzungszone im Norden und im Westen und in eine zur Kollaboration gezwungene und dafür unbesetzte Zone im Südosten (*Vichy-Regime*) geteilt. Während des Westfeldzuges fallen etwa 350 000 Franzosen und 30 000 Deutsche.

Nach dem beendeten Westfeldzug dient die 71. Infanterie-Division als Lehr-Division auf dem Truppenübungsplatz in Königsbrück. »Eine ruhige, spannende Zeit. Ich dachte, alles sei vorbei und würde auch friedlich bleiben. Aber dann kam eine bedauerliche Nachricht, der Beginn eines und auch meines Höllentrips.«

Wigand meint den Beginn des Deutsch-Sowjetischen Krieges, den mit Abstand blutigsten Feldzug des Zweiten Weltkrieges, der erst mit der bedingungslosen Kapitulation der Wehrmacht am 8./9. Mai 1945 enden wird. Er beginnt, als im Morgengrauen des 22. Juni 1941 über drei Millionen Wehrmachtssoldaten aufbrechen, um ohne Kriegserklärung in die Sowjetunion einzufallen. Wigand ist nun Kommandant einer schweren Artillerie-Batterie in der 4. Abteilung des Artillerie-Regimentes 171. »Ich bin ehrlich, an diesen unmöglichen Russlandfeldzug glaubten wir so lange nicht, bis die ersten Schüsse fielen. Selbst als wir zur russischen Grenze abkommandiert wurden, rechneten wir nicht mit einem Angriff oder glaubten zumindest, dass man ihn letztendlich abblasen würde. Es gab Gerüchte, dass wir mit den Russen gemeinsame Sache machen sollten und mit ihnen etwa in Indien oder den Nahen Osten einfallen könnten. Dann aber am Nachmittag des 21. Juni 1941 erreichte uns der Befehl zum Einmarsch am nächsten Morgen. Ich konnte es nicht fassen. Ich wusste, dass das ein langer, blutiger Krieg werden würde, kein Vergleich mit Polen oder Frankreich, und verstand den Sinn dafür einfach nicht. Und auch mein Pferd Siegfried, das ich da besaß, war kein Äquivalent zu Phanter oder Petra. Siegfried war zwar ein gutaussehender Gaul, aber ich konnte mit seinen Springleistungen nichts anfangen. Und das ausgerechnet in Russland.«

Die Russen greifen gleich mit starken Panzerverbänden an. »Sie schossen bis zur letzten Patrone, gaben nie auf. Unsere Artillerie war überrascht von der Schlagfertigkeit der russischen Armee. Die Pak (Panzerabwehrkanone) erwiesen sich als völlig nutzlos gegen die T-34-Panzer. Selbst den Feldhaubitzen gelang es meist nicht, sie zu zerstören. Letztendlich war es die Flak (Flugabwehrkanone) der Luftwaffe im Bodenkampf, welche die russischen Panzer knacken konnte. Dennoch erzielten wir schnelle Erfolge, und die Ukraine war bald besetzt. Die Russen schienen ungeordnet und strategisch unterlegen. Als unsere Division ein versprengtes Bataillon der Roten Armee bei Gryzbowice fast vollständig zerstörte, erhielt ich das EKI (Eisernes Kreuz 1. Klasse). Die Ukrainer empfingen uns als Befreier. Sie liefen uns strahlend mit Brot und Salz entgegen.«

Die Tapferkeit des Feindes beeindruckt Wigand einmal mehr. Sein Auftrag in der ersten Zeit ist es, mit seiner Batterie Bunker zu knacken, in denen sich Russen verschanzen. »Wir haben sie mit den Haubitzen beschossen. Ganz abscheuliche Anblicke waren das, wenn russische Soldaten aus eingestürzten und brennenden Bunkern herausrannten und von den Maschinengewehren niedergemäht wurden. Die Brutalität des Krieges war bei uns angekommen und wurde leider bald zur Routine.«

Der Feind erweist sich zudem als äußerst zäh und brutal. Die Sowjetunion ist der Genfer Kriegsgefangenen-Konvention von 1929 nicht beigetreten und lässt ihre Armee in der Regel keine Gefangenen machen. Immer wieder entdeckt Wigand tote deutsche Soldaten, die massakriert worden sind, entstellt bis zur Unkenntlichkeit. »Warum verhielten sie sich so barbarisch, fragte ich mich. Und weshalb ergaben sie sich in gänzlich ausweglosen Situationen nicht? Wenn man Gespräche mit Gefangenen führte, erhielt man Antworten. Sie alle erzählten von ihrer Angst vor den Kommissaren, den politischen Offizieren der Sowjetarmee, die von hinten auf die eigenen Leute schossen, wenn sie nicht schnell oder brutal genug vorgingen.«

Bis zum 26. September 1941 nimmt Wigand an der Schlacht um Kiew teil, bei der über 100 000 deutsche und über 150 000 sowjetische Soldaten den Tod finden. Vom 17. bis 24. Mai 1942 kämpft seine Division bei Charkow, wo die Rote Armee eine bittere Niederlage einstecken muss. Inzwischen ist der nun 22-jährige Wigand zum Oberleutnant befördert worden und kommandiert die 11. Artillerie-Batterie, weil der vorherige Kommandeur während heftiger Gefechte bei der Überquerung des Flusses Don gefallen ist. »Immerhin hat er mir ein erstklassiges Pferd hinterlassen. Ich verabschiedete mich vom lahmen Siegfried und bekam einen kräftigen Rappen mit dem Namen Teufel. Das passte, der war wirklich ein Teufelskerl.«

Ende August 1942 startet die 6. Armee unter General Friedrich Paulus, der auch Wigands 71. Infanterie-Division angehört, die Großoffensive auf Stalingrad. Schon in den ersten Wochen macht die überlegene Wehrmacht die Stadt an der Wolga fast dem Erdboden gleich. »Pausenlos flogen Bomberverbände und Stukas Luftangriffe auf Stalingrad. Die Rote Armee versuchte, sich mit auf Lkw montierten Geschützen, die den Namen Stalinorgeln bekamen, zu wehren. Die waren aber leicht zu erkennen, und wir konnten sie von unserer Geschützstellung hochjagen, die weit vom Zentrum und in guter Deckung lag. Außerdem ließ ich mit meinen Haubitzen die Bunker der Stadt knacken. Aber wir merkten, dass einfach zu viele Feinde in Stalingrad waren; sie gaben nicht auf, zogen sich keinen Meter zurück, und es kamen immer mehr nach. Sie wurden also trotz tagelanger Dauerfeuer nie weniger, sondern mehr. Die beste Strategie half da nicht. Es war zum Verzweifeln. Dennoch sollten wir die Stadt auf Befehl Hitlers unbedingt nehmen. So mussten die Infanterie-Truppen in den

Häuserkampf. Auch wir sollten mit der Artillerie weit vorrücken, um die Fußtruppen zu unterstützen, denn auch die Stalinorgeln vermehrten sich rasch und positionierten sich überall in der Stadt. Wir hatten ständig Stellungswechsel, und man konnte einzelne Häuser bald kaum mehr ins Visier nehmen, denn ein schweres Geschütz braucht einen Sicherheitsabstand von mindestens zweihundert Metern. Wir schossen deshalb bald über die Stadt hinaus und versuchten auf diese Weise zu unterstützen. Ich ließ die nachrückenden Wagenkolonnen und Bootsanlegestellen bei Krasnaja Sloboda unter Feuer nehmen, wo am laufenden Band T-34-Panzer abgeladen wurden.«

Hitlers Wunsch nach der kompletten Einnahme des wichtigen Rüstungs- und Verkehrszentrums und nach einem Prestigesieg über seinen schärfsten Widersacher Stalin, dessen Namen die südrussische Metropole trägt, scheitert am erbitterten Widerstand der acht verteidigenden Sowjet-Armeen. Der als besonders aggresiv geltende Generalleutnant Wassili Iwanowitsch Tschuikow macht seinen Soldaten und Soldatinnen – es kämpfen auch Tausende Frauen in Stalingrad – der russischen 62. Armee zu Beginn der Schlacht unmissverständlich klar: »Wir werden Stalingrad halten oder hier sterben.« Wer nicht spurt, wird inhaftiert oder erschossen. Schon von Beginn des Deutsch-Sowjetischen-Krieges an besteht die Taktik der Kriegsführung der Roten Armee darin, Angst mit Angst zu bekämpfen. Viele sowjetische Kämpfer halten dem psychischen Druck nicht stand – mit tragischen Folgen. Die Kommissare der Sowjetunion lassen 13 000 der eigenen Soldaten wegen Feigheit oder Desertion ermorden. Erwähnt sei dazu, dass in Stalingrad kaum mehr als die Hälfte der getöteten Soldaten die russische Nationalität gehabt haben. Stalin opfert zum Teil völlig kampfunerfahrene Ukrainer, Kasachen, Usbeken, Juden, Tadschiken oder Tataren.

»Unsere Verluste waren schon so immens, dass klar war, dass wir die Stadt ohne erhebliche Verstärkung nicht einnehmen würden«, erzählt Wigand. »Es wurde schon wochenlang gekämpft und es ging nicht weiter. Alles rieb sich auf. Wir richteten uns Ende Oktober 1942 auf einen Stellungskrieg und eine Überwinterung ein. Hitler faselte in der Heimat davon, dass Stalingrad fast eingenommen sei; wir wussten an manchen Tagen nicht, ob wir darüber lachen oder uns ärgern sollten. Es blieb eine Pattsituation, und mir war klar, nur wenn wir im nächsten Jahr enorme Verstärkung erhalten würden, könnten wir es schaffen.«

Auch die deutsche Bevölkerung zu Hause wird zunehmend besorgter, da keine positiven Nachrichten über eine Einnahme der Stadt kommen, in der so viele Väter, Brüder, Ehemänner und Söhne kämpfen. So bemüht sich die Wehrmachtsführung Ende 1942, den Schein der Normalität zu wahren, und schickt abkömmliche Familienväter auf Weihnachtsurlaub.

»Unvermutet legte man auch mir nahe, in die Heimat zu fahren. Mir war das recht. Urlaub vom Krieg sollte man nie ausschlagen. Ich war zwar kein Vater, aber ich hatte ein Mädchen, eine Brieffreundin, mit der ich mir schrieb. Ich hatte sie kurz vor dem Frankreichfeldzug kennengelernt und ich wollte Ruth wiedersehen.«

Wigand lässt sich am 16. November mit der Feldküche aus dem Kampfgebiet bringen und dann mit einem Panjewagen zum intakten Bahnhof Gumrak, von dem aus er am 17. November 1942 gen Heimat fährt. Es ist Wigands großes Glück, dass er noch rechtzeitig rauskommt, denn schon zwei Tage später, ab dem 19. November, beginnt die unerwartete Einkesselung von Stalingrad seitens der Roten Armee. Es ist der Anfang einer der größten militärischen Katastrophen des Zweiten Weltkrieges. Im Zuge der russischen Gegenoffensive unter dem Namen *Uranus,* von der die Wehrmacht völlig überrascht wird, geraten 280 000 deutsche Soldaten bereits am 22. November in einen Kessel aus mit schwarzem Rauch bedeckten Ruinen. Etwa einer Million Sowjetsoldaten ist es nahezu unbemerkt gelungen, an Stalingrad vorbeizuziehen und die mit den Deutschen verbündeten, schlecht ausgerüsteten rumänischen Truppen, die im weiteren Umfeld der Stadt zur Absicherung stationiert sind, zu überwältigen. Stalingrad wird zu einem Gefängnis für die deutschen Einheiten, die ihrerseits weiterhin nicht die Erlaubnis erhalten, aus dem Kessel auszubrechen. Um jede Fabrikhalle, jedes Haus, jede Etage, jeden Keller kämpfen beide Seiten bis zur letzten Granate und Patrone. Am Ende stehen sich die Feinde im Nahkampf gegenüber und töten sich mit Messern, Spaten oder bloßen Händen. Russische Scharfschützen liegen in Abwasserkanälen und schießen auf alles, was sich bewegt. Mit Flammenwerfern versuchen deutsche Soldaten, die Feinde in ihren Verstecken zu verbrennen. Spätestens bei Einbruch des Winters mit Minustemperaturen von bis zu 40 Grad wird Stalingrad aber für die durchweg unzureichend bekleideten Soldaten der Wehrmacht zum Massengrab, in dem es bald bestialisch nach verwesenden Leichen riecht. Tausende erkranken, erfrieren oder verhungern unter russischen Propagandaparolen wie »Alle sieben Sekunden stirbt ein deutscher Soldat«, die im Minutentakt über Lautsprecher in die Ruinenstadt schallen. Hermann Görings Optimismus, mit dem er behauptet, er könne mit seiner Luftwaffe täglich 500 Tonnen Versorgungsgüter in die Stadt einfliegen, erweist sich schnell als Trugschluss. Durchschnittlich kommen pro Tag nicht mal 100 Tonnen an. An einigen Tagen bleibt aufgrund russischer Gegenwehr oder miserabler Witterungsbedingungen die Versorgung sogar komplett aus. Die deutsche Führung ignoriert das. »Es muss gelingen«, befiehlt Arthur Schmidt, Chef des Generalstabes der 6. Armee. »Und außerdem können wir ja erst noch die vielen Pferde im Kessel aufessen.«

Tatsächlich müssen die Soldaten der 6. Armee ihren gesamten Pferdebestand schlachten, um zu überleben. Ein ab dem 12. Dezember 1942 ersuchter Entlastungsangriff der 4. Panzerarmee mit dem Decknamen Unternehmen *Wintergewitter* unter Generaloberst Hermann Hoth, der die eingekesselten Soldaten befreien soll, wird wegen des massiven sowjetischen Widerstands nach nur neun Tagen aufgegeben. Gegen Ende des Jahres 1942 sterben täglich 700 bis 1000 Wehrmachtssoldaten. Die verzweifelte Bitte von Paulus, ausbrechen zu dürfen, lehnt Hitler vehement ab. Nach Einnahme aller Flughäfen der Stadt durch die Rote Armee kann die Verpflegung nur noch marginal über eine Luftbrücke erfolgen, Tausende Verletzte können nicht mehr ausgeflogen werden.

Zu dieser Zeit will Wigand als verliebter und verlobter Mann in den Kessel zurückkehren. Er hat seiner Ruth einen Heiratsantrag gemacht, und sie hat angenommen. Jetzt will sie eigentlich nicht, dass ihr Zukünftiger ausgerechnet in die am heftigsten umkämpfte Stadt des Krieges zurückgeschickt wird. Doch ihm bleibt keine Wahl, denn er fühlt sich verpflichtet. Wigand verspricht Ruth, lebend wiederzukommen, ahnt dabei aber nicht, wie verdammt lange das dauern wird. Der Abschied von Ruth fällt ihm dennoch von Herzen schwer. Er fährt mit dem Zug von Hannover nach Berlin. Im Abteil lernt er einen Generalstabsoberstleutnant kennen, der ihn für verrückt erklärt, als Wigand ihm erzählt, wohin er zu reisen gedenke, und ihm gegenüber andeutet, dass er den Berichten, die derzeit im Rundfunk und in der Presse über heroische Schlachten, die die Wehrmacht in Stalingrad führe, nicht glauben solle. »Stalingrad ist eingekesselt, und es sieht gar nicht gut aus«, sagt er. »Sie fahren besser zu Ihrem Ersatztruppenteil und melden sich dort. Entsprechende Befehle gibt es schon für alle Angehörigen der in Stalingrad eingeschlossenen Verbände. Es hat wenig Sinn, wenn Sie weiterfahren. Sie können sich auf mich berufen, wenn Sie hierbleiben wollen.« Der Generalstabsoberstleutnant bietet Wigand an, ihm ein entsprechendes Schreiben auszustellen, aber der lehnt ab, sein Entschluss, seine Männer im Kessel nicht alleine zu lassen, ist ungebrochen. Von Berlin aus fährt er mit dem Zug weiter bis ins ukrainische Stalino, von dort bis Rostow, wo er sich auf dem Flugplatz in eine Junkers Ju 52 setzt, die als Sonderflug mit Weihnachtspost für Paulus versuchen soll, so nah wie möglich an Stalingrad heranzukommen. Selbst der Pilot weiß nicht, was ihn erwartet; er kann aber in Morosowskaja landen, einem der letzten nicht unter Beschuss stehenden Nachschubflughäfen. Hier klettert Wigand in einen Heinkel HE-111-Bomber, der Verpflegung über Stalingrad abwerfen soll. »Die Piloten erzählten von einer schrecklichen Hungersnot im Kessel und dass überhaupt nur noch 7 von 60 Maschinen fliegen könnten. Wir starteten. Es war Nacht, und ich versuchte, den Frontverlauf beider Seiten anhand der aufblitzenden Artillerieabschüsse auszumachen. Ein skurriler Moment, von oben diese Schlacht zu sehen. Die Explosionen unter mir waren ohrenbetäubend. Ich sah Landebefeuerung, das Flugzeug sank, fuhr das Fahrwerk aus und berührte schließlich den Boden. Dann zog der Pilot wieder hoch.«

»Ich dachte, wir wären da«, schreit Wigand geschockt zum Piloten hinüber.

»Keine Chance«, ruft der zurück. »Da hat gerade eine Granate auf der Landebahn eingeschlagen und einen riesigen Krater hinterlassen.« Der Pilot spricht hektisch. »Das Rad ist mit dem gesamten Fahrwerk abgerissen. Wir müssen wohl mit dem Fallschirm raus.«

»Ich hab keinen, verdammt noch mal«, brüllt Wigand und überlegt schon, seine Pistole zu ziehen, um sich bei einem Aussteigen des Piloten selbst zu erschießen. Oder kann er die Maschine fliegen? Schließlich bringt der Kapitän den Verpflegungsbomber aber doch, wenngleich mit einer Bauchlandung wieder in

Morosowskaja runter. »Die linke Tragfläche samt Motor riss ab, die Bodenwanne zerquetschte, und die Kanzel zersplitterte. Aber das Flugzeug brannte nicht, und wir beide konnten rausspringen. Wie durch ein Wunder war ich nicht verletzt. Die Landung ohne Rad hatte nur geklappt, weil die ganze Fahrbahn komplett vereist war.« Wigand verbringt die Nacht in einer Halle des Flughafens und betäubt seine Sorgen mit reichlich wärmendem Alkohol. »Ich bin irgendwann richtig fertig eingeschlafen, dann weckte mich ein Hämmern und Türenschlagen. Jemand rief: Morosowskaja wird geräumt! Die Russen kommen! Jetzt wurde es ungemütlich.«

Wigand läuft raus und erkundigt sich bei den aufgescheuchten Piloten nach dem nächsten Stalingradflug.

»Hören Sie bloß auf mit Ihrem Stalingrad, da fliegt von hier keiner mehr hin«, schreit ihn einer an. »Stalingrad, meine Güte!« Wigand bleibt nichts anderes übrig, als mit einem der flüchtenden Piloten zurück nach Rostow zu fliegen. Dort versucht er es weiter, findet eine Junkers Ju 86, die Ersatzteile nach Salsk bringen soll. Er erfährt, dass nur noch von dort aus Ju 52 in den Kessel fliegen, um das Nötigste rein zu schleusen. In Salsk erklärt sich ein mutiger Pilot bereit, Wigand nach Pitomnik mitzunehmen, einem angeblich intakten Kesselflugplatz in Stalingrad. Kurz vor der Landung kassiert das Flugzeug einen Treffer. »Zwei-Zentimeter-Flak, eigene, Scheiße – große Scheiße«, ruft der Pilot. Wigand glaubt nun nicht mehr, dass er es schafft, aber dieses Mal gelingt die Landung, und das sogar ohne Bruch. »Das Flugzeug rollte an den Rand des Flugplatzes. Die Ladeluke wurde geöffnet, und die Besatzung warf die Benzinfässer, die sie liefern sollten, aus der Maschine. Ich kletterte über die Tragfläche heraus und sprang runter. Ich traute meinen Augen nicht, als ich mich da aufrichtete. Da kamen zerlumpte, schwer verwundete deutsche Soldaten auf das Rollfeld gestolpert und versuchten, die Tante JU zu erreichen.

Aber der Pilot sah zu, dass er wegkam. Der Motor heulte auf, die Maschine verschwand in der Dunkelheit, und die schreienden Verwundeten, die zum Teil versucht hatten, sich an das Flugzeug zu klammern, verschwanden ebenfalls wieder. Einige krochen auf allen vieren im Schnee, fluchten und winselten. Sie waren schmutzig, verwahrlost und trugen blutige Verbände um die Extremitäten oder den Kopf. Was war hier nur los? Keine Sanitäter waren zu sehen. Das völlige, entmenschlichte Chaos. Grauen mischte sich bei mir mit Mitleid.«

Im Dezember 1942 gelangen nur noch wenige Flugzeuge in den Kessel von Stalingrad (Aquarell von Wigand).

In Pitomnik kommt es in diesen Tagen zu entsetzlichen Szenen. Das Flugfeld ist mit Trümmerteilen übersät. Aufgrund des Treibstoffmangels und des ständigen Beschusses können kaum noch Verwundete ausgeflogen werden. Viele deutsche Soldaten verletzten sich absichtlich und schleppen sich hierher in der Hoffnung, der Apokalypse zu entkommen. Mit wenig Erfolg. Vor den Lazarettzelten, die am Rande aufgebaut sind, türmen sich tiefgefrorene Leichen.

»Ich fragte mich, in was ich da eigentlich hereingeraten bin und warum. Weshalb war ich nicht einfach dem Ratschlag des Oberstleutnants gefolgt und bin zum Ersatztruppenteil nach Göttingen gefahren? Ich dachte an Ruth, und erstmals kamen bei mir Zweifel auf, ob ich mein Versprechen würde einhalten können. Aber nun war ich zurück an diesem Ort, den ich nicht wiedererkannte. Nach einer Stadt sah das alles überhaupt nicht mehr aus. Ich schulterte meinen mit Nahrungsmitteln vollgepackten Rucksack und irrte umher. Bomben detonierten überall um mich herum. Ich fand Unterschlupf in einem Bunker. Auch hier schienen die Soldaten wahnsinnig geworden zu sein und verhielten sich respektlos. Sie verspotteten mich, als ich erzählte, dass ich freiwillig aus der Heimat zurückgekommen war. Ich müsste schon ziemlich dumm sein, höhnten sie. Ob ich denn nicht wüsste, dass ich hier sterben würde. Ich schlief nachdenklich im Bunker ein. Am nächsten Morgen ließ ich mich auf gut Glück mit einem Lastwagen in Richtung Gumrak bringen, dem Bahnhof, von dem ich am 17. November aufgebrochen war. Es standen zwar weniger Häuser, aber ich erkannte die Gegend wieder. Ich lief also zu dem Badehaus, der letzten Stellung der Batterie, die ich kommandiert hatte. Das Haus stand noch, und ich wurde freudig empfangen. Hier war alles nicht ganz so verwahrlost, aber man sah den Männern den Stress der letzten Wochen an. Irgendwie erschien mir unsere Artillerie gleich nutzlos, direkt neben dem Badehaus hatten meine Soldaten die Geschütze in Stellung gebracht. Worauf sollten sie eigentlich noch feuern? Vor meinem Urlaub hatten wir sie in Garagen versteckt und auf Häuser gerichtet, in denen sich Russen verschanzt hatten, auf die

Industriegebäude am Stadtrand oder auf russische Schiffe, die auf der Wolga Panzer in die Stadt brachten. Aber nun konnte man die Haubitzen unmöglich durch die Straßen ziehen. Es war ja alles voll mit Trümmerteilen. Immer mehr meiner Leute wurden jetzt für den Häuserkampf abgestellt, für den sie als Artilleristen gar nicht ausgebildet waren. Das ärgerte mich, denn es war kein gutes Zeichen, gar nicht. Richtige Himmelfahrtskommandos. Viele kamen nicht zurück. Die Stimmung im Badehaus hätte mieser kaum sein können, denn auch die Verpflegung ging zur Neige. Alle litten bereits Hunger. Lange würden wir das nicht durchhalten, das schien klar. Etwa 200 waren wir noch. In Anbetracht der Situation erwarteten alle einen Ausbruchbefehl. Am näher rückenden Trommelfeuer der Russen merkten wir, wie sich der Kessel immer enger um uns schloss. Meines Erachtens gab es nur drei Möglichkeiten. Ausbruch, organisierter Widerstand oder geordnete Kapitulation. Aber von Paulus kam nichts. Einfach kein Befehl. Hatte man uns aufgegeben?«

Anfang Januar 1943 gerät der Nachschub im Kessel vollends zum Stehen. Da die Luftwaffe nun gar nicht mehr durchkommt, gibt Paulus sogar den Befehl aus, Verwundete und Kranke nicht mehr zu versorgen und nur noch wehrfähige Männer zu verpflegen. Eine humanitäre Apokalypse! Halbverhungerte Landser schneiden sich völlig entkräftet Stücke aus Pferde- oder Kleintierkadavern heraus und verschlingen sie roh. Die Straßen sind übersät mit erfrorenen Soldaten beider Seiten.

»Draußen hielt man es vor Kälte kaum aus, Minus 20 Grad. Wir hatten wirklich Glück mit dem Badehaus, in dem wir überall Öfen aufstellen konnten. Aber der Hunger nahm quälende Ausmaße an, man war kaum in der Lage, einen klaren Gedanken zu fassen. Wir fingen an, unsere Pferde zu schlachten, weil nichts anderes mehr da war. Ich hatte mir bis dahin nie vorstellen können,

meine Lieblingstiere zu essen. Aber Pferd gehörte zur Normal-
verpflegung, solange was da war. Wenn man Glück hatte, kriegte
man eine Wurst, zum Ende hin gab es nur noch dünne Pferdesup-
pe, und die schmeckte scheußlich. Ich hielt den ganzen Zustand
nicht mehr aus und beschloss, zum Regimentskommandeur zu gehen, der sich in einer Schnapsfabrik verschanzt hatte, und Antworten zu verlangen. Ein grauenvolles Bild bot sich mir da. Die
vielen hochrangigen Offiziere, die sich hier aufhielten, waren
stockbesoffen, kicherten und sahen aus wie Gespenster. Ich versuchte, dem Oberst die ausweglose Situation meiner Batterie im
Badehaus zu erklären: keine Verpflegung, keine Befehle, keine
Moral. Alle brachen in albernes, fast irres Gelächter aus, befahlen
mir zu saufen, auf den Führer zu trinken und mich dann gemeinsam mit ihnen umzubringen. Der Kommandeur lachte und hielt
sich den Finger an die Schläfe. Jetzt erst erkannte ich, dass neben
den ganzen Schnapsflaschen Pistolen auf dem Tisch lagen. Ich ver-
ließ die Stellung ohne ein weiteres Wort. Stalingrad hatte sie alle
verrückt werden lassen.« Ich dachte jedenfalls nicht daran, mich
zu erschießen. Ich wollte leben.

Ende Januar 1943 erreicht die Kampfmoral der Soldaten ihren
Tiefpunkt, befeuert noch durch eine Rundfunkrede Görings am
30. Januar 1943, in der er die Aufgabe Stalingrads bekannt gibt
und so die verbliebenen Männer ihrem Schicksal überlässt. Die
Offiziere fühlen sich verraten und verkauft. Tausende nehmen
sich jetzt das Leben. Am 31. Januar 1943 ernennt Hitler Paulus
zum Generalfeldmarschall. »Das ist wohl eine Aufforderung zum
Selbstmord, aber diesen Gefallen werde ich ihm nicht tun«, kom-
mentiert Paulus den Funkspruch und ergibt sich der 62. Armee.
Der sowjetische Frontkommandeur empfängt ihn mit reichlich
Wodka, denn auch die Russen sind lange am Ende ihrer Kräfte.
Zu Zehntausenden legen nun nach und nach deutsche Soldaten

die Waffen nieder. Wigand verbleibt mit seiner Batterie im Bade-haus, bis es von allen Seiten umstellt wird.

»Wir feuerten mit unseren Karabinern aus Fenstern und Türen auf heranstürmende Russen. Die MGs funktionierten bei der Kälte nicht mehr. Aber Munition für die kleineren Infanterie-Waffen hatten wir mehr als genug und konnten uns wehren. Halbverblutete Soldaten anderer Einheiten flüchteten sich mit letzter Kraft zu uns ins Badehaus, um hier Deckung zu finden oder wenigstens unter Kameraden und würdevoller zu sterben als draußen. Unsere Handvoll Sanitätssoldaten besaß keine Spritzen mehr und konnte kaum helfen. Schmerzensschreie waren bald überall in der Unterkunft zu hören, und das machte alles noch ir-rer. Am 30. Januar brachten Wachtposten drei russische Offiziere zum Badehaus. Sie forderten mich zur Kampfaufgabe auf. Ich soll-te bei Tagesanbruch meine Stellung mit weißen Fahnen kenn-zeichnen. Ich empfand das als keine optimale Lösung, denn ich wusste ja, dass die Russen wenig Interesse an Gefangenen haben, und dachte an das, was sie mit uns tun würden. Es hatte sich her-umgesprochen, was mit den Soldaten anderer Stellungen gesche-hen war, die sich auf einen solchen Handel eingelassen hatten. Doch ich erhielt keine Erlaubnis vom Infanteriekampfgrup-pen-Kommandeur, mich weiter zu wehren. Mir reichte es. Wir sollten also einfach untergehen. Vorsorglich ließ ich schon mal alle Papiere verbrennen, die wir noch hatten. Am nächsten Morgen wurde ich von Geschrei geweckt. Die Russen waren gekommen, ich hatte keine Fahnen hissen lassen. Und so entschloss ich, mei-nen Soldaten an den Schießscharten im Erdgeschoss die Verteidi-gung zu ermöglichen. Ich selbst feuerte abwechselnd mit Pistole und Gewehr. Ein Feind nach dem anderen fiel tot um, wenige Me-ter vor mir. Meine Männer ritzten sich mit Taschenmessern Ker-ben in die Gewehrkolben für jeden erschossenen Feind. Es ging zu wie auf dem Jahrmarkt. Eher wie in einer Geisterbahn. Was ist

das für ein verrücktes Verhalten? Wollen sie sich noch einmal bestätigen oder ist es die Angst, die sie diese Dinge tun lässt? Denken
sie überhaupt noch? Im Anblick dieses Wahnsinns stellte ich mein
Feuer ein, die Soldaten ballerten so lange weiter, bis mehrere T-34
heranrollten und ihre Granaten auf uns schossen. Die dicken Be-
tonwände hielten allerdings stand. Wenige Meter vor uns stoppten
die Panzer. Sie schossen nun mit Maschinengewehren auf uns.
Wer sich jetzt noch an die Schießscharten traute, fiel sofort tot um.
Direkter Kopfschuss. Einer nach dem anderen. Wie Schießbuden-
figuren. Gut, dachte ich, immerhin gibt es auf diese Weise keine
Verwundeten und keine langen Qualen mehr. Ich überlegte hin
und her, wie ich dem ein Ende bereiten könnte, als plötzlich russische Parlamentäre ins Badehaus eindrangen. Die Landser wollten
nicht mehr, sie stellten ihre Gewehre ab, nahmen ihre Rucksäcke
und ergaben sich mit erhobenen Händen. Manche still und leise,
manche um ihr Leben flehend. Was man mit ihnen gemacht hat,
weiß ich nicht, kann es mir aber vorstellen. Mich hatten sie noch
nicht bemerkt. Ich entschied, mit zwei meiner Kanoniere abzu-
hauen. Warum, kann ich mir heute nicht erklären. Eine Schnap-
sidee. Wir krochen durch eine zersprengte Mauer hindurch und
rannten in Richtung Stadtmitte. Wir wussten zu dem Zeitpunkt
noch nichts davon, dass sich Paulus ergeben hatte, sonst hätten
wir die Flucht sicher nicht mehr gewagt. Wir kamen allerdings so
oder so nicht weit, liefen einer Handvoll Russen, die mit Maschinenpistolen auf uns zielten, direkt in die Arme. Uhr und Mantel
nahmen sie mir sofort ab. Einer schlug mir mit der Faust ins Gesicht, als er meine Offiziersspiegel erkannte, und fluchte etwas,
was ich bis dahin nicht verstand, später in Gefangenschaft aber
noch öfter hören sollte. Sie stellten uns an eine Mauer, zielten mit
den Gewehren auf uns. Ich erwartete den Tod, es war vorbei.
Doch wie aus dem Nichts hielt plötzlich ein T-34 vor uns, der
Turmdeckel ging auf und ein von oben bis unten mit Motoröl

besudelter Unterleutnant der Roten Armee sprang raus und bedeutete den Soldaten, die Waffen runterzunehmen. Er durchsuchte mich, nahm mir meine gefütterten Lederhandschuhe ab, zog sie fröhlich grinsend an und stieg in den Panzer zurück. Daraus warf er mir seine mit Öl verschmierten Pelzfäustlinge zu und ein Säckchen mit russischem Brot. Etwa dreißig deutsche Gefangene marschierten kurz darauf an uns vorbei. Lachend schob man uns dazu. Jetzt war der Krieg für uns zu Ende, nicht tot, aber gefangen, was in gewisser Weise allerdings kaum einen Unterschied machen sollte. Wir hatten Stalingrad überlebt, wurden Kriegsgefangene der Sowjetunion. Ich konnte nicht ahnen, dass es sieben Jahre dauern würde, bis ich wieder ein freier Mann sein durfte.«

Wigands Gefangennahme in Stalingrad Anfang Februar 1943
(Aquarell von Wigand)

Die letzten Wehrmachtssoldaten in Stalingrad legen am 2. Februar 1943 die Waffen nieder. Schon Zeitgenossen werten die Schlacht um Stalingrad, in der etwa 150 000 deutsche und 500 000 russische Soldaten ihr Leben lassen, als zentralen Wendepunkt des Deutsch-Sowjetischen Krieges. Die Niederlage in einer der blutigsten Schlachten der Weltgeschichte bedeutet auch das Ende von Hitlers Traum vom Lebensraum im Osten. Die immensen Verluste an Soldaten und Kriegsgerät können im weiteren Kriegsverlauf nicht wieder ausgeglichen werden. Stalingrad wird zum Synonym für den Untergang einer ganzen deutschen Armee. Die Niederlage führt zur schwindenden Kriegsmoral unter den Soldaten, Hitlers Popularität im Volk sinkt dramatisch, und die Angst vor dem Vormarsch der Russen wird zur größten Sorge, vor allem der Deutschen in den Ostgebieten des Reiches. 91 000 Soldaten der 6. Armee überleben Stalingrad und gehen in Gefangenschaft. Von ihnen werden nur 6000 in die Heimat zurückkehren. Von den 3,1 Millionen deutschen Soldaten, die zwischen 1941 und 1945 in russische Kriegsgefangenschaft geraten, sterben etwa 1,1 bis 1,3 Millionen. Die Männer werden auf insgesamt etwa 5000 Lager in fast allen Gebieten der Sowjetunion verteilt und hier ebenso wie die Gefangenen in Frankreich hauptsächlich zu Zwangsarbeiten eingesetzt. Sie verrichteten harte körperliche Arbeit beim Wiederaufbau von Industrieanlagen und Wohngebieten, im Eisenbahn-, Straßen- und Brückenbau, in Bergwerken oder in der Landwirtschaft. Die letzten Deutschen kehren erst 1956 aus der sowjetischen Kriegsgefangenschaft zurück.

Drei Fragen an Wigand

Wie haben Sie die russische Gefangenschaft erlebt?
Die schlimmste Zeit waren die langen Märsche in der Kälte von Durchgangslager zu Durchgangslager. Auf diesen Höllentrips in Gefangenschaft sind mehr Leute gestorben als in dem Krieg, den

ich gesehen habe. Sie sind nachts erfroren. Hinter mir habe ich immer Schüsse gehört und mich jedes Mal gefragt, ob unsere Bewacher die Männer aus Boshaftigkeit erschießen. Ich glaube nicht. Ich denke, das waren Gnadenschüsse für Männer, die sonst vor Erschöpfung zusammengebrochen wären. Sie wären ja sonst erfroren. Als ich dann im Stammlager in Jelabuga in Tatarstan an der Wolga ankam, wurde es besser. Es war ein Offizierslager, untergebracht in einem ehemaligen Kloster. Die Russen haben uns eigentlich in Ruhe gelassen. Es gab keine Folter oder Grausamkeiten, wie man das aus französischer Gefangenschaft hört. Wir haben selbstverständlich aber auch da entsetzlichen Hunger gelitten, aber es gab eben für so eine Masse an Menschen nichts zu essen. Eigentlich kann ich mich nur an Hirse erinnern. Hirsesuppe, Hirsebrei, Hirsematsch. Wir schliefen auf Holzpritschen mit dünnen Decken. Und sicher sind da unnötig Männer gestorben. Wir haben alle Pflanzen und Tiere gegessen, die wir finden konnten. Pferde gab es nicht mehr, aber ab und an erschossen die Russen mal einen streunenden Hund, den wir uns dann geschnappt haben. Auch ich war ein paar Mal kurz davor, den Löffel abzugeben. Ich bin oft krank gewesen, hatte Ruhr und Fleckfieber. Die Russen hatten zwar kaum Medikamente, aber die Ärzte, die da waren, haben sich um uns bemüht; aufrichtige Menschen waren das. Ein Feldscher hat mich versorgt, mir saubere Klamotten gebracht, mir genug Essen gegeben. Und ich erinnere mich an eine sympathische, junge russische Ärztin mit Namen Malefitzkaja aus St. Petersburg. Die saß oft bei mir am Bett und hat sich gekümmert.

Allgemein war das Verhältnis zwischen Russen und Deutschen unauffälliger und entspannter als zwischen uns deutschen Kameraden selbst. Da gab es oft mal Auseinandersetzungen, es wurde geklaut, misstraut, geprügelt. Jeder brauchte zwei oder drei gute Freunde, auf die man sich verlassen konnte, sodass man sich gegenseitig beschützte. Also es gab schon Kamerad-schaft, aber allgemein verhielten sich die Deutschen nicht posi-tiv in dieser Stresssituation. So ganz anders als die von den Rus-sen gefangen genommenen japanischen Offiziere, die irgendwann in unser Lager kamen, nachdem sie in der Mandschurei kapi-tuliert hatten. Die waren äußerst diszipliniert, trugen edle Win-terkleidung. Da hat nie einer aufgemuckt, die blieben unter sich, haben nicht gemeckert. Abends haben wir sie beim Fußballspie-len beobachtet. Aber ich denke, so entspannt die auch aussahen, die haben so wie wir gehofft, dass sie nach Hause kämen, wenn der Krieg aus ist. Aber als das so weit war und die Russen den Sieg mit reichlich Wodka gefeiert hatten, kamen sie zu uns und haben erklärt, dass wir keine Kriegsgefangenen mehr seien, son-dern nun Strafgefangene. Wir mussten dann unsere Uniformen abgeben und auch die Orden, die wir bei uns trugen. So verging Jahr um Jahr, und auch wenn das Essen nun angemessen war, so quälten uns bald Tristesse, Einsamkeit und Ungewissheit. Ich dachte so oft an Ruth, wusste nicht, ob sie auf mich warten wür-de. Obwohl wir uns Briefe schreiben konnten. Das hieß aber zu der Zeit, dass man zwei oder drei Mal im Jahr etwas voneinander hörte, aber immerhin. Die Briefe las man dann voller Hoffnung immer und immer wieder und träumte und wartete sehnsüchtig. Vermutlich ist es nur meinem Maltalent zu verdanken, dass ich die Tortur aus Hunger, Kälte, Infektionen und Zwangsarbeit überlebt habe. Sowjetische Aufseher und Soldaten haben sich von mir Bilder von russischen Steppen, Wäldern und Bären ma-len lassen. Im Gegenzug erhielt ich das in diesen Tagen Wert-vollste: genügend Verpflegung und medizinische Versorgung. Nach der Währungsreform gab es bei uns einen Gefängnisladen, in dem die Gefangenen mit erarbeiteten Rubel kleine Dinge kau-fen konnten. Haferflocken oder Wodka. Nach fast sieben Jahren in Gefangenschaft wurde ich 1949 entlassen, kam nach einer elend langen Reise zu Hause an und stellte voller Glück fest, dass Ruth auf mich gewartet hatte. Wir konnten nun frei unsere Liebe leben.

Wann haben Sie vom Holocaust erfahren?
Also während des Krieges und auch lange danach gar nicht. Das ist in gewisser Weise schon komisch, denn wir wurden ja in russischer Gefangenschaft, besonders am Anfang, oft verhört, und das machten in der Regel immer Juden, die Deutsch sprachen oder Jiddisch, das dem Deutschen ja ähnlich ist. Ob die das auch nicht gewusst haben? Da waren einige, die im Lager arbeiteten und ganz normal mit uns plauderten, klappte ganz gut, trotz des Sprachmixes. Ein jüdischer Politruk kam öfters, der war nett zu allen. Und eine jüdische Aufseherin gab es auch. Beide ließen sich oft Bilder von mir malen. Er hat mit Rubel bezahlt, sie hat gegen Naturalien getauscht, einen schönen Laib frisches Brot oder selbst gemachte Butter. Ansonsten waren wir abgeschirmt von dem, was in unserer Heimat passierte. Tatsächlich erfahren haben wir von den ganzen Gräueltaten, als wir Ende der 1940er-Jahre die ersten DDR-Zeitungen ins Lager geschickt bekamen. Wir waren natürlich ziemlich schockiert und haben darüber geredet. Es hat jeder gesagt, dass er das niemals für möglich gehalten hätte. Wir konnten uns nicht vorstellen, dass überhaupt ein Soldat der Wehrmacht sich an Verbrechen gegen Juden beteiligt haben könnte. Die Leute von der SS, ja, die von der politischen, die habe ich ja erlebt in Polen. Da konnte man sich das mit viel Mühe zusammensetzen. Vor dem Krieg, jedenfalls an unserem Gymnasium in Göttingen, habe ich keinen Antisemitismus erlebt. Es gab jüdische Schüler, zumindest wir Kinder haben sie aber normal behandelt. Dass es allerdings Antisemiten an jeder Ecke gab und dass die Nazis keine Juden mochten, das war sicher allen klar. Das stand ja auch in Zeitungen, wie gemein Juden angeblich soll-

ten. Ich glaube allerdings, dass die meisten Deutschen, die zuvor mit Juden zu tun gehabt haben, mit ihnen befreundet gewesen waren, das eh nicht geglaubt oder für voll genommen haben. Das war so etwas, das die Nazis propagierten, in ihren Reden über die Juden. Aber unter Soldaten habe ich nie erlebt, dass Gewalt oder Hass gegenüber Juden je Thema war. Vielleicht bin ich zu sehr im Soldatischen aufgegangen und hätte möglicherweise mehr auf Anzeichen achten können. Aber ich war nicht zu Hause und ich glaube auch nicht, dass ich dort sehen hätte können, was Hitler hinter den Kulissen durchgezogen hat. Man selbst kommt erst gar nicht auf die Idee, dass so etwas stattfindet, wenn man jeden Tag auf das Leben seiner Untergebenen aufpassen muss. Ich war wohl ein Mitläufer. Ich habe einfach versucht, durchzukommen, um zu überleben. Ich will mir das aber auch nicht vorwerfen. Es blieb keine Zeit dafür, über den Tellerrand zu schauen. Nach dem Krieg, wenn man nicht mehr um das Leben seine Kameraden kämpfen musste und ums eigene Überleben, und in Friedenszeiten, wo jeder Zugang zu Informationen bekam, die im Dritten Reich unter höchster Geheimhaltung standen, da konnte man denken und dem nachspüren, nur da war alles zu spät.

Haben Sie eine Lebensphilosophie? Was können Sie den Deutschen von heute raten?
Nicht heulen. Heulen, weinen, verzweifeln, das bringt nichts. Ich habe mir alles Wehklagen 1933 abgewöhnt. Das hatte nicht in erster Linie etwas mit Hitler zu tun, nur bedingt, weil ich gespürt habe, dass ich mir ab da ein dickes Fell zulegen musste, dass ab da ein anderer Wind herrschte. Ich bin überzeugt, dass ich so durch den Krieg und danach durch mein ganzes späteres Leben gekommen bin. Ich habe mir auch nie Schuld einreden lassen, dass ich im Krieg war. Wir alten Soldaten müssen uns nicht schämen. Nur wenige von uns haben sich zu Gräueltaten hinreißen lassen. Lei-

der aber haben die paar dann genügt, um großes Unheil anzurichten. Aber das ziehe ich mir selbst nicht an, habe ich nie. Ich bin ein Mensch dieser Zeit und habe getan, was ich für richtig hielt. Sicher habe ich mitbekommen, dass die Generationen nach mir das alles plötzlich ganz anders sahen oder sehen wollten. Aber wie können sie urteilen, wenn sie selbst nie in der Lage gewesen sind, das zu fühlen, zu entscheiden, zu erleben und zu erleiden, was wir damals in unserer Situation mussten? Sie haben mehr Wissen über die Zusammenhänge, aber sie können sich nicht vorstellen, wie es sich anfühlte, ein winziger Teil einer möglicherweise im Ganzen verirrten und manipulierten Gesellschaft gewesen zu sein. Und hier ist dann vielleicht etwas, das ich als Lebensphilosophie denen mitgeben kann, die nach mir kommen. So will ich sagen: Macht's gut, macht's besser, soweit ihr es könnt!

Es gab immer mal wieder Hoffnung, dass sich die Deutschen mental ändern würden, zusammenhalten könnten, sich nicht gegenseitig moralisch schuldig sprechen. Die deutsche Wiedervereinigung, das war so ein Moment, ein kurzer, der in mir besondere Hoffnungen geweckt hat. Lassen wir die Nazi-Ideologie mal beiseite. So charakterlich anders sind die Deutschen von heute nicht wie die in der Zeit des Dritten Reiches, waren sie vermutlich auch davor nicht. Es scheint eine besondere Eigenart unseres Volkes zu sein, stets die eigene Courage zu verlieren, wegzusehen, mitzumachen, je nachdem, woher der Wind weht. Ich habe die Welt durch viele Reisen kennengelernt. Und nirgendwo habe ich etwas Vergleichbares bemerkt. So einen Geltungsdrang wie unter den Deutschen, so eine Übervorsicht, was man wohl von ihnen denken könnte, wenn sie dies machten oder jenes. Das betrifft die Menschen in unseren Nachbarländern ebenso wie das eigene Volk. Immer vergleichen die Deutschen und ihre Politiker und wägen ab, wie sie denn wohl besser ankämen unter sich und in der Welt. So gerne möchten wir doch von den anderen geliebt werden und stellen uns in den Dienst anderer Länder, verpassen aber stets die Gegenliebe. Weil wir uns prostituierend anbieten, wirtschaftlich und militärisch, statt Gelassenheit und Ruhe zu bewahren und auf uns selbst zu vertrauen und auf die Interessen des eigenen Volkes zu achten. Oftmals führt das dann wieder zu Frust: Wir wollten so gut zu euch sein, aber ihr habt es nicht wertgeschätzt. Wie können wir euch jetzt sanktionieren? Und dann geht auch das Suchen nach den Schuldigen ständig von vorn los, für alles. Dabei zerfleischen die Deutschen stets sich selbst, legen sich mit dem Nachbarn an, der einfach anders denkt, obwohl das in einer Demokratie, die wir ja sein wollen, sein gutes Recht ist. Es ist ein schwieriges Volk, und dennoch fühle ich mich Deutschland zugehörig und tief verbunden. Vielleicht ist es mein Optimismus, der mich das aushalten lässt, der daran glauben mag, dass die Deutschen es irgendwann schaffen, sich untereinander freundlich zu begegnen, gemeinsam ihr Land in einer friedlichen Weise zu lieben und zu schätzen wissen. Aber ich fürchte, ich werde das nicht mehr erleben.

Wigand verstarb 2017 im Alter von 96 Jahren.

WERNER UND DER TODESWALD VOR LENINGRAD

Werner (*1920) sitzt in kurzer Stoffhose auf dem Balkon seines Hauses, das eines der am höchsten gelegenen am steilen Ufer des Rheins inmitten der ehemaligen Reichsstadt Boppard ist. Außer den Nachbarn, der ein paar Gassen weiter unten seinen Rasen mäht, hört man hier oben nur die Vögel zwitschern. Oft sitzt Werner bei Sonne hier draußen und schaut hinunter auf den Fluss, sieht den vorbeiziehenden Schiffen und den Wellen zu. Erst jetzt, im Alter von 99 Jahren, geht er den Hang selbst nicht mehr runter in die Stadt. Er kommt aus dem Gleichgewicht, und wenn er fällt, dann verstaucht oder bricht er sich gleich etwas. Zu gefährlich ist das geworden, auch zu schmerzhaft. Seine jüngere Frau, die zusammen mit ihm hier lebt, geht die Wege und kann ihrem Gatten alles besorgen, was er braucht. Das ist aber nicht viel. Das Alter bringt Bescheidenheit mit, meint Werner. Er ist zufrieden, aber seit einigen Jahren holen ihn die Gedanken an Erlebnisse ein, von denen er glaubte, sie verarbeitet zu haben; zunehmend merkt er jedoch, dass er sie eher verdrängt hat, und das gelingt im Alter nicht mehr so gut. Es sind Erinnerungen an den Krieg, die den ehemaligen Berufsschullehrer quälen. Oft plagen ihn Schuld- und Schamgefühle, macht er sich Selbstvorwürfe. Werner sorgt sich mit vielen Jahrzehnten Abstand zu dem, was er erlebt hat, darum, ob er hätte etwas anders, besser machen können in dieser furchtbaren Zeit des Krieges. Heute spricht er mit niemandem mehr darüber, aber als er bis vor 35 Jahren noch im Beruf gestanden ist, hat er kein Blatt vor den Mund genommen, wenn seine Schüler etwas wissen wollten über die Ostfront. »Die waren dankbar, sie hatten von all diesen Dingen, die ich durchgemacht habe, in ihrem Geschichtsunterricht nichts gehört. Es ist auch einfacher, mit Schülern zu sprechen, als mit der eigenen Familie, das habe ich gemerkt, und das fehlt heute ein wenig. Weil es mir selbst etwas gebracht hat, offen reden zu können, ohne verurteilt zu werden. Heute denke ich nur alleine nach.«

Geboren wird Werner im Juni 1920 in Elspe im Sauerland. »In eine große Familie hinein«, sagt er und schmunzelt. »Ich hatte sieben ältere Brüder, alle warteten auf ein Mädchen, dann aber kam ich und zum Schluss, zwei Jahre nach mir, dann letztendlich doch noch unsere einzige Schwester.« Mit viel Glück sei er aus dem Krieg heimgekommen. Werner holt tief Luft, sammelt sich. »Da kam dann sofort Neid auf bei den Nachbarn, weil alle meine sechs Brüder und ich, die im Krieg waren, überlebt hatten. Das war ein Wunder im Sauerland. Viele Mütter mussten den Verlust mehrerer oder sogar aller ihrer Kinder betrauern. Nur mein älterer Bruder hat einen Arm durch eine Granate verloren, ansonsten haben wir uns zumindest physisch unversehrt wiedergesehen. Das ist ein Segen. Meine Geschwister, die längst alle tot sind, haben das auch so empfunden. Vielleicht ist es ein Wunder, das ziehe ich in Betracht.« Er trinkt einen Schluck aus seiner Tasse mit schwarzem Tee und taucht einen Keks hinein. Die Hand zittert leicht. »Aber muss man auf Wunder neidisch sein?«

Werners Vater ist seit Beginn des 20. Jahrhunderts Anhänger der katholischen Deutschen Zentrumspartei (DZP) und Schreinermeister von Beruf. Da die Hälfte seiner älteren Brüder auch Schreiner gelernt hat und sich keiner Sorgen darüber machen muss, dass der Familienbetrieb nicht weitergeführt wird, entschließt sich Werner nach seinem Volksschulabschluss im Jahr 1934, im benachbarten Ort Schmallenberg eine Lehre zum Bäcker anzufangen. »Da war Hitler ein Jahr an der Macht, und ich kriegte prompt Probleme, weil der Lehrer auf der Berufsschule ein knallharter Nazi war. Er hat uns unmissverständlich klargemacht, wer nicht in der Hitlerjugend sei, der dürfe keine Prüfung bei ihm machen. Dummerweise war ich kurz vorher aus der HJ rausgeflogen, weil ich weiter regelmäßig in die Kirche gegangen bin.« Dabei sei Werner anfangs begeistert gewesen von der neuen Jugendorganisation. »Ich war stolz, dass ich ein braunes Hemd anziehen durfte wie die anderen aus dem Ort, habe mir gleich für neunzig Pfennig einen Schulterriemen gekauft, hatte Spaß an den Geländeübungen und auch an dem Soldatischen. Meine Eltern sind skeptisch geblieben. Mein Vater war der Kirche hörig, kann man sagen, streng gläubig und religiös. Er wollte uns ebenfalls so erziehen. So musste ich regelmäßig die Gottesdienste besuchen, aber auch das habe ich gerne gemacht. Natürlich habe ich nicht verstanden, warum beides nicht miteinander vereinbar sein sollte, aber das habe ich schnell zu spüren bekommen. Hitlerjungen sollten nicht in die Kirche gehen. Und ehrlich gesagt, als man mich wegen meines angeblich falschen Glaubens aus der HJ geschmissen hat, war ich dann auch froh. Es kam mir heuchlerisch vor. Wahrscheinlich habe ich damals schon erkannt, dass mir die Ideologie, die dahintersteckte, nicht zusagte. Aber das kann ich nicht mit Bestimmtheit sagen. Es ging Schlag auf Schlag in der Zeit.«

In seiner Schule seien zwei »Judenjungs« gewesen, die zum Fleischer ausgebildet worden sind. »Ich habe mich gut mit ihnen vertragen und sie gemocht. Feine Jungs. Wir haben oft getauscht. Sie brachten mir Fleischwurst mit und ich ihnen eines meiner selbst gebackenen Brote. Aber der Lehrer hat die fertiggemacht. Das habe ich kaum ausgehalten. Sie taten uns allen leid. Als er einmal in der Klasse ankündigte, man wolle zusammen die Schrift *Judengeständnis. Völkerzerstörung von Christentum* von Erich Ludendorff lesen, schmiss er die jüdischen Schüler aus dem Klassenraum.« Auf leise Proteste der Mitschüler hin habe sein Lehrer dann drohend jedem freigestellt, mit den Juden das Klassenzimmer zu verlassen.»Keiner hat sich getraut, aber ich bin mit rausgegangen«, sagt Werner, der dann mit vor der Tür zum Klassenraum gewartet hat.»Ich konnte dieses Unrecht nicht ertragen.« Mit den Fleischergesellen lauscht er, wie die anderen Berufsschüler laut im Inneren lesen:

Juden und Priester hoffen auf Jahwe, ich hoffe auf das Rasseerwachen des deutschen Volkes, sein Ringen um arteigene Lebensgestaltung und das Freiwerden von Juden- und Priesterzwang und den Stolz des Deutschen, nicht Juden (...) über sich höhnen zu lassen.

Werner sieht den beiden Mitschüler an, dass sie gekränkt sind, Angst haben, und weiß an diesem Tag, dass auch sein Vater das, was der Lehrer seinen Schützlingen da an Propaganda auftischt, verachten würde. Denn die Nazis sind nicht nur gegen Juden, sondern hetzen auch gegen Leute wie ihn, streng gläubige Katholiken.

Werner steht auf, vorsichtig, schlurft langsam und in kleinen Schritten hinein in sein Arbeitszimmer und kommt nach einigen Minuten mit einem schmalen Büchlein zurück auf den Balkon. Das grüne Cover zeigt einen Mann in Wehrmachtsuniform, die mit hohen Auszeichnungen bestückt ist. Es heißt: *Erinnerungen eines alten Fallschirmjägers. Warum ich kein Ritterkreuzträger wurde.*

»Das ist er«, sagt Werner und zeigt auf das Gesicht des Mannes auf dem Buchdeckel. »Mein Nachbar Eberhard. Der war drei Jahre älter als ich. Im Krieg ist er sieben Mal verwundet worden.« Werner strahlt. »Eine Führungspersönlichkeit, eine Sportskanone, der beste Fußballer weit und breit und nun, ein Nationalsozialist war er auch. Dabei hat er keinem etwas zuleide getan. Juden hat er nicht gehasst, ich habe von ihm nie Schlechtes gehört über sie. Das war einer von der Sorte, der sich aber für sein Vaterland jederzeit aufgeopfert hätte. Möglicherweise war er mehr Nationalist, aber schon auf Hitler fixiert.« Werner blättert in dem Buch. »Eberhard war damals mein Gefolgschaftsführer, der mich, als er bemerkt hatte, dass ich an Gottesdiensten teilnehme, aus der Hitlerjugend verbannt hat. Später musste ich dann bei ihm betteln, wieder aufgenommen zu werden, damit ich meine Prüfung zum Bäcker überhaupt ablegen konnte. Mein Lehrer hatte mich auf dem Kieker. So blöd das klingt, aber ich bin das zweite Mal nicht mehr überzeugt in die HJ eingetreten. Ich war einfach da, um Bäcker werden zu können.«

Nach seiner Lehre arbeitet Werner ab November 1937 als Geselle in einer Dortmunder Bäckerei. Im Dezember 1940 zieht die Wehrmacht ihn ein nach Lingen an der Ems, damit er dort seine achtwöchige Grundausbildung absolviert. Dabei finden zu dieser Zeit gar keine Kämpfe mehr statt. Aber das ist nur die kurze Ruhe vor einem Höllensturm. Werner wird in ein Regiment der 93. Infanterie-Division integriert, die in Jüterbog aufgestellt worden ist. »Die Division hatte während des Westfeldzuges, als sie die Maginot-Linie durchbrochen hatte, Verluste erlitten. Wir mussten sie auffrischen und kamen als Besatzungstruppe nach Frankreich in die Argonnen. Im Ort Soissons haben wir Straßen bewacht. Viel los war da nicht mehr. Norwegen und Frankreich waren eingenommen. Eigentlich haben wir damit gerechnet, dass der Krieg in Kürze aus sein wird. Aber dann kam der Marschbefehl nach Russland. Keiner hat an so etwas Absurdes gedacht. Also, dass Hitler das wagen würde, alleine, ohne einen Verbündeten wie England. Meine Eltern haben uns gewarnt, dass das nach hinten losgeht. Aber wir jungen Soldaten hatten keine Wahl, und die älteren machten uns Mut. Sie waren so an rasche Siege gewöhnt, dass sie meinten, wir würden schon sehen, wie schnell wir gemeinsam selbst die Sowjetunion überrollen würden. Außerdem seien wir dazu verpflichtet, denn der Bolschewismus bedrohe ganz Europa. Ich wollte mich überraschen lassen, habe nicht damit gerechnet, dass die nächsten Monate mein ganzes Leben derart prägen würden.«

Im Juni 1941 wird Werner an die Ostfront verlegt.

Werner (ganz rechts) und sein MG-Schützentrupp

Ende Juni 1941 wird Werner als Teil der 6. Kompanie des Infanterie-Regimentes 272 der 93. Infanterie-Division an die Ostfront verlegt, marschiert in Litauen ein und erobert Estland. »Kämpfe gab es da zunächst nicht. Die Bevölkerung hat uns freudig empfangen, Frauen und Kinder verteilten Blumen. Alle haben sich gefreut und sich bedankt, dass wir sie vor den Russen beschützen. Das hat einen schon stolz gemacht so als junger Mann, als kleiner Teil von etwas, das anscheinend einigen Leuten Frieden brachte. Alles schien einfach und ergab, wenn auch nur kurz, Sinn, denn auch wir waren überzeugt, dass der Kommunismus von Grund auf böse ist. Aber je weiter der Vormarsch gen Osten ging, desto erschreckender wirkte das auf mich, was ich sehen musste. Ich entsinne mich daran, dass mein Denken sich an dem Tag von Grund auf änderte, als ich den ersten toten deutschen Soldaten am Straßenrand liegen sah. Der erste Tote, den ich überhaupt zu Gesicht bekommen habe. Das vergisst man nicht. Ich tue das nicht.«

Werner wird als MG-Schütze 2 eingesetzt. Ein MG-Trupp besteht in der Regel aus vier bis fünf Schützen. Nummer 1, der Richtschütze, schießt mit dem Gewehr, Nummer 2 kümmert sich um Aufbau, Ausrichtung, Nachladen oder Ladehemmungen. Die anderen sind als Munitionsschützen für den Transport von Munition zuständig. Sie tragen schwere Kisten oder Patronengurte. Werner bedient ein MG-42, das es in der leichten Version (lMG) gibt und in einer schweren (sMG), die auf einem Dreibein steht.

Im estländischen Narwa gerät Werners Regiment beim Vormarsch in ein Minenfeld. »Hinter mir knallte es, der Geißler, unserer MG Schütze 3, der die Patronenkästen trug, war auf eine Mine getreten und wurde in der Luft zerfetzt. Er war einfach weg, wie pulverisiert. Da steht man da, mit Dreck und Blut besudelt, und zittert und hat Todesangst vor jedem Schritt, den man von da an selbst tun muss.« Auch Regimentskommandeur Theodor

Kretschmer wird an diesem Tag verletzt. In einem Nachruf auf den Offizier heißt es: »Minen-Explosion. Der Oberst ist durch Splitter an der Hand und am Oberarm leicht verwundet. Aber das kümmert ihn nicht. Er eilt zu denen, die es schlimmer traf als ihn, hat für alle ein gutes Wort.«

Dem Geißler kann der Kommandeur nicht mehr helfen, und auch er selbst fällt wenige Tage später durch eine Granate. So lichten sich die Reihen der 93. Infanterie-Division auf dem Vormarsch Richtung Leningrad (St. Petersburg), und Werner hat bald jeden Gedanken an einen Blitzsieg verloren.

Von Oktober 1941 bis März 1942 kesseln Teile der Heeresgruppe Nord, zu der Werners Division gehört, Abteilungen der sowjetischen Leningrader Front in der Stadt Oranienbaum (Lomonossow) am Finnischen Meerbusen ein. Zeitgleich wird die Leningrader Blockade verhängt, nicht nur, um den Rest der Leningrader Front von der Roten Armee abzuschneiden, sondern auch um die Stadtbevölkerung auszuhungern. An der Blockade beteiligten sich neben der Heeresgruppe Nord die finnische Armee sowie die Blaue Division (División Azul), eine spanische Freiwilligendivision, die sich der Wehrmacht angeschlossen hat, um gegen die Sowjetunion zu kämpfen. Die Blockade dauert vom 8. September 1941 bis zum 27. Januar 1944. Seriöse Schätzungen gehen davon aus, dass in dieser Zeit über eine Million Leningrader durch Hunger und Krankheiten zu Tode kommen. Alle Zugangswege für Nahrung sind abgeschnitten. Die Leningrader Blockade wird von Historikern als eines der schwersten Kriegsverbrechen der deutschen Wehrmacht angesehen. Bis Leningrad kam die 93. Infanterie-Division nicht. Im 40 Kilometer von der ehemaligen Hauptstadt des russischen Kaiserreichs entfernten Oranienbaum hindert sie gemeinsam mit zwei weiteren Infanterie-Divisionen die dort eingekesselten Teile der Leningrader Front am Ausbruch, den die Rotarmisten mehrmals wagen. »Wir hatten uns eingegraben in den Wäldern am Rande des Kessels, beobachteten unaufhörlich den Feind, liefen Patrouille und durchkämmten die Gegend«, erzählt Werner. »Der erste Ausbruchsversuch einer kleineren Gruppe Rotarmisten passierte mitten in der Nacht. Es war so dunkel, dass ich nichts sehen konnte. Mit dem MG schießen erschien unmöglich. Man war nicht in der Lage, sich zu orientieren, aber das Herz raste. Ich hatte das Gefühl, dass die Russen immer direkt vor mir waren. Es hörte sich an wie Pferdegetrappel, alles vibrierte. Ich hielt einen Spaten in der Hand, um mich wehren zu können. Sie sind an unserer Stellung vorbeigelaufen, aber wir hörten die Schüsse um uns herum. Ganz nahe.« Werner schluckt. »Als es hell wurde, waren die Russen entweder tot oder gefangen genommen worden.« Auch Dutzende deutscher Soldaten liegen erschlagen, erstochen oder erschossen im Wald. Ein grauenvolles Bild einer Taktik, welche die eingeschlossenen Russen in diesem Gebiet über Wochen anwenden. Immer wieder brechen kleine Stoßtrupps aus dem Kessel aus, dringen in die Wälder ein und fallen blitzartig über die deutschen Soldaten her, nur um dann wieder schnell im Kessel abzutauchen. »Aber an diesem Tag haben wir viele von ihnen gefangen genommen«, fährt Werner fort. »Und dann passierte etwas, mit dem ich nie gerechnet hätte. Ich habe mich damals gefragt, ob ich das wirklich erlebe oder ob ich träume. Noch heute frage ich mich das. Aber es ist geschehen. Ich habe an jenem Tag aus etwa 250 Metern Entfernung voller Entsetzen beobachtet, wie Soldaten unserer Nachbarkompanie alle russischen Gefangenen erschossen haben. Alle! Vorher hatten sie sich ihr eigenes Grab schaufeln müssen. Und dann wurden sie einzeln in den Kopf geschossen und fielen nach hinten um. Ich zitterte und konnte das nicht glauben. Am liebsten hätte ich laut geschrien vor Grauen. Das war nichts Soldatisches mehr, was ich da sah. Mir war augenblicklich klar, dass ich Zeuge eines barbarischen Verbrechens geworden war und dass das irgendwie mit unserem neuen Regimentskommandeur zu tun gehabt haben musste, der eine ganz andere Gangart vorgab als der gefallene Oberst Kretschmer.« Werner schlottert, dicke Tränen laufen ihm über die Wangen. »Ich frage mich immer und immer wieder, was ich gemacht hätte, hätte ich so einen Befehl bekommen. Aber eigentlich konnte zu so etwas niemand gezwungen werden. Das geschah auf freiwilliger Basis. Nur wenige wollten das machen. Aber es fanden sich immer welche.«

Ein paar Tage später geht der Horror weiter. Werner erlebt, wie sein Spieß (ugs. für den Kompaniefeldwebel) zu seiner Gruppe kommt und emotionslos verkündet: »Es sind zwei marschunfähige russische Soldaten zu erschießen.«

»Der Satz hat sich tief in meiner Seele eingebrannt. Ich hätte nicht gedacht, dass sich jemand von uns meldet, um die beiden Gefangenen zu erschießen. Ich hätte das nicht getan. Aber da nimmt unser MG-Schütze 1, der Otto, seinen Karabiner und marschiert damit wie ferngesteuert in den Wald, in die Richtung, in die der Spieß weist. Ein zweiter Mann aus der Gruppe läuft hinterher.« Im Wald werden zwei Schüsse abgefeuert, dann kommen die Kameraden wieder zurück, völlig gelassen. Die für Werner groteske Szene dauert keine fünf Minuten. »Nie haben wir untereinander darüber gesprochen. Kein Wort. Als wäre nichts weiter geschehen, aber ich hatte meinen Glauben an das aufrechte Soldatentum verloren. Ich hätte gerne gewusst, was mit den Russen gewesen ist, wie schwer die verwundet waren, ob sie selbst um ihre Erschießung gebeten hatten. Dann wäre das wenigstens irgendwo nachzuvollziehen gewesen. Fragen, die mir nie jemand beantworten konnte und über die ich mir heute eben meine Gedanken mache.«

In den Wäldern von Oranienbaum, in denen die 93. Infanterie-Division überwintert, denkt Werner häufig wieder darüber nach, wie sich Menschen in Extremsituationen so schnell verändern können. Ihm ist während der Grundausbildung eingetrichtert worden, dass man Gefangene unter keinen Umständen erschießt. Den Passus findet er auch auf dem Merkblatt für Soldaten, das jeder in seinem Soldbuch mit sich führt. Werner macht sich Sorgen, dass er einmal gezwungen werden könnte, so etwas zu tun. Und dann ein paar Wochen später wird sein schlimmster Albtraum Wirklichkeit. Er wird einem Erschießungskommando zugeteilt, das sich nicht auf freiwilliger Basis zusammenfindet. Wenn nämlich ein Fahnenflüchtiger beim Fluchtversuch geschnappt wird, dann haben die Kameraden des jeweilig zugehörigen Zuges Befehl, den »Verräter« selbst zu erschießen. Das soll der Abschreckung dienen. »Im Winter 1941 hat einer von uns seinen Posten verlassen und wollte zu den Russen überlaufen, während wir auf Spähtrupp waren. Der Stoßtrupp einer Nachbarkompanie hat ihn abgefangen und zu uns zurückgebracht. Ich habe keine Ahnung, was ihn getrieben hat; ich wusste nur, dass er vorher schon auffällig gewesen ist. Der Spieß kam zu mir und sprach mich mit meinem zweiten Vornamen an. Warum, weiß ich nicht, hat er sonst nie gemacht. Er sagte einen Satz, der mir seither ebenso wie hineingebrannt ist: Emil, du bist auch dabei. Mein Herz blieb beinahe stehen, ich zitterte am ganzen Leib. Aber ich musste hin und ich wusste, dass ich beobachtet werde, und ich habe nicht danebengeschossen.« Erneut schießen Werner die Tränen in die Augen. »Da stand der Kamerad mit verbundenen Augen, und wir haben zu neunt angelegt und haben ihn abgeknallt. Ich konnte mich nicht wehren, ich war nicht in der Lage, den Befehl zu verweigern. Ich hatte zu große Angst, dass man mich direkt daneben stellt, wenn ich nicht schieße. In diesen Tagen traute ich den Kommandeuren alles zu. Ich habe im ganzen Krieg keinem russischen Gegner Auge in Auge gegenübergestanden. Ich habe das MG geladen. Meinen einzigen Schuss mit dem Karabiner habe ich auf einen deutschen Soldaten abgegeben, auf einen Kameraden.« Werner schaut zum Rhein hinunter und schnappt nach Luft. »Ich hatte zum Glück nie etwas mit ihm zu tun gehabt, erinnere mich nicht mal an seinen Namen. Er sprach sonst nicht, war ein Einzelgänger. Das spielt aber keine Rolle. Immerhin weiß man nicht, welche Kugel tödlich war. Deswegen treten immer mehrere Soldaten an bei Exekutionen. Psychologisch wirksam soll das sein, damit man sich keine Gedanken macht. Aber das hilft nicht. Man wird die Bilder, wie der Junge zusammensackt und stirbt, nie wieder los, auch wenn man versucht, sie erst einmal zu verdrängen. Auch darüber haben wir unter uns Soldaten nicht miteinander gesprochen. Es passierte einfach, und der Krieg ging weiter. Und allmählich stumpfte ich ab. Das Menschliche, es geht verloren. Ich wünsche niemanden, so etwas zu erleben. Es ist, glaube ich, ein Zustand, den man nur in Kriegen erleben kann.«

Die Division überwintert in den Urwäldern vor Leningrad. In mehreren Dörfern beziehen deutsche Soldaten Quartier, hausen hier gemeinsam mit den russischen Einwohnern, die in ärmlichen Verhältnissen leben. Die Bauern seien nett gewesen, gehungert habe hier keiner, erzählt Werner. »Einmal ging ich mit einem Kameraden, einem Berliner, den wir Ittie nannten, so durch das Dorf, und da kam ein alter bärtiger Mann auf uns zu und fragte, ob wir ihm Salz besorgen könnten, er wolle eine Ente braten. Ach, was heißt er fragte, er zeigte uns mimisch und mit Geräuschen an, was er vorhatte. Wir fanden das lustig und haben ihm alles besorgt, weil wir alles besaßen. Er lud uns dann gleich ein, mit zu essen. Und diese Enten, die da schmorten in dem riesigen Steinbackofen, auf dem die Bewohner nachts schliefen, das war ein herrlicher Anblick und ein Duft, den ich noch jetzt riechen kann. Dieses Geflügel – es war glaube ich eines der besten Dinge, die ich je gegessen habe – war auch für uns was Besonderes. Leider hat der Ittie dann später versucht, der Tochter unseres Gastgebers an die Wäsche zu gehen. Ein ansehnliches junges Mädchen in Filzstiefeln und mit großem Busen. Da habe ich ihm aber einen Strich durch die Rechnung gemacht, ihn weggezogen, und wir sind gegangen. Der konnte sich nicht beherrschen.« Dass man der Zivilbevölkerung in Oranienbaum und Umgebung in dieser Zeit etwas getan hätte, das hat Werner zum Glück nie erlebt. »Plünderungen oder Vergewaltigungen waren strengstens untersagt. Das blieb auch so. Da wurde man hart für bestraft. Ich habe so etwas nicht gesehen und bin froh, dass mir das, wovon man in Büchern liest, erspart geblieben ist. Heute weiß ich, wie es 40 Kilometer östlich zu genau dieser Zeit in Leningrad ausgesehen hat, wie viele Menschen da verhungert und ermordet worden sind. Das weiß man natürlich nicht als einfacher Schütze, was da im Großen und Ganzen geplant wird, selbst dann nicht, wenn es gleich um die Ecke liegt. Wie gesagt, man redet nicht und nie über gewisse Dinge, nur so kann man sie vielleicht tun. Aber man kann wohl insgesamt sagen, dass ich da in einer äußerst unchristlichen Gegend unterwegs gewesen bin. Das, was ich später über Leningrad gelesen habe, passt zu den Erlebnissen, die ich selbst hatte mit den Erschießungen.«

Immer wieder in diesem Winter kommt es zu Ausbruchsversuchen der Russen, bei denen viele deutsche Kameraden ihr Leben lassen: durch feindlichen Panzer- und Artilleriebeschuss und durch die plötzlichen Überfälle. Wenn die Russen deutsche Soldaten erwischen, dann töten sie diese oft auf grausame Weise. Später erklärt sich Werner die Gefangenenerschießungen, die er beobachtet hat, als eine mögliche Reaktion darauf. »Auf beiden Seiten hatte der Krieg in den Urwäldern Russlands unmenschlichste Formen angenommen, nur so ist das zu verstehen.«

Werners Division bleibt bis Ende April 1942 bei Oranienbaum und erhält dann Marschbefehl in Richtung des Flusses Wolchow.

In dieser Zeit bekommt Werner die Freigabe für seinen ersten Urlaub. Der Mitarbeiter des Stabes, bei dem er sich den Urlaubsschein abholt, sagt ihm, dass er, wenn er an seiner Stelle wäre, den Urlaub sofort antreten würde. Ein guter Mensch, der in einer Position ist, in der er mehr weiß. Werner versteht, dass er die Absicht hat, ihn durch die Blume vor schweren bevorstehenden Kämpfen zu warnen. So meldet Werner seinen Urlaub unmittelbar an und wird von den im Mai 1942 einsetzenden verlustreichen Stellungskämpfen seiner Division an der Tigoda, nördlich des Ilmensees, verschont. Er ist davon überzeugt, dass ihm der Ratschlag das Leben gerettet haben könnte, denn bei den Kämpfen fallen so viele Soldaten und Kameraden, dass er, als er wieder zum Regiment stößt, kaum noch jemanden kennt. Werner verbringt dazwischen 14 Tage bei seinen Eltern und versucht, die Gedanken an die Front in dieser Zeit zu verdrängen. Nicht nur etliche Soldaten sind gefallen, als Werner zur Truppe zurückkehrt, erkranken immer mehr Männer. »Das war da alles versumpftes Gebiet, und die Moskitos quälten uns und übertrugen Krankheiten. Als ich zusammen mit einigen anderen in den Tagen nach meiner Rückkehr mein EK2 überreicht bekam, regte sich unser Kommandeur tierisch auf, dass wir nicht stillstehen konnten. Aber wir standen in einem Mückenschwarm, und das war kaum auszuhalten.«

Zwischen August und November 1942 wird Werners Division am Lowat südwestlich von Cholm eingesetzt. »Man war nicht zur Vernunft gekommen. Die Kämpfe im Urwald, am Ilmensee und in Demjansk hatten beide Seiten so wütend gemacht, dass Kriegsverbrechen längst zum Alltag gehörten.« Auch Werner merkt, dass es selbst von Abstumpfung eine Steigerung gibt. Alles wird einem egal. Dass gefangene russische Kommissare exekutiert werden, stellt er nicht mehr infrage. Vielleicht liegt es daran, dass er immer wieder an deutschen Soldaten vorbeimarschiert, die in einer Reihe liegen, von russischen Panzern überfahren. »Das sieht grotesk aus. Alles platt gedrückt, als bestünde an dieser Stelle der Boden aus Uniform und Menschenhaut. Aber man nimmt es hin, trauert nicht, selbst Ekelgefühle sind ausgeschaltet.« Das, was Werner beschreibt, schildern Soldaten aus allen Teilen der Ostfront in Feldpostbriefen. Erst jagen ihnen die ersten Toten Schrecken ein, kurz haben sie selbst Angst, zu sterben, beobachten Kriegsverbrechen mit Entsetzen. Doch nach wenigen Wochen, bei manchen schon nach Tagen, setzen alles Denken und Fühlen über derartige Inhumanitäten aus. Möglicherweise ist dies für den Menschen die einzige Möglichkeit, in Extremsituationen zu überleben.

Werner erlebt seinen zweiten kalten russischen Winter über die Jahreswende 1942/1943, in dem auch er krank wird. Ständige Schmerzen beim Wasserlassen veranlassen den Truppenarzt, ihn zu einer Blasenuntersuchung nach Riga zu überweisen. Dort trifft Werner unverhofft einen seiner sechs im Einsatz befindlichen Brüder. »Mein älterer Bruder war in Riga bei einer Entlausungskompanie. Das war eine Wiedersehensfreude, ein Kriegszufall. Es sind diese besonderen Momente in dieser schlimmen Zeit, die einen kurzfristig wieder spüren lassen, Mensch zu sein. Die Erinnerungen wach rufen an Liebe und Geborgenheit, die Hoffnungen schüren.« Für ein paar Tage vergisst Werner seine Schmerzen. Die Diagnose der Ärzte schockt ihn überhaupt nicht. »Ich hätte eine schwere Rippenfellentzündung, sagte mir mein behandelnder Arzt. Ich müsse dringend in ein Lazarett nach Deutschland, weil ich Gefahr laufe, eine Tuberkulose zu entwickeln. Da habe ich laut gelacht und mich gefreut. Das muss merkwürdig auf den Doktor gewirkt haben, der mich ermahnte, eine solche oft tödlich verlaufende Krankheit nicht auf die leichte Schulter zu nehmen.

Aber das war mir so egal. Zu der Zeit war ich nur froh, aus der Scheiße rauszukommen und möglichst viele Menschen zu sehen, die Menschen geblieben sind.«

Mit einem Sonderzug, der Lungentuberkulosekranke transportiert, wird Werner im Februar 1943 in ein Kriegslazarett in den Harz verlegt. »Da haben wir Verpflegung bekommen, das kann man sich nicht vorstellen. So etwas kriegte zu dieser Zeit keiner. Wir mussten so viel und so fett essen wie möglich. Dicke Würste, Speck, Fleischeintöpfe. Denn das war das einzige Mittel gegen Tuberkulose, wie man uns sagte. Besser als Spritzen, fanden wir und schlugen zu.«

Im Kriegslazarett im Harz hilft Werner in der Küche aus.

Da Werner nicht zu den Schwerstkranken gehört und nicht bettlägerig ist, hilft er auf eigenen Wunsch in der Küche aus, kann nach langer Zeit mal wieder backen. Eine friedliche Tätigkeit, die ihn beruhigt. Ausgerechnet da, inmitten des frischen Brotduftes, flattert seine Beförderung zum Unteroffizier mit der Lazarettpost ins Haus. »Das bedeutete, dass ich nicht mehr in der Küche arbeiten durfte. Essen musste ich nun am Offizierstisch. Das war mir unangenehm vor meinen Landserkollegen. Aus Respekt habe ich keine Vorzüge für Offiziere angenommen. Jedenfalls nicht, wenn es sich vermeiden ließ.« Alles in allem sieht Werner die Zeit im Lazarett als die einzig schöne im Krieg an. Nach drei Monaten wird er erneut begutachtet, und die Freude ist riesig, als ihn der behandelnde Arzt mit der Begründung, Werner leide an einer schweren Krankheit, ein weiteres Vierteljahr krankschreibt. Er darf im Harz bleiben und essen, so viel er will. Als Werner Ende 1943 dann entlassen wird, sehen ihn die Stabsärzte nur noch für kleinere Aufgaben in der Heimat als geeignet an. Er wird dem Grenadier-Ersatz-Bataillon 67 in Berlin zugewiesen. »Da habe ich verschiedene Sachen erledigt. Nachts in den Kneipen patrouilliert und Soldaten rausgefischt, die zu viel gesoffen und Ärger gemacht hatten. Später wurde ich als Wachoffizier in einem Strafgefangenenlager für Italiener in Stettin eingesetzt.« Hier lernt Werner den Krieg von einer anderen Seite kennen, erlebt heftige Bombardements. »Da kriegte ich wieder Angst. Ist ja etwas Neues, was man nicht kennt von der Front. Selbst nicht bewaffnet, ist man hilflos Tausenden und Abertausenden Bomben ausgesetzt, die vom Himmel fliegen. Die Häuser haben lichterloh gebrannt, ich habe gesehen, wie glühender Phosphor an den Mauern runterlief. Die Menschen sind schier durchgedreht. Gefangene konnten wir gar nicht mehr bewachen, die sind immer wieder ausgebüxt nach den Angriffen.«

Einige Wochen und Bombenangriffe später bewacht Werner in Graudenz (Grudziądz) französische Offiziere in einem weiteren Gefängnis. »In der Zeit verblassen meine Erinnerungen. Ich wusste nicht mehr, was das alles noch zu bedeuten hatte, hoffte, dass das Chaos, der Krieg, bald aufhört. Ich war wieder wie versteinert, emotionslos. Ich glaube, das ist umso schwerer erträglich, wenn man über Monate eine Pause vom Krieg hatte.«

Dass man ihn erneut an die Front schicken würde, daran hat Werner im Leben nicht gedacht. Aber dann landen im Juni 1944 die Alliierten in der Normandie. Es bildet sich eine neue Front – die Westfront. Im Dezember 1944 erhält Werner Befehl, sich in Luxemburg einzufinden. Als er dort ankommt, steht die Ardennenoffensive oder die *Wacht am Rhein* – so der Deckname des Unternehmens der deutschen Wehrmacht – bevor. Hitler will mit seinem letzten Aufgebot den an der Westgrenze zu Deutschland lagernden alliierten Truppen so schwere Verluste zufügen, dass sie nicht auf deutsches Gebiet vordringen können. Eine Art Präventivangriff mit dem Ziel, den Hafen von Antwerpen zurückzuerobern, um den alliierten Nachschub dort zu unterbinden. Eine Offensive, mit der die US-Armee selbst überhaupt nicht gerechnet hat. Sie zählt schon zu Hitlers nicht mehr als überlegt oder strategisch zu bezeichnenden Operationen. Obwohl ihm nahezu alle Generäle von diesem Plan abraten, ist Hitler, euphorisiert durch immer mehr Drogen, die ihm sein Leibarzt Theo Morell verabreicht, wild entschlossen. Er ist so fest von einem Gelingen überzeugt, dass er dringend an der Ostfront benötigte Panzer-Einheiten in die Ardennen schickt. Dabei verlässt er sich einzig auf das Wetter. Es ist über Tage so diesig und regnerisch, dass die Alliierten keine Möglichkeit sehen, ihre Luftwaffe einzusetzen. Dies ist die einzige Chance, sie zurückzudrängen. Und tatsächlich wird die *Battle of the Bulge,* wie die Amerikaner die Ardennenoffensive nennen, zu einem Desaster für die Alliierten und geht als verlustreichste und blutigste Schlacht mit amerikanischer Beteiligung in die Geschichtsbücher ein. 200 000 deutsche Soldaten unter den Kommandos der Generalfeldmarschalle Gerd von

Rundstedt und Walter Model stürmen mit 200 modernen Panzern und fast 2000 Geschützen gegen etwa 80 000 in Belgien und Luxemburg liegende amerikanische Soldaten mit nur jeweils 400 technisch weit unterlegenen Panzern und Geschützen an. Gemeinsam mit Kampfverbänden der Waffen-SS schlägt die Wehrmacht die Amerikaner um fast 100 Kilometer zurück. Abermals und völlig unerwartet geht eine Blitzkriegtaktik auf. Über 8000 alliierte Soldaten ergeben sich und gehen in Gefangenschaft. Nach zwölf Tagen klärt sich der Himmel auf, und die alliierte Luftwaffe kann ihre Einsätze fliegen und die Offensive stoppen. Sie scheitert auch, weil der Wehrmacht und Waffen-SS schlicht der Sprit ausgeht und Panzer einfach stehen bleiben. In der nur vier Wochen andauernden Schlacht sind am Ende 17236 Soldaten der Wehrmacht und 19276 alliierte Soldaten gefallen.

In den Westwallbunkern liegend, mit dem Gewehr in der Hand vor sich, in Schnee und Sturm eingeweht, tut Werner während dieser verlustreichen Schlacht genau das, was ihm schon da als völlig unvernünftig erscheint, was aber von ihm erwartet wird: Er hält Wache und soll die Amerikaner zurückschlagen. »Ein sinnloses Unternehmen. Als ob die sich wieder in die Boote setzen und zurück in die Staaten fahren. Alle wussten, dass der Krieg nicht mehr zu gewinnen war. Wieder Tote, Blut und Gefühlskälte.«

Dann hellt sich Werners Miene auf. »Aber ich erinnere mich an ein wohliges Erlebnis aus dieser Zeit. In einem verlassenen Bauernhaus haben wir einen Sack Mehl, einen Sack Zucker und ein Fass Butter gefunden. Die Wehrmacht war auf dem Rückzug, die Versorgungstruppen abgezogen, die hatten das liegen lassen. Ich wollte also für meine Truppe backen. Endlich wieder. Einen leckeren Streuselkuchen, dafür hatte ich alles. Außer Backpapier. Auf der Suche bin ich in eine nahe gelegene Schule gelaufen und habe dort Hefte gefunden, aus denen ich Blätter rausriss. Eine Bäuerin hat das gesehen und mich zusammengeschissen. Ich bin schnell weg, hatte alles, was ich brauchte, und habe uns einen großen leckeren Kuchen gemacht mit ganz viel Zucker. An diesem Tag war ich kein Soldat, ich war Bäcker und merkte, wie viel Freude ich damit schenken kann.«

Die Ardennenoffensive gerät schon im Januar 1945 zu einer äußerst unübersichtlichen, chaotischen Schlacht, in der Soldaten beider Seiten kaum wissen, was sie tun sollen. Überall in den verschneiten Wäldern liegen versprengte deutsche Kampfgruppen, Soldaten in gut getarnten Erdlöchern, oft nur am aufblitzenden Mündungsfeuer zu erkennen. Sie schießen auf größtenteils kampfunerfahrene amerikanische Truppenteile. Auf deutscher Seite kann man allerdings dafür kaum von funktionierenden Kompanien oder Regimentern sprechen. Es existiert zwar noch eine Armeeführung, aber Befehle kommen selten da an, wo sie etwas bewirken sollen. Ein Leutnant seiner zusammengestellten Einheit befiehlt, dass Werner, da er sich mit Lebensmitteln auskennt, bei der Versorgung von deutschen Soldaten, die in verschiedenen Bunkern und Erdlöchern liegen, helfen soll. Mit einem Panjewagen zieht er umher. »Ich hatte einen Kameraden dabei, einen Kochgehilfen. Wir fanden die Truppenteile, die uns zugewiesen wurden, aber kaum. Manche waren ausgebombt, andere nicht mehr da. Gefangen oder gefallen. Tote lagen überall im Schnee. In dieser wirren Suche nach Menschen, die Verpflegung brauchten, fielen plötzlich Schüsse. Wir waren in die amerikanische Zone gefahren, ohne es zu merken. Von überall kam heftiges Artilleriefeuer. Wie und warum wir da rausgekommen sind, das frage ich mich oft. Das war riesiges Glück. Wenn ich meinem Enkel von der Szene erzählt habe, dachte er immer darüber nach, dass es ihn ja nie gegeben hätte, hätte ich da auch nur Zentimeter neben mir gestanden. So knapp war das für uns beide und unsere Familien.«

Werner sieht zerrissene Körper von Deutschen und Amerikanern, US-Panzer, die aus Wäldern schießen, Hitlerjungen, die aus Erdlöchern mit Panzerfäusten dagegenhalten. Durch sein Fernrohr beobachtet er Kolonnen von alliierten Soldaten mit erhobenen Händen oder Deutsche, die dasselbe tun. Oftmals durch das Schneegestöber kaum zu unterscheiden. Hunderte Bäume sind von Granaten zersplittert. Als Unteroffizier führt Werner zum Schluss der Offensive wieder eine Gruppe an. Bereit, auf anrückende amerikanische Truppen zu schießen. Die zwölf Männer buddeln sich ein Loch und bauen ihr Maschinengewehr auf. Ein Melder kommt an Werners Stellung an und überbringt den Befehl, wenn die Amerikaner kämen, sollen sie die vorbeiziehen lassen. Die Kompanieführung wolle sie in einen Hinterhalt locken. Die Amerikaner rücken an, und wie befohlen lässt Werners trotz optimaler Deckung, Tarnung und Schussposition nicht feuern. Schnell merkt er, warum er das nicht hat tun sollen. Der Hinterhalt gelingt weiter vorne. Werner beobachtet durch das Fernglas, wie der Feind eingeschlossen und in deutschem Sperrfeuer niedergemäht wird. Hunderte fallen, andere können sich in die Wälder flüchten. Doch sie kommen wieder, und es werden immer mehr. Bald drängen so viele alliierte Truppen auf die deutschen Stellungen zu, bombardieren Flugzeuge von oben, dass Verteidigung nicht mehr möglich ist. »Dann ging das schnell. Ich drehte mich einmal um und sah direkt amerikanische Soldaten mit Gewehren im Anschlag auf uns zu gehen. Der Krieg war für uns aus. Wir haben die Waffen weggeschmissen, die Hände hoch genommen und uns ergeben. Der erste US-Soldat, an dem ich vorbeiging, hat mir erst mal meine Armbanduhr abgenommen. Eine Erniedrigung, aber völlig nebensächlich; ich war froh, dass es vorbei war.«

Lastwagen bringen die deutschen Gefangenen fort. Zuerst in eine Gefangenensammelstelle in der Stadt Luxemburg, von dort werden sie mit Zügen durch Frankreich transportiert. Eine weitere schmähliche Bedrohung. An den Seiten der Schienen und auf den Brücken darüber stehen aufgebrachte Franzosen, die mit Steinen schmeißen, spucken und schimpfen. Hunderte Gefangene, die nicht das Glück haben, in einem überdachten Waggon zu fahren, kommen bei diesen elenden Transporten zu Tode, weil sie durch von Brücken geworfenen Schutt und Geröll erschlagen werden.

Werner gelangt in ein Lager bei Cherbourg. Die deutschen Offiziere seiner Gefangenenkompanie weigern sich, zu arbeiten, und es kommt zu einem kleinen Aufstand. Die Amerikaner machen kurzen Prozess und verlegen die Kompanie in ein Straflager nach Marseille – in das berüchtigte Lager PWE (Prisoners of War European) 404 bei Septèmes-les-Vallons, das unter Gefangenen unter dem Namen *Tal des Todes* bekannt geworden ist.

»Zu dritt lagen wir in Einmann-Zelten, klein wie Hundehütten. Tagsüber herrschte darin eine beißende Hitze. Nachts um zwei brachte man uns die gesamte Tagesverpflegung. Einen Teller Sauerkrautsuppe und einen Kanten Weißbrot. Quälender Hunger. Die Amerikaner suchten aber Blutspender für ihre Verwundeten an der Front. Die Gefangenen standen Schlange, haben literweise Blut abgegeben, weil sie dafür eine Packung Kekse bekamen. Ich habe das nicht mitgemacht. Ich hielt das für falsch, obwohl ich natürlich selbst den Hunger kaum aushielt. Irgendwann hätte ich mich sicher anzapfen lassen, aber dann wurden wir zum Glück unerwartet schnell mit Lastwagen zum Hafen von Marseille gebracht und auf ein sogenanntes Henry-Kaiser-Schiff verladen, das uns in die USA brachte.«

Werner isst aus Konserven, wird seekrank, nutzt die Zeit der Überfahrt, um Englisch zu lernen. Er fährt in eine ungewisse Zukunft. Aber sein überwiegendes Reisegefühl ist geprägt von Erleichterung und dem Wissen, es gesund aus diesem barbarischen Krieg rausgeschafft zu haben. Kurz bevor das Schiff in New York vor Anker geht, erfahren die Passagiere über Schiffslautsprecher um den 9. Mai 1945 herum, dass der Krieg für alle beendet ist. Die deutsche Wehrmacht hat bedingungslos kapituliert. Ohne große Emotionen nehmen die Soldaten die Nachricht hin und torkeln von Bord. Einige amerikanische Matrosen nutzen den Moment, um ihnen mit spitzen Nadeln in die Beine zu stechen. »Schikane«, sagt Werner »Aber, was ist das schon? Eben nur kleine Nadelstiche. Wer regt sich über so etwas noch auf?« Mit dem Zug wird Werner mit Hunderten weiterer Gefangener in ein Lager in der Kleinstadt Weeping Water im US-Bundesstaat Nebraska gebracht. Die Zeit hier erlebt er als behaglich.

Circa 3 100 000 deutsche Soldaten geraten während oder nach Ende des Zweiten Weltkrieges in amerikanische Kriegsgefangenschaft. Etwa 370 000 POW werden in Lager in die USA gebracht, 182 000 davon im Zuge der Invasion in der Normandie. Im Vergleich zur sowjetischen und französischen Gefangenschaft geht es den POW in den USA verhältnismäßig gut. Sie erhalten im Durchschnitt bessere Verpflegung und Versorgung als die amerikanische Zivilbevölkerung. Es gibt Kinos, Kioske, Sportfelder, Kapellen und die Möglichkeit, Briefe zu schreiben und zu empfangen. Darüber hinaus dürfen die Gefangenen ihre deutschen Uniformen weitertragen und ihr Lager weitestgehend selbst verwalten. Teilweise ist es ihnen freigestellt, zu arbeiten, doch die meisten tun es freiwillig, weil sie sich so etwas Geld verdienen können und Beschäftigung bekommen. Werner arbeitet auf verschiedenen Farmen in der Landwirtschaft. »Mit den Bauern haben wir uns blendend verstanden. Im wahrsten Sinne des Wortes. Als ehemalige deutsche Auswanderer sprachen sie verschiedenes Plattdeutsch. Da konnte man sich schon verständigen. Im Gegensatz zur französischen Bevölkerung hegten die Amerikaner keinen Groll gegen uns. Aber wen sollte das wundern? Sie hatten ja auf ihrem Boden diesen Krieg nicht erlebt.«

Nach acht Monaten in den USA darf Werner mit einem Schiff zurück in die Heimat übersetzen. Seine Mutter ist euphorisch, alle sieben Söhne haben den Krieg überlebt. Die ganze Familie freut sich, nur nicht die Nachbarn, die vergeblich auf ihre eigenen Söhne warten.

Drei Fragen an Werner

Wie haben Sie vom Holocaust erfahren?
Ich habe ja schon von den beiden Judenjungen in meiner Klasse erzählt. Das war meine erste Erfahrung mit Antisemitismus. Für mich war es damals selbstverständlich, sie nicht im Stich zu lassen. Und viel später kamen mir die beiden wieder in den Sinn. In amerikanischer Gefangenschaft in Frankreich wurde ich verhört; man wollte wie bei jedem herausfinden, wie ich politisch zu den Nazis gestanden hatte. Ich habe wahrheitsgemäß geantwortet, und dann sagte mir der Offizier, dass er beim nächsten Verhör jemanden aus meinem angegebenen Heimatort Schmallenberg mitbringen würde, um mich auf meine Gesinnung zu prüfen. Und ich habe sofort an einen der beiden Juden gedacht und mich gefreut, dass jemand für mich aussagen würde, dass ich mit Nazismus nichts zu tun gehabt hatte. Ich habe mir ausgemalt, dass meine beiden jüdischen Klassenkameraden vielleicht wie so viele andere in die USA ausgewandert und als amerikanische Soldaten zurückgekommen waren, um dann hier beim Dolmetschen zu helfen. Aber der Offizier, der das nächste Mal kam, brachte niemanden mit. Dabei war ich so aufgeregt gewesen. Endlich jemanden aus der Heimat zu treffen, das hätte was gehabt, über friedliche Zeiten reden, über Gemeinsames und Vergangenes, so habe ich mir das gedacht. Doch ich wurde enttäuscht. Auch auf meine Nachfrage hin wusste man plötzlich nichts mehr von einem

weiteren Schmallenberger. Ich wurde als unbelastet eingestuft. Heute denke ich, dass das ein Bluff gewesen sein könnte, dass man mir drohen wollte, jemand aus Schmallenberg wäre in der Lage gewesen, etwas Belastendes über mich zu sagen. Aber das hätte niemand gekonnt, das war mir ja klar. Und dann denke ich doch immer wieder drüber nach, dass man es vielleicht vergessen hat. Ich war traurig zu der Zeit, das wäre ein emotionales Wiedersehen gewesen. Natürlich damals hätte ich anders gedacht, hätte ich schon vom Holocaust etwas gewusst, aber das, was da passiert war, das hat uns niemand gesagt von unseren Bewachern. Davon erfuhren wir Monate nach dem Krieg aus dem Radio.

Haben Sie weiter als Bäcker gearbeitet?
Zunächst habe ich das gemacht, wieder als Bäcker in einer Bäckerei, und ich habe auch meinen Meister absolviert. Aber sich selbstständig zu machen, das war finanziell zu der Zeit für mich zu riskant. Ich wollte noch etwas Solides lernen und habe ab 1950 Lehramt für Berufsschule studiert und bin so nach Boppard gekommen. Hier habe ich eine Stelle erhalten, meine Frau kennengelernt, ein Haus gebaut, eine Familie gegründet und bin sesshaft geworden. Fünf Kinder konnten unser Leben bereichern. Als Lehrer habe ich bis zur Pensionierung 1980 gerne gearbeitet. Ich habe also vielen jungen Lehrlingen die Prüfung zum Fleischer, Koch oder eben auch zum Bäcker abgenommen, und ihre politische Gesinnung war mir völlig egal. Zum Glück gab es so etwas wie eine Hitlerjugend, von der das in meiner Zeit abhängig war, nie wieder in diesem Land. Und ich hoffe, dass das so bleibt.

Haben Sie über den Krieg gesprochen? Belastet er Sie heute noch?
Ja, mit meinen Schülern, das war wichtig. Das hätte ich gerne auch öfters gemacht, in Vorträgen oder an allgemeinen Schulen. Aber das wurde nicht nachgefragt und selbst bot man sich da aus

Scham nicht an. Alles aus der Zeit war eben schnell verpönt. Wir haben aber natürlich in unserer großen Familie darüber gesprochen. Wir Brüder sind alle einfache Soldaten gewesen, das lag daran, dass wir uns schon früh zu Individualisten entwickelt hatten und mit Massenveranstaltungen nicht zurechtkamen. Führungspositionen, andere herumkommandieren, das lag keinem von uns; deshalb hat auch niemand Karriere gemacht, weder in der Partei noch beim Militär. Aber Widerständler ist auch keiner gewesen. Die meisten in dieser Zeit waren Mitläufer, die nichts wussten oder wissen wollten, oder es war ihnen wichtig, einfach zu überleben. Das kann man niemandem vorwerfen. Man dachte nicht so viel über große Zusammenhänge nach, wie man das heute tut. Die Zeit fehlte. Und hätte ich damals mehr Verantwortung gehabt, ich glaube nicht, dass ich das dann mental weggesteckt hätte. Diese Erschießungen, die ich gesehen habe, die verfolgen mich bis heute. Das ist mein Kriegstrauma, und ich glaube, es gibt niemanden, der den Krieg erlebt hat damals, diese barbarischen Kämpfe in Russland, der das einfach so verarbeitet hat. Aber für uns gab es so etwas nicht, nicht so wie heute. Psychologische Angebote, Therapien, dafür hatten wir erst keine Zeit und später nicht den Mut. Wir haben es runtergeschluckt und ab und an, da haben wir Angst bekommen oder uns still und leise in den Schlaf geweint.

JOHANNES UND DAS HORCHEN NACH DEM ROTEN FADEN

Obwohl Johannes (*1921) am Rollator geht, ist der 98-Jährige einer der sowohl geistig als auch körperlich aktivsten Bewohner seiner Seniorenresidenz im niedersächsischen Salzbergen. Sechs Kinder hat er aus früherer Ehe, die ihn alle besuchen. 1973 kam seine erste Frau durch einen Schlaganfall ums Leben. Mit ihm im Altenheim lebt seine zweite Frau, im Zimmer schräg gegenüber. Sie nehmen jede Mahlzeit gemeinsam ein, gehen zusammen spazieren oder laden sich gegenseitig auf die Stube ein zu einem Tee, einem Plausch oder einem Kartenspiel. Johannes meint, er leide an Wortfindungsstörungen, und macht sich Sorgen, weil sein Magen die Medikamente nicht verträgt, die er braucht; blöderweise aber auch nicht die, die er gegen die Übelkeit wegen der anderen Pillen erhält. Er streicht über seine Glatze und drückt auf einen kleinen Huckel. »Da ist ein Granatsplitter drin; den hat man vergessen und erst vor ein paar Jahren bei einer Computertomografie festgestellt. Ich habe so viel Glück gehabt, dass ich lebe, dass ich nicht an Zufall glauben mag. Dieses Überleben in schlimmsten Gefahrensituationen zieht sich durch mein ganzes Leben. Und das hat im Krieg angefangen. Deswegen bin ich tief gläubig und daher will ich mich auch nicht weiter über Medikamentenübelkeit aufregen.«

Seine Kriegsgeschichte hat Johannes vor zwei Jahren mit einem Diktiergerät aufgenommen, dabei hat er Hilfe vom Heimatverein Salzbergen bekommen. *Der rote Faden,* so hat er seine daraus resultierende Schrift genannt, die er interessierten Familienangehörigen oder Freunden überreicht in der Hoffnung, sie lesen die ehrlichen Zeilen und können aus seinen Erfahrungen lernen. Möglicherweise, so hofft er, ist seine Geschichte in der Lage, den Glauben anderer zu festigen, denn während er sein Leben reflektiert, hat er auch an dessen Ende nicht den geringsten Zweifel, dass ein Gott über alle Menschen wacht und dass das Dasein nicht mit dem Tod enden wird.

Johannes wird 1921 in Essen geboren. Er hat eine jüngere Schwester an seiner Seite. Sein ehrgeiziger Vater ist als ein Ingenieur bei der Friedrich Krupp AG angestellt. Die Familie wohnt in einem sogenannten Kruppschen Haus, einem für Mitarbeiter vorgesehenen, großzügigen und zentralen Wohnhaus. Zunächst besucht Johannes die Grundschule und nach der vierten Klasse das Gymnasium in Altenessen. Als die Nazis die Macht übernehmen, ist Johannes zwölf Jahre alt. »Ganz Essen war mit roten Fahnen geschmückt. Plötzlich waren alle Nazi-Mitläufer, das kam quasi über Nacht.« Er erinnert sich an ein Gespräch, das sein Vater am Tag nach der Machtübernahme mit einem befreundeten Arbeiter im Hausflur führt: »Ich werde mich nationalsozialistisch engagieren«, sagt dieser, und Johannes Vater zeigt volles Verständnis. »Das hat mich nicht gewundert oder verwirrt. Das alles geschah zu einer Zeit, in der es den einfachen Arbeiterfamilien dreckig ging. Im Ruhrgebiet, in Essen, überall. So konnte es nicht weitergehen, das haben selbst wir Kinder nicht anders bewertet. An unserem Haus bettelten Leute nach Nahrung, jeden Tag. Häufig boten sich wildfremde Männer an, die unsere bestellte Kohle in den Keller schaufeln wollten, und verlangten nur einen Teller Suppe dafür. Es roch nach Elend überall, und die NSDAP versprach als einzige Partei Besserung.«

Johannes überlegt. »Nein, ich kann mich nicht erinnern. Ich habe nie gehört oder mitbekommen, dass die Leute in unserem Viertel die Nazis wegen Hass auf Juden gewählt hätten. Das spielte keine Rolle. Und dann wurde ja zunächst wirklich alles besser. Es wurde gebaut, versichert, überall wurden Stellen frei, die Leute waren zufriedener, bekamen Arbeit und mussten nicht mehr betteln.«

In der Tat kurbeln die Nationalsozialisten die Wirtschaft an. Innerhalb der ersten zwei Jahre ihrer Herrschaft sinkt die Arbeitslosenzahl von 6 auf 1,1 Millionen. Gleichzeitig verändert sich die Gesellschaft politisch. Die neue Volksgemeinschaft soll durch Gemeinnutz statt Eigennutz funktionieren. Bald erfasst die NS-Ideologie alle Bereiche der Gesellschaft. Auch und besonders perfide wird die Jugend betroffen sein. Johannes hat als Kind gerne an Veranstaltungen des *Bundes Neudeutschland* teilgenommen. Die sogenannte *Bündische Jugend* ist nach dem Ersten Weltkrieg als katholische Jugendbewegung gegründet worden. Johannes erkennt kaum Unterschiede, als diese nach der Machtergreifung Hitlers verboten wird und er künftig an den gleichen Geländespielen und Musikabenden teilnimmt, die unter dem Namen Jungvolk laufen. Nur Farben und Fahnen verändern sich. Mit 14 Jahren muss er wie alle anderen deutschen Jungen der Hitlerjugend beitreten, die ihm im Gegensatz zum Jungvolk von Anfang an zu militärisch erscheint. Aber die Uniformen seien schick gewesen, sagt Johannes, der damals braunes Hemd, kurze Hose und Schnürstiefel trägt und recht stolz ist auf sein erstes an seiner Koppel befestigtes Messer. Die 14 Zentimeter lange Klinge trägt die Aufschrift *Blut und Ehre,* auf dem Griff ist das Abzeichen der

Hitlerjugend angebracht. »Da fühlte sich doch jeder Knirps plötzlich erwachsen. Das machte Eindruck. Was ich von Anfang an in der HJ aber gar nicht ertragen konnte, war dieses Gelaber. Das wurde mir ein Jahr vor Ablegen meines Abiturs zum Verhängnis. Ich habe es halt nicht mehr ausgehalten.«

Damals schickt ihn sein Scharführer zu einem Vortrag ins Glückaufhaus in Essen Mitte, einem kommunalen Bürohaus, das die Nazis ab 1935 in Thomae-Haus umbenannt haben, und zwar nach Gottfried Thomae, einem 1928 von Kommunisten getöteten Nationalsozialisten. Dort hält ein angesehener Bannführer einen Vortrag, den sich Johannes anhören und später für seine Schar zusammenfassen soll. »Der hat so einen Mist geredet, ich konnte das nicht ertragen«, sagt Johannes, der sich nach dem Vortrag augenblicklich dazu verpflichtet fühlt, zum Pastor zu gehen und ihm von der ganzen Gotteslästerei zu erzählen, deren Ohrenzeuge er geworden ist. Die Konsequenzen hat Johannes nicht bedacht, aber natürlich beschwert sich der erzürnte Pastor bei der zuständigen HJ-Führung. Darauf wird Johannes von eben dieser mitgeteilt, dass er nicht mehr würdig sei, Mitglied der Hitlerjugend zu sein. Seine Eltern sorgen sich, denn die Nachbarn beginnen zu tuscheln. Sie stellen ihren einzigen Sohn zur Rede, und der schreit ihnen entgegen: »Ich bin charakterlich in einem reinen Elternhaus und gläubig aufgewachsen. Ich konnte nicht anders.« Seine Eltern haben Tränen des Stolzes in den Augen. Der Hausarzt der Familie, der von der Schmach hört, bietet Johannes' Vater an, seinen Sohn beim Roten Kreuz aufzunehmen, dem er als Bereitschaftsarzt angehört, damit er eine sinnvolle Tätigkeit habe und nicht als Außenseiter durch die Gegend ziehen müsse. In der Schule nämlich wird Johannes bereits einen Tag nach Bekanntwerden seines Rausschmisses als Verräter aufgezogen. »Ich wollte damals schon unbedingt Medizin studieren und wusste, dass derartige Pläne mit dem Rauswurf aus der HJ vorbei sein würden. Da kam das Angebot unseres Arztes wie ein Geschenk Gottes und zur richtigen Zeit.«Johannes erhält eine verantwortungsvolle Aufgabe, lernt, Erste Hilfe zu leisten, und nimmt mit dem Roten Kreuz sogar an Manövern mit der Wehrmacht teil, was ihm wiederum unerwartet den Respekt seiner Mitschüler und der ehemaligen HJ-Kameraden einbringt. 1938 beginnt Johannes eine Ausbildung zum Drogisten, um Heilkräuter und Biochemie kennenzulernen. Immer noch ist sein festes Ziel: das Medizinstudium. Doch ein Jahr später bricht der Krieg los.»Uns wurde allen gesagt, dass die Polen uns keine Wahl lassen würden, als sie anzugreifen. Ich dachte, das wird dann schon seine Richtigkeit haben, wollte damit nichts zu tun haben und mich auf meine Arbeit konzentrieren. Ich wohnte damals in einem Jugendzimmer bei einem jungen Botaniker, der einen eigenen Kräutergarten bewirtschaftete. Wir hatten große Visionen, Neues zu entdecken, uns in den Dienst der Gesundheit zu stellen.« Nach seiner Ausbildung arbeitet Johannes fünf Monate in der Drogerie Goldbach in Lingen. Doch dann durchkreuzt der beginnende Krieg gegen die Sowjetunion all seine Pläne.»Ich musste zum Arbeitsdienst ins Dorf Gimbte bei Greven, zwischen Münster und Osnabrück. Ein Kaff, in dem wir einen Gleisanschluss bauen sollten. Das war harte Arbeit und bescheuert im beginnenden Winter 1941, als der Boden durchgefroren war und wir die Wasserflächen ständig neu einschlagen mussten. Die Füße waren immer nass und schmerzten so lange, bis ich sie nicht mehr spürte. Es gab keine Gummistiefel, sondern nur schwarze Lederkampfstiefel der Wehrmacht, sogenannte Knobelbecher, die natürlicherweise im Wasser keinen Schutz boten. Auch sonst war das schon wieder zu soldatisch und nicht nach meinem Geschmack. Was die Soldaten mit dem Gewehr machten, taten wir mit dem Spaten. Der Drill verlief hart, an manchen Tagen die reinste Schikane, speziell für mich. Dem Oberstfeldmeister hatte jemand gleich gesteckt, dass ich beim Roten Kreuz gewesen war und warum. Der Kerl warf mir öffentlich vor, aus Bequemlichkeit aus der Hitlerjugend geflüchtet zu sein. Aber wenn ich also schon beim RK sei, dann könne ich in meiner Freizeit doch das Krankenrevier unserer Arbeitskompanie leiten, so lautete dann sein Vorschlag. Eine Wahl hatte ich nicht, das war klar. Also hieß es nach dem unsinnigen Arbeitsdienst Verbände anlegen, Spritzen geben, Urinflaschen wechseln, das volle Pflegeprogramm für die Kranken der gar nicht so kleinen Kompanie. Am Wochenende kam Exerzieren hinzu. Ich war körperlich ziemlich am Ende, dachte ich.«

Im Januar 1941 beendet Johannes den RAD. An ein Medizinstudium ist weiter nicht zu denken, das weiß er mittlerweile. Zu Hause wartet schon der Musterungsbescheid. »Ich war ein kräftiger Kerl. Der Armeearzt stellte fest, dass ich einen athletischen Körper habe, ein gesundes Herz, eine überaus gute Gelenkigkeit und damit vollkommen tauglich für die Infanterie bin. Die Augen hatte er vergessen zu prüfen, und die waren meine Schwäche. Zum Glück, wie sich aber erst später herausstellen sollte.«

*Johannes in Uniform
(ca. 1942)*

Zur Grundausbildung wird Johannes in ein Ausbildungs-Bataillon des Infanterie-Regimentes 58 in eine Kaserne nach Herford geschickt. »Kurz bevor wir unseren Stellungsbefehl erhielten, gab der Spieß bekannt, dass fünf Leute gesucht würden, die zum Funker ausgebildet werden sollten.«

»Wer will da hin?«, schreit der Hauptfeldwebel über den Hof.

»Hier«, ruft Johannes wie aus Reflex.

»Gefällt es dir nicht bei uns, oder was?«, raunt der Spieß zurück.

Johannes' ausbildender Unteroffizier zeigt Mut und setzt sich für seinen Schützling ein, über dessen Augenprobleme er im Bilde ist: » Herr Hauptfeldwebel, der Soldat ist ein ausgezeichneter Soldat, der jedoch nicht gut sehen kann. Sehschwäche auf dem rechten Auge und Rechtshänder. Das macht das Schießen im Felde zu einer Gefahr. Der Soldat leidet am meisten darunter, denn er will seinem Führer und Vaterland dienen, als guter Soldat, Herr Hauptfeldwebel.«

»Dann treten Sie hervor!«, ruft der Spieß, zieht Johannes beiseite und bestimmt dann weitere vier Freiwillige. »Ihr geht alle zu Fuß nach Bielefeld!«

»Vom Furier haben wir uns Marschverpflegung geben lassen«, sagt Johannes über den als letzte Schikane verordneten Fußmarsch von siebzehn Kilometern. »Wir liefen uns die Knöchel blutig. Aber einmal angekommen, waren wir umso glücklicher, denn wie wir kurz darauf erfahren haben, wurde unser Regiment nur wenige Tage nach unserem Abmarsch nach Russland geschickt. Die meisten Kameraden, mit denen ich ausgebildet worden war, überlebten das nicht.« Johannes schaut auf die Front seines Buches und zeichnet den Titel *Der rote Faden* mit dem Finger nach. Ein Lächeln geht ihm über die Lippen, bevor er fortfährt: »Bei der Nachrichten-Ersatz-Abteilung 6 in Bielefeld wurden wir unerwartet freundlich vom neuen Kompaniechef empfangen.

Nicht mehr Schütze, sondern Funker wurde ich nun genannt und empfand das als respektabel, fast als edel.«

In den folgenden Wochen lernen die angehenden jungen Funker die Telegraphie und das Morsealphabet kennen. Auch das Strippenspannen für die Feldtelefonie steht auf dem Lehrprogramm.

»Ich habe alles schnell drauf gehabt«, sagt Johannes. Er drückt die Brust nach oben, holt Luft, dann spitzt er seine Lippen, als wolle er in eine Trompete blasen. Die Geräusche, die er von sich gibt, erinnern an das Piepen von Funk, wie man ihn häufig als Hintergrundsound in Kriegsfilmen wahrnimmt: »Dit – di-di-dit – di-di-dit – di – dadit.« Johannes lacht. »Das heißt übersetzt: Essen. Beim Morsen habe ich keine Wortfindungsstörung, das ist eingebrannt wie nichts anderes. Eigentlich sollte unsere Ausbildung drei Monate dauern, aber mein Talent sprach sich herum. Nach vier Wochen musste ich beim Kompaniechef antreten.«

Der zeigt sich erstaunt, als er die Ausbildungsakte aufschlägt und aus einem Bericht zitiert. »Sie sind keine vier Wochen hier und morsen schon Tempo 30?« Das bedeutet, dass Johannes in der Lage ist, 30 Ziffern in einer Minute zu erfassen und zu notieren.

»Ja, kann ich, wenn ich mich konzentriere.«

»Das ist selten nach so kurzer Zeit«, sagt der Kompaniechef. »Wie kommt das? Alle anderen sind noch lange nicht auf diesem Stand.«

»Ich nehme an, das liegt an meinem Gespür für Rhythmus und Musik«, antwortet Johannes, der sechs Jahre leidenschaftlich und exzessiv Klavierspielen bis zur Perfektion erlernt hat.

»Dann passen Sie mal auf. Wir haben mit Ihnen was anderes vor. Sie gehen nach Frankfurt und lernen dort Internationalen Funkverkehr. Das ist eine Ehre für Sie. Sie sind dann nicht mehr Funker, sondern Spezialist: ein Horchfunker. Sie können den

Feind abhören, brauchen auch keine Strippen auf dem Schlachtfeld zu verlegen, sind damit geschützt.«

Wieder denkt Johannes an den Roten Faden, der ihn ein weiteres Mal vor einer drohenden Gefahr bewahrt. Die Ausbildung zum Horchfunker bei der Nachrichten-Aufklärungs-Ersatz-Abteilung in Frankfurt dauert fünf Monate. Die Auszubildenden werden schnell auf Tempo 120 hochgedrillt. Außerdem sind sie angehalten, auch untereinander nur in Morsezeichen zu sprechen, damit ihnen alles in Fleisch und Blut Mark übergeht. »Dit-di-di-di-da ... Wir funkten mit unserer Stimme und kommandierten uns zum Stubendienst, zum Raustreten, zum Essen fassen oder unterhielten uns so wie andere mit Worten.«

Nach Abschluss der Ausbildung erfolgt der Marschbefehl. Es soll nach Griechenland gehen, zunächst nach Athen. Mit dem Zug fahren sie durch Jugoslawien und nach zwei Tagen erreichen sie den Bahnhof Larisa in der griechischen Hauptstadt. Ein Lkw bringt die Rekruten zum Hotel Apergi. Hier werden sie vom Kommandanten eingewiesen und erfahren, dass sie zusammen mit 180 Mann in eine geheime Nachrichtentruppe, eine Horchkompanie, eingegliedert werden, die zum Abhören des feindlichen Fernmeldeverkehrs im Nahen Osten eingesetzt werden soll. Die Kompanie steht unter Geheimhaltungsstufe GKdos (Geheime Kommandos). »Damit agierten wir unabhängig von einer Division und waren direkt dem Oberkommando der Wehrmacht unterstellt. Wir hatten sozusagen immer Vorfahrt vor anderen militärischen Einheiten, so wichtig sollte das sein, was wir taten, und so bedeutend war unsere teure Ausrüstung.« Nach der zugewiesenen Feldpostnummer wird seine Spezialkompanie schlicht 00054 genannt. Sie besteht aus Horchfunkern wie Johannes, Entzifferern, Analysten, Peilern und Telefonisten. Dazu das Kfz-Korps und technische Truppen aller Art. So vielversprechend und aufregend sich das anfänglich anhört, so monoton jedoch zeigt sich die Arbeit schon nach wenigen Tagen. Erst mal nur ein halbes Jahr beisitzen und den erfahrenen Kameraden zusehen. »Dann aber ging es los. Von Athen aus hörten wir Beirut, Bagdad, Damaskus und Tel Aviv ab; den gesamten Nahen Osten. Wir Funker hörten und notierten, gaben die Aufzeichnungen dann weiter zum Entziffern, Auswerten und Übersetzen. In der Regel belauschten wir französischen Funkverkehr. In der Mitte des Raumes saß ein Telefonist. Wichtige Funksprüche konnte der sofort weitergeben. Wir waren immer verbunden mit anderen Peilern: auf Kreta, in Bulgarien, auf der Krim. Selbst wenn mal ein Funkspruch nicht entschlüsselt werden konnte, war das, was wir auffingen, immer noch von Bedeutung, denn damit waren wir in der Lage, auch Richtungen zu hören und so Truppenverschiebungen feststellen zu können.«

Johannes als Horchfunker

Das Hören sei anstrengend gewesen, die Frequenzen ständig überladen. »Alles morste hin und her, immer wieder störte das laute Hacken der deutschen Funker, die teilweise auf gleichen Frequenzen funkten«, erzählt Johannes. »Die tägliche Herausforderung für uns war es, die Funksprüche bis Mitternacht zu ent-

138

schlüsseln.« Gelang das nicht, konnte der gesamte Tagesverkehr nicht weiter entschlüsselt werden, denn Punkt zwölf Uhr nachts wechselten Frequenzen und Rufzeichen. »Nach sechs Stunden hatten wir zwölf Stunden zur Erholung. Eigentlich sollten wir dann schlafen, aber es war zu heiß. 40 Grad mindestens. Da konnte man nicht runterkommen. Wir sind, wenn wir Nachtschicht hatten, tagsüber nach Athen. Ich habe mir alles angeschaut, auf der Akropolis war ich auch öfters. Ein Traum für mich jungen Mann und so weit vom Krieg weg.«

Nach ein paar Monaten wird das Abhorchen zunehmend schwieriger. Der Himmel ist zu blau, das Wetter zu gut. Besser hören können die Horchfunker den teilweise ziemlich leisen Funkverkehr bei Wolkenzug. Die Nachrichteneinheit 00054 soll im Mai 1942 nach Nordafrika verlegt werden, wo günstigeres Wetter vorherrscht. Nach Libyen. »Wir sind in Ju-52-Flugzeuge gestiegen und zehn Meter über dem Mittelmeer geflogen, ständig in Luftlöcher geraten. Das musste sein, damit wir nicht vom Radar der Engländer erfasst werden. Schon abenteuerlich. Überlebt haben wir es. Dummerweise kamen wir nur bis Kreta. Aus einer geplanten Zwischenlandung zum Auftanken wurde ein längerer Aufenthalt.« Die Männer erfahren, dass es erst einmal nicht weitergeht, da Derna, die Zielstadt, inzwischen von den Briten besetzt ist. »Wir sollten warten, bis Rommel die Stadt wieder zurückerobert hatte. Daran hatte keiner Zweifel. Doch es dauerte eben.«

Die zehn Tage auf Kreta sind schwer erträglich für Johannes. »Wir hatten keine richtigen Unterkünfte. Das OKW stellte uns Zelte zur Verfügung. Beißende Sonne, immer um die 40 Grad, kein Schatten zu finden. Tagsüber hat man es nur im Meer ausgehalten. Und jeden Tag gab es nichts anders als Fleischkonserven zu futtern. Allen war ständig übel.« Schließlich kommt die Horchkompanie im libyschen Derna an. »Wir haben uns alles von den Engländern genommen, die vor Rommel geflüchtet waren. Es gab

Zelte mit Doppeldach, wir zogen uns die schicke grüne Tarnklei-
dung an: kurze Hemden und Hosen. Die Folge war allerdings
Krätze für die ganze Truppe. Trotzdem arbeiteten wir in den gleichen Schichten, hatten den gleichen Auftrag und mussten das Ju-
cken nur noch dazu ertragen.« Der Einsatz dauert nur wenige
Wochen, denn die Amerikaner landen in Nordafrika und Rommel führt einen Zweifrontenkrieg, den er nicht mehr gewinnen
wird. Die geheime Nachrichtentruppe wird nach Tobruk gebracht und von dort mit der Ju 52 wieder über Kreta nach Athen
ausgeflogen. »Mannschaft, Geräte und Auftrag waren zu wichtig,
um in die Hände des Feindes zu fallen«, erzählt Johannes. »Keiner hatte damit gerechnet, dass Rommel geschlagen werden
könnte. Aber wir sind rausgekommen, kurz bevor im Mai das gesamte Afrika-Korps kapitulierte.«

Bis September 1944 arbeitet die Nachrichten-Einheit 00054 von
Athen aus. Doch der Kriegsverlauf erweist sich als immer ungüns-
tiger für die Wehrmacht. Die Rote Armee steht bereits in Belgrad,
die US-Amerikaner haben Italien erobert, und Johannes' Nachrichtentruppe soll zurück in die sicherere Heimat gebracht werden. Die gesamte hochwertige Ausrüstung der Einheit wird auf
einen Zug verladen und losgeschickt. Nach kaum einer halben
Stunde Fahrt entgleist die Lok, weil griechische Partisanen die
Schienen abmontiert haben. »Eine kleine Ersatzlok zog uns zurück zum Bahnhof Larisa. Hier sollten wir eine neue Zugmaschine
erhalten. Unsere Bahn stand auf dem Mittelgleis. Rechts davor ein
Munitionszug, links ein Artilleriezug. Auch die warteten auf neue
Loks. Wir hatten Vorrang, waren immer GKdos.« Die Zugmaschine wird angedockt, als Johannes ein markerschütterndes
Brummen am Himmel hört. »Hier ist gleich furchtbar was los«,
ruft er. Die Männer nehmen eilig Gewehre, Pistolen und Papiere
und flüchten aus dem Zug. Sie wissen, dass sie von den Gleisen

herunter müssen, aber, um wegzukommen, können sie nur über den Munitionszug klettern. Die Bomber tauchen am Himmel auf, und der Munitionszug erhält sofort einen Volltreffer. »Alles knallte und krachte, viele Explosionen hintereinander, mächtige Stichflammen und Qualm, lange Minuten. Ich stand auf einem Zugpuffer und hoffte zu überleben. Meine Knie zitterten. Plötzlich ein lauter Knall, ein gewaltiger Druck von der Seite, und ich wurde durch die Luft geschleudert.« Auf dem brennenden Gras kommt Johannes wieder zu sich, überall fliegen Splitter und Metall durch die Luft. Er kann sich in einen alten Bombentrichter flüchten. Immer noch hört er krachende Detonationen. »Ich merkte, dass meine ganze Hose nass war«, sagt er. »Und dann erschrak ich. Das Blut spritzte nur so aus der Kniekehle, unaufhörlich. Ich konnte kaum hingucken, ahnte, dass es vorbei ist, und schaute in den Himmel. Und dann passiert das Wunder: Da fliegt neben Holz und Metall ein unbeschädigtes Verbandspäckchen mitten in meinen Bombentrichter, mir genau vor die Füße. Ein Geschenk Gottes. Das wusste ich. Im Munitionszug musste ein Verbandsschrank gewesen sein, und wie für mich gemacht, fliegt ein ganz unversehrtes Päckchen zu mir rein.« Johannes schafft es, die Blutung zum Stoppen zu bringen und sich selbst zu verbinden. Aber er hat zu viel Blut verloren. »Mir wurde immer schwindeliger und kotzübel. Ich lag da etwa zwei Stunden und dachte, ich verdurste. Der Durst war das Schlimmste. Durch den Blutverlust ausgelöst.«

Als ihn zwei Kameraden, die den Angriff überlebt haben, aus dem Loch hieven, bittet Johannes als Erstes um Wasser.

»Gibt es hier nirgendwo, das Bahnhofsgebäude ist komplett zusammengefallen.«

Johannes schaut sich um und sieht eine tiefe Pfütze. Mit letzter Puste schreit er einem der Soldaten entgegen: »Nimm deinen Stahlhelm vom Kopf und gib mir aus der Pfütze was zu trinken.«

»Das ist verseucht. Denk an die Choler... «

»Mensch, ich verdurste. Mir ist egal, welche Krankheitserreger da drin sein könnten. Soll ich etwa austrocknen?«

Sein Kamerad schöpft ihm zwei Stahlhelme voll. »Drei Liter habe ich gesoffen in einem Zug, das hat mir das Leben gerettet, und oh Wunder, ich bin nicht krank geworden danach. Der rote Faden ist wieder nicht gerissen.«

In Larisa gibt es Dutzende Tote und Schwerstverletzte. Johannes erinnert sich an die professionelle Versorgung der Verwundeten. »Meiner Meinung nach hat die Wehrmacht im Feldpostwesen und im Sanitätswesen immer zuverlässig und nahezu perfekt funktioniert. Wir wurden damals von einem provisorischen Verwundetenwaggon abgeholt und von Ärzten erstversorgt. Bevor wir losfuhren, hatten Sanitätssoldaten die Dächer des Zuges mit einem Roten Kreuz bemalt. Allerdings wurden wir dennoch weiter beschossen und mussten immer wieder halten. Meine Sorge galt meinem Bein. Die Ärzte waren sich sicher, dass es amputiert werden müsse.«

In Budapest werden die Verwundeten in einen professionellen Lazarettzug umgebettet. »Mit weißen Oberbetten und Kopfkissen. In die Laken konnten wir uns schön einhüllen, das gab mir ein Gefühl von Geborgenheit. Gegen die Schmerzen hatte ich viele Spritzen und Medikamente erhalten.« Im Bahnhof Götzendorf südlich von Wien empfangen Rotkreuzschwestern die verwundeten Soldaten. »Die Schwestern haben uns gewaschen, neu eingekleidet und uns Mut gemacht. Und wir konnten endlich etwas essen.« Johannes macht eine Pause: »Ich habe die Nähe Gottes erlebt. Ich weiß, dass es ihn gibt, seit diesen Tagen. Da kann man nicht mehr zweifeln. So viele Situationen, und kurz hintereinander, in denen Gott mich gerettet hat. Auch in Dresden war er wieder für mich da.«

In die Lazarettstadt Dresden, wie Johannes die heutige Hauptstadt Sachsens stets nennt, wird er nach einem mehrmonatigen

Aufenthalt in einem Kriegslazarett in Kipsdorf im Erzgebirge verlegt. »Mein Bein musste nicht amputiert werden, als ich um die Jahreswende 1944/1945 nach Dresden gebracht wurde. Ich konnte schon wieder gehen, wenngleich nur mit Krücken. Dresden war damals ein einziges Lazarett. Hier gab es keine Soldaten, nichts Militärisches. Nur Kranke, Verwundete und einheimische Zivilisten. Und es kamen immer mehr Flüchtlinge aus dem Osten an, die notdürftig in Schulen, Kinos oder Kirchen untergebracht wurden. Die Hotels waren alle zu Militärlazaretten umgebaut worden. Ich bezog also das Lazarett *Hotel Wilder Mann*.« Johannes beobachtet, dass sich viele seiner Kameraden an junge Krankenschwestern heranmachen. Sie nennen sie »Karbolmäuschen«. Auch Johannes macht in dieser Zeit eine Bekanntschaft. »Schwester Elsa war sechzig. Sie beobachtete mich, wenn ich Klavier spielte. Im Aufenthaltsraum gab es einen Flügel. Sie fragte, ob sie mir mal Noten mitbringen solle.« Während sich die anderen Patienten darüber amüsieren, dass Johannes sich mit so einem alten Weib umgibt, erlebt dieser eine Geborgenheit und Wärme wie selten zuvor in seinem Leben. »Es war ein umsorgendes Mutter-Sohn-Verhältnis, das ich mit Elsa teilte, und das brauchte ich am meisten damals. Sie war ja dreimal so alt wie ich.« Elsa zeigt Johannes die Stadt, die wegen ihrer Schönheit »Elbflorenz« genannt wird; sie gehen in die Semperoper und hören Lesungen in verschiedenen Bars. »In der Stadt war Frieden«, sagt Johannes. »Vom Krieg spürte man gar nichts mehr. Bald war ich so zufrieden und entspannt, dass ich arbeiten wollte. Ich fragte Elsa, und sie besorgte mir eine Anstellung bei der Heereszentralapotheke in der Neustadt.« Johannes ist nun wieder als Drogist und Apothekengehilfe tätig, längst vergessene Träume von einem Medizinstudium kriechen erneut in sein Bewusstsein. Er stellt Salben und Mixturen her und bringt sie in die verschiedenen Lazarette. Das tut er bis zum Morgen des 13. Februar 1945, einen Tag nach Rosenmontag. »Es hieß, die Russen würden bald kommen, und wir müssten die Lazarette räumen. Der Stabsarzt fragte mich, ob ich mit evakuiert werden wolle, ich könne aber auch in Dresden bleiben, der Krieg sei so gut wie aus.«

»Wo geht es denn hin?«, fragt Johannes.

»Nach Franzensbad.«

Johannes denkt an seine Freundin Elsa und bittet um Bedenkzeit bis zum Abend. Um 22 Uhr soll der Zug abfahren. Er findet Elsa nicht im Lazarett und auch nicht bei ihr zu Hause. »Und da hatte ich wieder eine solche Eingabe. Der Heilige Geist war mir erschienen und mahnte mich mitzufahren.« Er geht am frühen Abend zum Stabsarzt und bittet um Papiere, damit er mit ausfahren könne. »Von Elsa konnte ich mich leider nicht mehr verabschieden. Ich nahm mir aber fest vor, ihr vom neuen Lazarett aus zu schreiben.«

Kurz bevor Johannes in den Zug steigt, hört er die Sirenen heulen. Fliegeralarm, er misst dem keine große Bedeutung zu, denn er hat ihn oft gehört. Es ist der 173. Luftalarm für Dresden, und die Dresdner haben kaum Zweifel, dass es zum 173. Mal ein Fehlalarm ist. »Aber alle haben sich getäuscht«, sagt Johannes. »Wir waren gerade zehn Kilometer raus aus der Stadt, als ich dieses Brummen hörte, das ich schon kannte, nur schlimmer, unaufhörlich und bedrohlich. Und ich wusste, dass etwas Schreckliches in der Luft lag.« Johannes sieht vom Zug aus, wie britische Flugzeuge damit beginnen, tonnenweise Bomben über Dresden abzuwerfen. Weil er auch Tiefflieger beobachtet, die mit Maschinengewehren auf die Dörfer feuern, ist Johannes heilfroh, dass sein Zug es schafft, bis zu einem Berg zu fahren, hinter dem er zum Stehen kommen und sich verstecken kann.

Obwohl Dutzende Zeitzeugen berichten, dass sie solche Tiefliegerangriffe im Umland von Dresden beobachtet haben, so wie sich auch Johannes dessen sicher ist, sind die meisten deutschen

Historiker der Meinung, die Zeitzeugen müssten sich irren oder optischen Täuschungen unterlegen sein. Zwar seien alliierte Begleitjäger mit den Bombern über Dresden in der Luft gewesen, es sei aber in Akten der britischen Luftwaffe kein Befehl oder Bericht zu finden, der bestätige, dass Piloten mit MG-Feuer auf flüchtende Menschen geschossen hätten. Die Kontroverse wird bis heute geführt. Die einen sprechen von Legende und Propaganda, die anderen von Täuschung und Vertuschung. Überhaupt bleibt der Fall Dresden einer der umstrittensten des gesamten Zweiten Weltkrieges. Dass die britische Luftwaffe spätestens seit März 1942 deutsche Städte mit dem Ziel angreift, die Kriegsmoral der Deutschen zu brechen, ist hingegen unumstritten. Das sogenannte *Moral Bombing* ist den Piloten der Royal Air Force (RAF) nach der *Area Bombing Directive* vom 14. Februar 1942 befohlen worden. 90 Prozent aller Bomben, die über Deutschland abgeworfen worden sind, treffen Wohngebiete. Und das mit voller Absicht. Warum allerdings eine nahezu unverteidigte Stadt wie Dresden noch im Februar 1945 mit einer derartigen Härte angegriffen worden ist, bleibt Teil einer hitzig geführten Debatte. Eine nicht unbedeutende Rolle dabei hat wohl gespielt, dass die Westalliierten die Sowjetunion als Partner im Pazifikkrieg gegen Japan gewinnen wollten, diese dafür jedoch Unterstützung bei der Einnahme Deutschlands von Osten her eingefordert hat. So ist die Bombardierung Dresdens auch ein symbolischer Akt gewesen. Wie beabsichtigt ungenau die Bombardements stattgefunden haben, zeigt beispielhaft der Umstand, dass 40 schwere US-Bomber während der dritten Angriffswelle noch versehentlich ihre eigentlich für Dresden bestimmte Bombenlast über Prag ausladen. Als faktisch gesichert gilt die abgeworfene Bombenmenge über Dresden. Während der ersten Angriffswelle zwischen 22:13 Uhr und 22:28 Uhr werfen 244 britische Lancaster-Bomber 900 Tonnen Spreng- und Brandbomben über der Stadt ab und zerstören dadurch drei

Viertel Dresdens. Es sind keine gezielten Angriffe, sondern die Piloten der RAF haben die Anweisung, die ganze Stadt dem Erdboden gleichzumachen und die Bevölkerung auszulöschen.

Die Angriffspause nutzt der Lokführer des Eisenbahnzuges, in dem Johannes sitzt, um der Feuerhölle zu entkommen. Johannes Gedanken gelten Elsa und den vielen Zivilisten und Flüchtlingen, die jetzt in der Stadt verbrennen. »Ich kann das bis heute nicht begreifen. In Dresden war kein Soldat, keine Flak, keine Verteidigung, nichts. Nur Kranke, Frauen, Kinder, Schutzlose. Das müssen die Engländer gewusst haben, das war kein Geheimnis. Es war ein böses Verbrechen, dass die Briten zum Glück später tief bereuten. Von meiner Elsa habe ich nie wieder etwas gehört.«

Zwischen 1:23 Uhr und 1:54 Uhr fliegen 529 Lancaster-Bomber die zweite Angriffswelle. 1500 Tonnen Brandbomben entfachen einen Feuersturm in den Gassen der Stadt. Die extreme

Die zerstörte Innenstadt Dresdens nach den alliierten Luftangriffen zwischen dem 13. und 15. Februar 1945

Hitze bringt Glas und Metall zum Schmelzen. Der entstandene Luftsog zieht flüchtende Menschen direkt ins Feuer. Selbst viele von denen, die es in einen der wenigen Luftschutzkeller geschafft haben, ersticken qualvoll. Die RAF-Piloten erhalten den Auftrag, alles zu bombardieren, was noch nicht brennt. So werfen sie ihre Bomben auch über den Elbwiesen und dem Stadtpark Großer Garten ab, wo Tausende Menschen nach der ersten Angriffswelle Schutz gesucht haben.

Am Aschermittwoch ist die Stadt in Schutt und Asche gelegt, dennoch folgen zwei weitere Angriffe bei Tag. Dieses Mal durch die amerikanische Luftwaffe, die United States Army Air Forces (USAAF). Am 14. Februar zwischen 12:17 Uhr und 12:31 Uhr werfen 316 B-17-Bomber noch einmal 474,5 Tonnen Spreng- und 296,5 Tonnen Brandbomben über der Stadt ab. Am 15. Februar zwischen 11:51 Uhr und 12:01 Uhr laden die Amerikaner die letzten 460 Tonnen Bomben über der sächsischen Stadt ab. Neben etwa 70 000 total zerstörten Wohnungen fallen Dutzende Kulturdenkmäler den Flammen zum Opfer. So werden unter anderem die Semperoper, die Frauenkirche und die Sophienkirche sowie das Residenzschloss und der Dresdner Zwinger vernichtet. Genau wie über Tieffliegerangriffe und den angeblichen Einsatz von Phosphor, für den es keinen Beweis gibt, wird heute hoch emotionalisiert über die Anzahl der Opfer während der Dresdner Bombenangriffe spekuliert. Bis noch in die 1970er-Jahre gilt eine Zahl von bis zu 40 000 Toten als wahrscheinlich. Eine genaue Zahl anzugeben gestaltet sich auch deswegen sehr schwierig, weil Zehntausende Flüchtlinge, die noch kurz vor den Bombardements in Dresden angekommen sind, nicht namentlich registriert wurden, und auch, weil teilweise Menschen im Feuersturm vollständig verbrannt sind. In der letzten Beurteilung einer Historikerkommission aus dem Jahr 2010 wird eine Mindestanzahl von 22 700 und eine Höchstzahl von 25 000 Toten angegeben.

In Franzensbad (Františkovy Lázně) zieht Johannes ins Hotel *Dreililien*. Hier soll ein neues Lazarett eingerichtet werden. Er macht sich wieder nützlich, wo er kann, beschriftet Schilder für die Patientenzimmer und Funktionsräume: Schreibstube, OP, Untersuchungszimmer. »Mir fiel ein, dass ich in Plauen eine Cousine hatte, die in einer Bäckerei arbeitete. Ich schrieb sie an, und Ursula kam zwei Tage später mit einer riesigen Torte vorbei.« Die Cousine besucht ihn öfters, bis ihre Bäckerei bei einem Luftangriff komplett zerstört wird. Sie kann ein paar Sachen retten und steht bald darauf mit ihrem Koffer und einigen wertvollen Brotmarken im Lazarett. »Ich konnte kurzfristig eine Unterkunft für sie finden und überlegte, wie es weitergehen soll.« Schließlich bietet eine Tante von Johannes ihm und seiner Cousine an, nach Murnau zu kommen. Sein Arzt ist einverstanden, weil die Tante eine Bestätigung mitschickt, dass ihr Neffe ambulant in Oberbayern behandelt werden kann. Er erhält Entlassungsscheine. Mit den Brotmarken bestechen Johannes und Ursula einen Lastwagenfahrer, der sie bis nach Starnberg mitnimmt. Von dort fährt ein Zug nach Murnau ab. Die beiden wohnen 14 Tage bei ihrer Tante Leni und ihrem Onkel Karl, bis die Murnauer Bürger am 29. April 1945 weiße Bettlaken und Tischtücher aus den Fenstern hängen. Amerikanische Soldaten der 36. Infanteriedivision nehmen die Stadt kampflos ein. »Mein Onkel hatte mir Zivilkleidung von seinem Sohn gegeben, aber ich war ja noch Soldat. Und für Zivilisten war es lebensgefährlich, Armeeangehörige zu verstecken. Also ging ich ins Lazarett und legte mich in ein Bett. Rechtlich war es den Amerikanern nicht gestattet, Verwundete in Gefangenschaft zu nehmen, das wusste ich. Dennoch kamen sie rein und fragten, wer bei der Ernte helfen könne. Ich meldete mich. Das war dumm, denn so etwas hatten die US-Soldaten nie geplant. Es war eine Fangfrage. Wir fuhren mit Armeelastern bis nach Garmisch-Partenkirchen und wurden im Eisstadion der

Olympischen Winterspiele von 1936 eingesperrt, das zu einer Sammelstelle für Gefangene umgebaut worden war.« Dort bleibt Johannes knapp drei Monate. Als unter den Inhaftierten eine Epidemie ausbricht, wird das Lager im Juli 1945 aufgelöst; alle Insassen werden entlassen. Johannes fährt zurück nach Murnau, wo ihm Cousine Ursula, Tante Leni und Onkel Karl um den Hals fallen, und reist dann bald weiter nach Essen und schließt weinend vor Freude seine Eltern und seine Schwester in die Arme. Der rote Faden hat gehalten.

Drei Fragen an Johannes

Gefangenschaft in einem Eisstadion. Das ist ungewöhnlich. Wie haben sie die Zeit erlebt?

Nun, wir sind sicherlich nicht Schlittschuh gelaufen im Olympiastadion. Wir sowieso nicht, denn die zehn Kameraden, mit denen ich dort ankam, waren alle im Murnauer Lazarett eingesammelt worden, verwundet oder krank; sie hatten sich dennoch wie ich stark genug gefühlt, um in der Landwirtschaft zu arbeiten. Später haben wir erfahren, dass wir eigentlich als Geiseln eingesetzt werden sollten, für SS-Leute, die sich in den Alpen versteckten, als Austausch. Dann aber sind wir in das völlig überfüllte Stadion gekommen. Auf den überdachten Rängen, auf den Sitzen gab es keinen Platz mehr, also mussten wir auf offenem Gelände liegen. Die hygienischen Verhältnisse waren eine Katastrophe, es gab keine Waschmöglichkeiten und keine funktionierenden sanitären Anlagen. Als Toilette diente ein Loch mit Donnerbalken. Als es immer mehr Kranke gab, hat man irgendwann Chlorkalk auf die Exkremente geschüttet, um Infektionen entgegenzuwirken. Auf dem Boden liegen, das war grausam. Ich bin rumgegangen und habe nach Möglichkeiten gesucht, es mir bequemer machen zu können.

Irgendwo sah ich, dass sich ein paar Marinesoldaten Hängematten aus Bändern und Karabinerhaken, die sie von Feldflaschen ablösten, gebaut hatten. Die Matten haben sie dann unter den Dächern über die dort schlafenden Personen spannen können, quasi ein zweites Stockwerk. Das war eine anstrengende Friemelarbeit, bis so ein Ding fertig wurde. Ich habe mich angeboten, ihnen zu helfen, Feldflaschen zu suchen und so etwas, wenn sie mich dafür in die Technik einweisen. Das klappte, und so bekam ich eine bessere Schlafmöglichkeit. Auch konnte ich einem amerikanischen Offizier anbieten, sein Quartier zu putzen. Ich machte das so penibel, dass ich Brot und Zigaretten bekam und der Mann so zufrieden war, dass er mich regelmäßig bestellte. Mit den Kippen konnte ich mir dann Stiefel kaufen und so weiter. So habe ich mich im Eisstadion um mich selbst gekümmert. Das Verhältnis zwischen deutschen Gefangenen und Amerikanern wurde bald viel besser. Wir haben uns ausgetauscht, und es gab irgendwann sogar einen gemeinsamen Chor. Unsere Bewacher haben schnell gemerkt, dass die meisten Deutschen keine Nazis waren, und uns das auch gesagt und gezeigt. Gegenseitige Vorurteile wurden abgebaut. Die hygienischen Bedingungen und die Verpflegungen besserten sich fast zeitgleich, und es wurde humaner. Insgesamt hatte ich wohl Glück mit meiner verhältnismäßig kurzen Zeit in Gefangenschaft, die gut auszuhalten war.

Wann haben Sie vom Holocaust erfahren?
Während der Gefangenschaft hat niemand über Verbrechen an Juden gesprochen. Das wusste auch keiner, da bin ich mir sicher. Erst als ich zurück in Essen war, habe ich nach und nach von den Gräueltaten erfahren. Dann habe ich mich natürlich gefragt, wie es so weit kommen konnte, ohne dass ich oder so viele andere das mitbekommen haben. Ich erinnerte mich an die Zeit vor dem Krieg und versuchte, das zusammenzufügen. Da war die Zeitung

Der Stürmer, die gegen Juden gehetzt hat. Die Reichskristallnacht habe ich in Essen selbst erlebt, als die SA Geschäfte kaputtgeschlagen hat. Jeder wusste, dass die Nazis Juden diskriminierten, aber um Himmels willen haben wir nicht daran gedacht, dass sie sie umbringen würden. Den Begriff Konzentrationslager kannte ich aus der Schule, also unter uns Schülern haben wir uns einen Spaß gemacht, wenn jemand blöd war. Da hat man dann so etwas gesagt wie »Noch mal, und du kommst ins Konzertlager«. Man wusste darüber, dass dort Leute zur Strafarbeit hinkamen, die sich mit den Nazis angelegt hatten, also oppositionelle Politiker vor allem. Ich habe mitbekommen, dass in unserem Arbeiterviertel SPD-Leute aus der Nachbarschaft verhaftet worden sind und in KZs kommen sollten. Davor hatte jeder Angst, deswegen mussten sich eben alle in gewisser Weise fügen oder anpassen, sonst hatte man Repressionen zu fürchten. Es galten ja die NS-Gesetze, ob man sie nun guthieß oder nicht. Ich hatte da keine Entscheidungsmöglichkeit. Man muss aber sagen, dass das Entsetzen über die Verbrechen des Holocausts auch erst mit der Zeit reifte, nicht nur weil relativ spät das ganze Ausmaß bekannt wurde, sondern auch weil direkt nach dem Krieg alle in Trauer waren. Es gab niemanden, der keine Verluste zu beklagen hatte. So viele Mütter hatten ihre Söhne verloren, so viele Menschen ihre Heimat. Und jeder wusste, wem er das zu verdanken hatte. Man konnte ja endlich wieder sprechen, und alle schrien ihren Kummer hinaus und schimpften auf die Nazi-Schweinebande.

Wie sehen Sie die Welt heute?
Dieses Schubladendenken, das ich eben schon von damals kannte, das scheint wieder modern zu werden. Es gibt nur einen Unterschied. Während die Menschen damals wirklich gelitten haben, verstehe ich die Radikalen von heute nicht. Da kommen sogenannte Neonazis und beschweren sich über ihr ach so schlim-

mes Leben in Deutschland. Und ich frage mich, was sie wohl andauernd zu beklagen haben, wenn sie doch augenscheinlich alle genug zu essen haben und nicht mit einer Waffe in der Hand jeden Tag um ihr Leben kämpfen müssen. Allein, dass man auf die Idee kommt, heute ein Nazi sein zu wollen, klingt für mich komplett absurd. Es gab offensichtlich zu wenig Diskussion zwischen uns, also zwischen denen, die den Krieg erlebt hatten, und den Generationen danach. Für viele waren wir über Jahrzehnte hinweg einfach Nazis, habe ich das Gefühl. Dabei sind es die meisten ganz sicher nicht gewesen. Im Gegenteil. Auch wir normale Deutsche waren NS-Opfer. Mindestens Geschädigte einer perfiden Propaganda. Man muss leider sagen, dass Goebbels da eine aus seiner Sicht ziemlich erfolgreiche Arbeit gemacht hat. Ich hoffe, dass es nie wieder jemand Vergleichbaren geben wird und dass unsere Demokratie uns vor den verschiedenen Extremen schützt.

Ich kann auch nicht mehr alles verstehen, was heute passiert, wer wen und warum terrorisiert. Ich empfehle, damit aufzuhören, bevor es wieder einen Krieg gibt.

HANS-WERNER
UND DIE WOLKEN DES
NORDMEERES

Der Pilot Hans-Werner (*1922) lebt mit seiner Frau in einem
gemütlichen Haus in Lübeck. Die gesamte Pflege des weitläufi-
gen Gartens mit einem kleinen Flusslauf und Bächen übernimmt
der 95-Jährige selbst. Seine Gattin kümmert sich dafür um Küche und Haushalt. Sie kocht ausgezeichnet und immer gesund.
Auf dem Speiseplan stehen Kartoffeln, Fisch und verschiedene
Gemüse. Das Ehepaar ist agil. Noch bis vor zwei Jahren haben
sie zusammen leidenschaftlich gerne Foxtrott und Jive getanzt.
Hans-Werners Frau ist oft bei seinen Flügen mit an Bord gewesen. Erst als sie sich vor einem Jahr einer schweren Hüftoperati-
on unterziehen musste, hat auch Hans-Werner das Fliegen aufgegeben. Das ist ihm nicht leicht gefallen, denn fast sein ganzes
Leben hat er sich der Fliegerei gewidmet. Sein zweites Zuhause
ist der Himmel. Überall in seinem Haus hängen Bilder verschiedener Maschinen, die er geflogen ist. Tatsächlich hält er noch
heute über fünfzig Rekorde im Segelflug. Und auch wenn er die
Zeit über den Wolken vermisst, langweilig ist ihm am Boden
nicht. Seine Bibliothek ist prall gefüllt und abwechslungsreich.
Außerdem hat Hans-Werner angefangen, sich für professionelle

Bildbearbeitung zu interessieren. Auf seinen zwei Monitoren schiebt er alte Fotografien hin und her und päppelt sie mittels moderner Software auf.

Hans-Werner wird 1922 im pommerschen Swinemünde (Świnoujście) geboren, er hat zwei Schwestern. Seine Mutter stirbt, als Hans-Werner gerade elf Jahre alt ist. »Das war für mich ein schlimmer Schock«, sagt er. »Sie war eine wunderbare Frau und hat alles für mich getan. Ihr verdanke ich mein Interesse für Literatur und Theater und meine Einschulung auf das Humanistische Gymnasium. Auch mein Vater hat schwer gelitten unter dem Verlust. Ihm ging es gar nicht gut, und dann ist er noch um sein Geld gebracht worden. Er hatte lange darauf gespart, ein Kino in Berlin zu eröffnen. Schließlich hat er es gekauft und wurde übers Ohr gehauen. Dummerweise und ausgerechnet von zwei Juden. Das hat ihn geprägt, er hat danach generalisiert und alle Juden über einen Kamm geschert. Nach der Machtübernahme ist er dann natürlich sofort voller Überzeugung in die NSDAP eingetreten und ein richtiger Nazi geworden.«

Hans-Werner, der von seiner verstorbenen Mutter ein anderes, humanistisches Weltbild vorgelebt bekommen hat, ist schon als Jugendlicher reif genug, um die Ansichten seines Vaters über höher- und minderwertigen Rassen nicht zu teilen, aber auch so schlau, nicht auf Konfrontationskurs mit seinem Vater zu gehen. »Er hoffte wohl, dass ich dem etwas abgewinne. Aber ich konnte weder mit den Parteizeitschriften, die er mir hingelegt hat, was anfangen, noch fand ich Begeisterung an den germanischen Feierlichkeiten wie dem Julfest, an dem ich teilnehmen musste. Das war alles so ein einfältiges Geschwafel, was die alten Herren da vorgetragen haben, dass es mich langweilte.«

Die Familie zieht 1934 nach Altenburg in Thüringen, wo Hans-Werners Vater durch Beziehungen einen Anwalt kennengelernt hat, der wie er selbst überzeugter Nationalsozialist ist und

ihn als Bürovorsteher in seiner Kanzlei einstellt. Der Vater heiratet erneut, und Hans-Werner bekommt zwei weitere Geschwister. »Es war nicht einfach mit meinem Vati. Ich kann mich noch gut daran erinnern, an die Reichskristallnacht 1938. Ich wusste, dass etwas passieren würde, als herauskam, dass ein deutscher Diplomat in Paris von einem Juden ermordet worden war. Mein Vater wurde einen Tag später angewiesen, in zivil auf die Straße zu gehen und die Juden, die bei uns lebten, durch die Gassen zu treiben. Der hat das aus Gesinnung gemacht, vielleicht hat ihm das sogar Spaß bereitet. Dann las ich die Zeitungen und erfuhr von dem Ausmaß und dass so etwas überall im Land stattgefunden hatte. Eines muss ich meinem Vater lassen: Er hat wenigstens immer dazu gestanden, was er für judenfeindliche Ansichten gehabt hat. Nach dem Krieg wurde er inhaftiert, und ich habe ihn im Gefängnis besucht. Er meinte damals zu mir, dass er das merkwürdige Gefühl habe, der einzige Nazi in der Stadt gewesen zu sein. Seine Bekannten hätten sich alle herausgeredet und erzählt, sie seien gezwungen worden, in die NSDAP einzutreten. Das hat er nicht verstanden. Mein Vater blieb sein Leben lang uneinsichtig. Ich wollte damals versuchen, das Beste daraus zu machen aus dieser Zeit, und zunächst war es auch nicht schlecht. Die Hitlerjugend fand ich richtig klasse. Ich war wirklich froh, dass es dort nicht um Politik ging wie im Elternhaus, jedenfalls nicht im Ansatz wie zu Hause. Ich habe das genossen, die vielen Zeltlager, Nachtwanderungen und Pfadfinderspiele in der Natur. Das waren alles Traditionen der Bündischen Jugend, die die Nazis übernommen hatten. Sicher hat damals keiner von uns verstanden, dass wir schon auf Krieg gedrillt wurden. Da haben wir uns keine Gedanken drum gemacht.«

Doch das, was die wenigsten Zeitgenossen für möglich gehalten haben, kommt dann schnell und mit ganzer Wucht. Hans-Werner muss das verkürzte Kriegsabitur absolvieren, um rasch am Krieg teilnehmen zu können. Er wird gemustert und bewirbt sich 1940 mit 18 Jahren für den Offiziersdienst an einer Luftkriegsschule in Schleswig. Die schweren praktischen und theoretischen Tests meistert er mit Bravour und wird angenommen. Nach dreijähriger Ausbildung beherrscht Hans-Werner das Fliegen von zweimotorigen Flugzeugen. »Es war ein Privileg, wenn man es schaffte, zur Luftwaffe zu kommen: der Traum zigtausender Jugendlicher.«

Neben dem Heer und der Marine ist die dritte Teilstreitkraft der Wehrmacht die Luftwaffe, zu deren Aufgaben vornehmlich die Zerschlagung gegnerischer Streitkräfte und die Sicherung des eigenen Luftraumes gehören. »Ich will Hermann Meyer heißen, wenn jemals ein feindliches Flugzeug die deutschen Reichsgrenzen überfliegt«, soll Hermann Göring zu Beginn des Krieges auf einer Veranstaltung gesagt haben. Diese Einschätzung des Oberbefehlshabers der Luftwaffe zeigt, welch blindes Vertrauen die Nationalsozialisten in die 1935 offiziell gegründeten Luftstreitkräfte haben. Tatsächlich hat sich die Luftwaffe im Zuge massiver Aufrüstung und moderner Produktion schnell zur stärksten Luftstreitkraft Europas entwickelt. 1939 verfügt sie bereits über 4000 einsatzfähige Maschinen und etwa 400 000 Soldaten. An den Blitzkriegen gegen Polen, Norwegen, Frankreich und die Beneluxstaaten können die Geschwader der Luftwaffe einen maßgeblichen Erfolgsanteil für sich verbuchen. Doch durch die Ausweitung des Krieges auf Fronten in Afrika, England und die Sowjetunion stößt die pausenlos im Einsatz fliegende Luftwaffe an ihre Leistungsgrenzen. Die erbittert geführte Luftschlacht um England (1940/1941) entscheidet, nicht zuletzt durch den Einsatz von Radar, die RAF für sich. Die Luftwaffe verliert währenddessen etwa 2200 Maschinen. Im Deutsch-Sowjetischen Krieg steht sie im Luftversorgungseinsatz vor unlösbaren Aufgaben. Spätestens Anfang 1944 verliert die Luftwaffe durch die massiv ansteigenden Bombardements der Engländer und Amerikaner auf deutsche Städte die Lufthoheit über dem eigenen Land. Damit ist die Niederlage nicht mehr abzuwenden und nur noch eine Frage der Zeit.

Als Leutnant wird Hans-Werner 1943 ans Mittelmeer verlegt, um mit seiner Ju 88 Angriffe im Sturzflug zu fliegen. Als sich im Verlauf des Krieges herausstellt, dass der Einsatz von Torpedos deutlich effizienter ist und den Gegner härter trifft, schult Hans-Werner auf den Torpedoflug um. »Das lernten wir auf Akademien in Ostpreußen und Riga. Vermutlich hat uns das vor dem Tod bewahrt, denn so waren wir fast ein Jahr weg von der Front. Meine Kameraden, die das Glück nicht gehabt hatten, sind in der Zeit alle abgeschossen worden.«

Für Hans-Werner geht es nach der Umschulung zurück in den Einsatz ins Rhône-Delta. In der ersten Staffel des Kampfgeschwaders 77 fliegt er Angriffe gegen britische und amerikanische Geleitzüge, die auf der Mittelmeerroute unterwegs sind. Bei Nacht fliegt er in einer Gruppe von bis zu hundert Flugzeugen im

Tiefflug, um nicht vom Radar erfasst zu werden, auf Frachter und Truppentransporter zu, die Richtung Westen nahe an der nordafrikanischen Küste entlangfahren. Aus tausend Meter Entfernung, dreißig Meter über dem Meeresspiegel, müssen die beiden an Bord befindlichen Torpedos ausgeklinkt werden.»Das machte ich als Flugzeugführer selbst. Hinter mir saß der Bordfunker. Über mir lag mein Beobachter, der das Ziel anvisierte und mit seinen Instrumenten Entfernungen und Geschwindigkeiten berechnete. Wenn ich die beiden Torpedos draußen hatte, musste ich die Ju sofort abdrehen lassen, dann gerieten wir ins Visier der feindlichen Flak und der Schiffsartillerie. Ein tödlicher Moment. Wir sind nur nachts geflogen, meistens wenn der Mond voll war und sich auf dem Meer spiegelte. Nur so konnten wir die feindlichen Schiffe überhaupt sehen. Das Problem war, dass die gegnerischen Jagdflieger uns dann logischerweise auch ausmachen konnten. So hatte unser Bordschütze, der mit seinem MG nach hinten raus lag, immer zu tun. Das war schon häufig ein reines Glücksspiel. Sicherlich auch Taktik. Einmal konnten wir einen Überraschungsangriff bei Dämmerung fliegen und haben alle Ziele getroffen. Darauf waren die Briten nicht eingerichtet. Das ging dann aber eben auch nur einmal. Beim nächsten Versuch eines solchen Überraschungsangriffes sind gleich dreißig unserer Maschinen abgeschossen worden, weil der Gegner gewarnt und entsprechend vorbereitet war. Das macht Kriegsstrategie aus, dass der Feind immer dazulernt. Ich flog beide Angriffe. Und wenn man voll sehen kann, ist das umso heftiger. Man kann es vielleicht mit einer Autofahrt im Schneegestöber vergleichen. So sieht das aus, wenn Hunderte Geschosse auf einen zufliegen und man da irgendwie durch muss. Insgesamt ging das alles enorm schnell. Man flog zwar jedes Mal um sein Leben, aber Zeit für Angst hatte niemand. Man funktionierte automatisch. Und wir waren perfekt ausgebildet worden.«
Die durchschnittliche Überlebensdauer eines Torpedo-Piloten

Startvorbereitung einer Junkers Ju 88

beträgt damals zwei Angriffe. Hans-Werner schafft acht, bevor er
am 6. Juni 1944, dem Tag der Invasion an der nordfranzösischen
Atlantikküste, bei einem Aufklärungsflug über dem Mittelmeer
abgeschossen wird und notwassern muss. »Keiner von uns hat
damit gerechnet, dass ausgerechnet am D-Day alliierte Schiffe im
Mittelmeer unterwegs waren. Nur um auf Nummer sicher zu gehen, dass nicht auch von Süden aus Überraschungsangriffe ge-
startet wurden, sollte ich das abklären. Ich war mir sicher, dass ich
an diesem Tage einen leichten Auftrag haben würde. Ein Irrtum.
Es waren also Schiffe da. Was genau uns runtergeholt hat, habe
ich nicht bemerkt und auch später nie in Erfahrung bringen können. Aber es gab den Treffer, wir schwirrten ab und schlugen hart
auf den Wellen auf. Die ganze Ju lief voll Wasser, und ich kam aus
meinem Sitz nicht los.«

Erst nach hektischen Minuten des Kampfes mit dem Gurt
kann sich Hans-Werner losreißen. Mit seinem Bordschützen Al-
bert und dem Beobachter Willy überlebt er das Manöver. »Unser

Funker Bubi hat es nicht geschafft. Wir strampelten alle in den Wellen und sahen ihn in seiner Gummiweste im Mondschein davontreiben. Er war zu weit weg, sein Einmannschlauchboot – solche trugen wir immer am Körper – war bei ihm nicht aufgegangen, wahrscheinlich war es kaputt gewesen. Wir schrien, versuchten hinzukommen, haben ihn aber verloren, es war zu stürmisch. Er ist untergegangen.« Hans-Werner macht eine Pause, trinkt einen Schluck aus seiner Tasse Kaffee.»Scheiß Krieg«, sagt er dann, und seine Frau, die ihm gegenüber sitzt und Tee trinkt, schaut ihn mitleidig an.

»Unsere Schlauchboote waren jedenfalls aufgepumpt«, fährt er fort.»Wir schipperten nach dem Abschuss dann die ganze Nacht durch die vom Mistral gepeitschte See. Da kommt irgendwann auch die Angst, selbst wenn es ruhig ist, und steigert sich zu Todesangst. Dazu kommt diese schmerzende und beißende Kälte. Wir haben gehofft, uns gegenseitig Mut zugesprochen, aber nicht an Rettung geglaubt. Wer sollte uns denn schon finden? Ich weiß noch, was ich für eine Panik hatte, als eine Möwe auf mein Boot zustieß. Ich hatte Angst, dass die das Gummi durchbeißt und ich einfach untergehe. Die Zeit kam mir wie eine Ewigkeit vor, bis wir plötzlich, und wir trauten zuerst unseren Sinnen nicht, einen deutschen Seenotrettungskreuzer erkannten, der unsere blinkenden Lampen erspäht hatte und auf uns zusteuerte. Die Lämpchen waren in die Westen integriert und gingen an, wenn sie in Berührung mit Seewasser kamen. Wir haben gejubelt wie verrückt.« Hans-Werner schüttelt sich bei dem Gedanken.»Wir haben es, geschwächt wie wir waren, kaum über die Leiter hoch auf das Schnellboot geschafft, wir schlotterten vor Kälte. Eine weitere Nacht hätten wir nicht überlebt. Dass da überhaupt ein Kreuzer war und der uns auch sah, das war pures Glück. Kriegsglück. Nur so konnte man den ganzen Irrsinn schließlich überleben.«

Im Spätherbst 1944 wird Hans-Werner als Ju-88-Pilot des Kampfgeschwaders 26 nach Lübeck verlegt. Er erhält den Auftrag, britische Geleitzüge im Nordmeer vor Norwegen zu torpedieren. Der Oberleutnant merkt schnell, dass es hier noch stürmischer werden würde. Bis Kriegsende werden 40 solcher Geleitzüge, bestehend aus bis zu 49 Handelsschiffen, auf den Weg geschickt, die jeweils von Zerstörern eskortiert und gesichert werden. 58 Frachter und 16 Kriegsschiffe werden durch deutsche Luft- und U-Boot-Angriffe versenkt.

Der 20. Februar 1945 bleibt Hans-Werner in besonderer Erinnerung. Das Manöver, das er an diesem Tag fliegt, nötigt dem Feind gehörigen Respekt ab. Am 17. Februar bricht der von über einem Dutzend alliierter Kriegsschiffe begleitete Geleitzug RA 64 aus dem sowjetischen Hafen Murmansk Richtung Schottland auf. 33 britische und amerikanische Frachtschiffe transportieren Munition und Kriegsgerät. Noch am selben Tag torpedieren drei deutsche U-Boote den Geleitzug und versenken einen Frachter und zwei Zerstörer. Einen Tag später verschwindet die Eskorte im Nebel und weder deutschen U-Booten noch Aufklärern gelingt es, sie zu orten. Als RA 64 am 20. Februar erstmals wieder vom Ortungssystem erfasst wird, starten 40 Ju-88-Torpedoflugzeuge des Kampfgeschwaders 26 von Trondheim aus, um den Geleitzug zu torpedieren. Hans-Werners Staffel ist mitten drin. Der Auftrag: Das Geleit aufspüren und so viele Schiffe versenken wie möglich.

»Das Problem war, wir sahen sie nicht, obwohl wir wussten, dass wir ganz in der Nähe sein mussten«, erzählt Hans-Werner. »Das Wetter war so stürmisch, dass man kaum etwas erkennen konnte. Wir brachen durch eine dichte Nebelwand, und dann wie aus dem Nichts tauchte er auf. Und das Fatale: Sie hatten uns schon auf dem Schirm, auf dem Radar. Ich flog im Tiefflug über den Schiffen, konnte die Matrosen auf den Decks rennen sehen. Die Artillerie feuerte von allen Seiten. Rechts und links von mir fingen die ersten Flieger an zu brennen und abzuschwirren. Ich versuchte zu funktionieren, visierte einen Flugzeugträger an, flog so tief, dass ich mit der Turbine auf dem Wasser aufschlug. Wir wurden ordentlich durchgeschüttelt, doch ich konnte die Torpedos schließlich ausklinken; sie haben zwar ihr Ziel verfehlt, aber weder das Sperrfeuer der Schiffskanonen noch die Maschinengewehre der aufgestiegenen britischen Flieger vermochten mich zu bremsen. Irgendwie habe ich wahnsinnig gut funktioniert an dem Tag und bin allen Geschossen im Zickzack ausgewichen, drehte über dem Geleitträger ab und machte mich aus dem Staub.«

Dieses Manöver hat die Besatzung der HMS Nairana schwer beeindruckt. Das weiß Hans-Werner, weil er nach dem Krieg die Crew in Schottland ausfindig machen kann. »Ich bin auf ein Veteranentreffen eingeladen worden, und jeder konnte sich an den Angriff und meinen Flieger erinnern. Sie sagten mir, sie hätten geglaubt, da drin müsse ein deutsches Fliegerass sitzen und haben überlegt, wer es wohl gewesen sein könnte. Um die mal etwas von der Geschichte runterzuholen, habe ich dann vor versammelter Mannschaft erzählt, wie viel Angst ich dabei hatte. Hatte ich wirklich, nicht währenddessen, aber danach. Das war haarscharf.«

Der Flugzeugträger HMS Nairana, das Leitschiff der Nairana-Klasse, übernahm im Zweiten Weltkrieg den Schutz von Geleitzügen.

Hans-Werner ist stets für Ehrlichkeit eingestanden. Das Lügen aus egoistischen Gründen hat ihm immer missfallen. »Ich habe oft erlebt, dass sich Kameraden zu Helden stilisieren wollten. Solche Leute, die waren alles, aber das eben nicht. So verhielt sich das auch damals bei dem Angriff auf die *Nairana*. Als wir später wieder in Trondheim landeten, behauptete ein Leutnant, er hätte gesehen, dass mein Torpedo einen der Zerstörer voll erwischt hätte und der untergegangen wäre. Ich konnte das nicht glauben, das hätte ich ja selbst bemerken müssen. Dann entgegnete er mir, er habe ja mit seiner Ju auch einen Zerstörer versenkt, ob ich das denn nicht ebenfalls bemerkt hätte. Da wusste ich, worum es ging. In dieser Zeit geiferten die Piloten nach Auszeichnungen und Anerkennungen. In der Regel konnte damals nach einem Angriff nicht mehr ermittelt werden, was wirklich getroffen oder versenkt wurde. Und da schacherte man sich gegenseitig Treffer zu. Wenn es Zeugen gab, erhielt derjenige, der behauptete, ein Schiff erwischt zu haben, einen fetten Orden. Ein unfassbar feiges und peinliches Spiel. Ich habe da nicht mitgemacht, habe meinem Kameraden gesagt, ich hätte keinen Treffer bemerkt, weder von ihm noch von mir. Dass ich damit richtig lag, sollte sich nach dem Krieg zeigen, denn es stellte sich heraus, dass wir zwar bei dem Angriff sechs eigene Flugzeuge verloren hatten, aber kein einziges alliiertes Schiff beschädigt worden ist. Das habe ich ja dann noch aus erster Hand bestätigt bekommen, als ich auf dem Veteranentreffen war.«

Hans-Werner denkt heute noch oft über den Übermut und die Gier nach Orden bei der Luftwaffe nach. »Ich war ein 22 Jahre alter Oberleutnant damals. Man hat uns viel zugemutet, zu viel vermutlich. Es gab immer wieder Piloten, die Helden spielen wollten. Ich hatte zu der Zeit einen Kameraden, ein befreundeter Leutnant, der hat ständig behauptet, er habe vor nichts Angst, aber ich konnte sehen, wie er abends zitterte, irgendwann sogar einen Tremor entwickelte. Es war klar, dass der draufgehen würde. Das passierte dann auch.«

Die Piloten der Luftwaffe werden vornehmlich am Ende des Krieges auf Befehl Hermann Görings mit massenhaft Cognac und Methamphetaminen versorgt, damit sie der Belastung standhalten. »Ich erinnere mich an diese Sonderrationen von Göring. Teilweise haben wir uns jeden Abend betrunken, manchmal kamen auf einen Piloten vier Flaschen Orangenlikör pro Woche. Ich habe während der Angriffe zum Glück nichts angerührt. Wer wirklich besoffen flog – und es gab welche, die taten das im Vollrausch –, der hatte kaum eine Chance. Vielleicht war das mein Glück, ich habe eine gesunde Vorsicht beibehalten, die ich nicht betäubt habe, und so wurde ich eben nie leichtsinnig.«

Nach weiteren Einsätzen im Nordmeer wird Hans-Werner im Frühjahr 1945 mit Teilen seines Geschwaders nach Dänemark verlegt, um von dort aus mit Jagdflugzeugen Torpedoangriffe auf die alliierte Invasionsflotte in der Deutschen Bucht zu fliegen. Zu diesen Einsätzen kommt es nicht mehr. Der Krieg ist zu Ende. Nach einigen Scharmützeln mit dänischen Widerstandskämpfern, die auf Rache sinnen, überschreitet Hans-Werner mit seiner versprengten Einheit zu Fuß die Grenze zurück nach Deutschland. Bei Flensburg halten ihn die Engländer auf und bringen den Trupp in eine Internierungszone, ein sogenanntes Sperrgebiet. Hier befinden sich bei Hans-Werners Ankunft etwa 200 000 Gefangene. Während die Deutschen in amerikanischer Gefangenschaft die Abkürzung POW erhalten, in französischer PG und in russischer WP (Wojenno plenny), kennzeichnen die Briten ihre Gefangenen mit SEP (Surrendered Enemy Personnel). Auch sie werden nicht nach den Statuten der Genfer Konvention behandelt. Im Gegensatz zu den Gefangenen der anderen Verbündeten aber können sich die SEP frei bewegen. Sie sollen sich unter minimaler britischer Aufsicht selbst verwalten. Die Verpflegung durch die Besatzer ist spärlich, aber ausreichend. Außerdem können die Gefangenen Kontakt zu der in den Zonen lebenden Bevölkerung aufnehmen und erhalten von dieser Unterstützung in allen Bereichen. Insgesamt existieren nach dem Krieg vier große britische Sperrgebiete in Niedersachsen und in Schleswig-Holstein mit einer gesamten Höchstauslastung von etwa einer Million Soldaten. Die Grenzen der Zonen sind nicht durch Zäune oder Stacheldraht gesichert, und die britischen Bewacher beschränken sich auf gelegentliche Kontrollfahrten durch das Gelände.

»Da wurde für alles gesorgt«, erzählt Hans-Werner. »Tanzabende, Alkohol und Mädchen aus der Stadt, die mit uns feierten. Wir Offiziere durften sogar unsere Pistolen behalten.« Die einzige Auflage ist das Entfernen von Hakenkreuzen auf den Uniformen. »Wenn ich mir da später Geschichten aus russischer oder französischer Gefangenschaft angehört habe, da habe ich schnell gemerkt, was für ein Glück wir bei den Briten hatten.«

Hans-Werner wird bereits im August 1945 in die Freiheit entlassen. Der Großteil aller Gefangenen kann noch im Jahr 1945 nach Hause gehen. Einzig hohe Offiziere und Soldaten der Waffen-SS bleiben zur Untersuchung länger und werden teilweise in französische Gefangenschaft überstellt.

Drei Fragen an Hans-Werner

Wie haben Sie die Briten erlebt?
Uns war ja immer eingetrichtert worden, wenn Deutschland den Krieg in der Sowjetunion nicht gewinnen könnte, dass dann die Engländer ein Einsehen haben und sich mit uns verbünden würden – so wie die Amerikaner auch – und wir sozusagen als Brudervölker gemeinsam gegen den Bolschewismus ankämpfen. Möglicherweise wäre das um ein Haar passiert. Ich kann mich

daran erinnern, dass während meiner Gefangenschaft die britischen Offiziere Listen verteilt hatten. Dort stand drauf, dass die gut ausgebildeten deutschen Soldaten im nächsten bevorstehenden Krieg, nämlich gegen die Sowjetunion, gebraucht werden würden, und man versprach uns, wenn wir uns freiwillig meldeten, um mit den Westalliierten die Russen zu bekämpfen, dass wir dann keine Nachteile mehr zu befürchten hätten. Wir sollten also freigelassen werden, um als Piloten für die RAF zu fliegen und zu kämpfen. Klar habe ich das damals unterzeichnet. Aber es kam ja anders. Und ehrlich gesagt, zu dem Zeitpunkt hatten wir Deutsche alle keine Lust mehr. Wir hatten diesen beschissenen Krieg einfach so satt. Man merkte jedoch an den Gesprächen, die die Engländer mit uns geführt haben, dass sie wussten – und er selbst auch, also Churchill –, dass sie es zu weit getrieben hatten mit den Bombardements auf deutsche Städte. Churchill hatte ja keinen Hehl daraus gemacht, dass es ihm nicht um die Nazis gegangen war, sondern dass die RAF einen Kampf gegen die Deutschen geführt hatte, deren starke Wirtschaft das Empire gefährdete. Ich glaube, dass viele britische Piloten noch lange ein schlechtes Gewissen plagte, als ihnen bewusst wurde, dass sie mit ihren Angriffen Hunderttausende Zivilisten, Frauen, Kinder, Hunde und Katzen getötet hatten, aber kaum Soldaten und noch weniger Nazis. Also alles andere als ehrenhafte Leistungen. Es zeichnete sich gegen Kriegsende deutlich ab, dass die Sowjetunion der neue Feind werden würde und dass man Deutschland als Verbündeten gut würde brauchen können. Ich glaube, dass wir deshalb so gut behandelt wurden in britischer Gefangenschaft beziehungsweise überhaupt so früh nach Hause gehen konnten, sofern sich herausgestellt hatte, dass wir einfache Soldaten gewesen waren.

Haben Sie während des Krieges vom Holocaust gewusst?
Ich kannte ja nun aus dem Elternhaus von meinem Vater den Antisemitismus ziemlich genau und wusste, wie gefährlich diese Ideologie ist. Dass aber die Nazis dazu in der Lage sein würden, Juden systematisch umzubringen, das habe ich nicht für möglich gehalten. An so etwas Unmenschliches hat man selbst in den schlimmsten Kriegszeiten nicht gedacht. Als ich 1943 auf der Torpedoschule in Riga war, gab es in der Nähe ein Konzentrationslager. Von dort kamen auch Gefangene zu uns, die irgendwelche Arbeiten erledigten. Ich persönlich hatte engen Kontakt zu so jemandem. Eine junge französische Jüdin, die die Offiziersstuben geputzt hat. Sie erzählte mir, dass es den Juden im Lager dreckig ging, dass es zu wenig zu essen gab, dass Krankheiten ausgebrochen waren. Diese junge Frau tat mir unglaublich leid. Ich habe damals ernsthaft überlegt, ob ich sie in meine Ju setzen sollte und sie nach Deutschland bringen könnte. Ich habe es nicht gemacht, weil sie dort nicht hätte beschützt werden können. Ich hätte sicher anders gehandelt, wenn ich gewusst hätte, dass in Lagern wie Auschwitz, die wir für harte Arbeitslager, aber keine industriellen Massentötungsanstalten hielten, Menschen, die für Arbeit ungeeignet waren, auf schlimmste Art und Weise ermordet wurden. Aber, ich sage es noch mal und ganz ehrlich, so etwas hat während des Krieges keiner von uns für möglich gehalten. Dass Menschen in den Arbeitslagern an Erschöpfung oder Hunger starben, das war mir bewusst. Dass es auch Erschießungen gab, Kriegsverbrechen, auch wenn man darüber selbst nichts erfuhr, nahm jeder an. Gerüchte waren auch im Umlauf. Aber ich muss sagen, das hat man hingenommen. Das Sterben gehörte zum Alltag und zum Krieg. Wir mussten ja ebenfalls hinnehmen, dass unsere Verwandten in deutschen Städten Opfer der Bombenangriffe wurden. Dies alles waren Dinge, gegen die man in dieser Zeit nichts tun konnte. Und da

man auch immer um sein eigenes Leben fürchtete, hat man da besser nicht weiter drüber nachgedacht. Es ist sicherlich ein Selbstschutz gewesen.

Was ärgert Sie, wenn Sie über diese Verbrechen nachdenken?
Neben den feigen Tätern, die das geplant und durchführt haben, muss es Menschen gegeben haben, die etwas von der Vernichtung in den Lagern gewusst haben, die mitgemacht haben oder eingeweiht waren. Ich kann als Pilot zum Beispiel nicht verstehen, dass britische und amerikanische Aufklärer, die nachweislich und mehrfach über Auschwitz geflogen sind, so gar nichts in ihren Berichten erwähnt haben. Der Feind wurde ja genau ausgekundschaftet, und man hat alles minutiös dokumentiert, was er wohin transportiert. Das war für die strategische Kriegsführung von enormer Bedeutung. Es wurden massenweise Bilder aus der Luft gemacht und Haus für Haus ausgespäht. Und von den vielen Zügen, die aus ganz Europa dorthin fuhren in die Tötungslager, das muss man doch gesehen haben aus der Luft. Man hätte auch wissen müssen, dass viel mehr Menschen dorthin gefahren wurden, als dort überhaupt Platz gewesen ist. Und die Krematorien müssen ja andauern gequalmt haben. Da kann der einfache Pilot der Alliierten aber genauso wenig dagegen unternehmen wie der kleine deutsche Soldat, der irgendwie Kenntnis davon bekam. Die standen ja unter Befehlsgewalt. Ich habe mich das immer wieder gefragt, warum hat man die deutschen Zivilisten ausgebombt und nicht daran gedacht, die Schienen zu den Vernichtungslagern zu bombardieren. Ich kann es mir nur so vorstellen, dass es den Feinden egal war, dass es nur darum ging, einen Krieg zu gewinnen. Oder dass es auch bei den Amerikanern und Briten Antisemiten und Rassisten gab und dass das vielleicht kein ausschließlich deutsches Problem gewesen ist.

KARL-FRIEDRICH, JOSEF UND DIE WÜSTENFÜCHSE

Karl-Friedrich (*1923) sagt von sich, er sei sturmfest und erdverwachsen, und zitiert damit aus dem Lied der Niedersachsen. Nie hat er woanders gewohnt als in Hameln. »Die Einwohner hier heißen Hamelunken, nicht Hamelenser, wie viele heute sagen.« Auf Details legt der 94-Jährige wert. Seit sieben Jahren lebt er allein. »Sein Mädchen«, wie er seine Ehefrau nennt, mit der er über 70 Jahre verheiratet gewesen ist, sei leider gegangen, aber er besuche sie täglich an ihrem Grab und bespreche mit ihr die wichtigen Dinge des Alltags. Einsam ist Karl-Friedrich jedoch nicht, das hat er seiner großen Familie zu verdanken, den Enkeln und Urenkeln, die überall auf der Welt verteilt leben. »Ich kriege ständig Anrufe. Alle wollen wissen, wie es mir geht. Manchmal vergesse ich, das Telefon auf die Ladestation zu legen. Wenn ich nicht gleich rangehe, wird irgendjemand aus der Nähe angerufen, der dann vorbeikommt und mich darauf aufmerksam macht, dass ich mein Telefon aufladen muss.«

Karl-Friedrich sitzt vor einer wuchtigen Regalwand mit Dutzenden von eingerahmten Fotos: seine Familie, besonders die Urlaubsziele der letzten 50 Jahre, Bilder von Hameln im Wandel der Zeiten. Auch eine Menge Fotos aus dem Krieg sind darunter: ein Schützengraben in Russland, ein abgeschossener russischer Jagdflieger. Er verweist auf eine schwarz-weiße Fotografie, die ihn in Uniform auf einem Motorrad zeigt. »Ich war Kradmelder in Afrika«, sagt er. »Davon kann ich viel erzählen. Nicht unbedingt die schönste Zeit, aber sie gehört zu mir und dazu, wie ich geworden bin.«

Karl-Friedrich wird im Januar 1923 in Hameln geboren. Er war schon immer der Gemeinschaft zugeneigt, bereits im Kindesalter Mitglied des Roten Kreuzes und der Bündischen Jugend, bis diese nach der Machtübernahme durch die Nationalsozialisten aufgelöst und zwangsweise – mit ihm zusammen – in die Hitlerjugend eingegliedert wurde. »Meine Eltern waren beide Eisenbahner, Beamte, uns ging es gut. Hameln nannte man auch Beamtenstadt.« Karl-Friedrich beobachtet schon als Zehnjähriger seine Umgebung sehr genau. »Ich habe alles mitbekommen. Die Prügeleien in den Straßen und in den Wirtschaften zwischen KPD, Sozialisten und Nazis. Das ging richtig zur Sache, mit Tischen und Stuhlbeinen haben sie sich die Rübe eingehauen. Mein Vater war Kassenleiter vom Bahnhof in Hameln und musste deswegen in die NSDAP eintreten, Ortsgruppe Ost. Auf dem Bückeberg direkt neben der Stadt wurde jedes Jahr das Reichserntedankfest abgehalten. Immer um den 1. Oktober rum.«

Zwischen 1933 und 1937 findet jährlich – nach dem Reichsparteitag in Nürnberg und dem Nationalen Feiertag des Deutschen Volkes am 1. Mai in Berlin – die drittgrößte Massenveranstaltung der NSDAP in Hameln statt, genauer gesagt auf dem fünf Kilometer südlich von der Rattenfängerstadt gelegenen Bückeberg, und hier auf einem 180 000 Quadratmeter großen, damals mit Tausenden Hakenkreuzflaggen geschmückten Wiesengelände. Zuletzt nehmen hier 1,3 Millionen Menschen teil, um die Bedeutung der deutschen Bauernschaft für das Reich zu zelebrieren.

»Da war die komplette Stadt voller Menschen aus dem ganzen Land, von Schleswig-Holstein bis zur Ostmark. Es mussten Notbahnhöfe gebaut werden, über 200 Sonderzüge kamen an. Selbst die Schulen waren dann umgebaut zu Nachtlagern, überall wurden Lebensmittel verkauft. Und natürlich war die ganze Nazi-Prominenz anwesend: Hitler, Goebbels und Reichsbauernführer Walther Darré. Als kleiner Junge habe ich die alle gesehen, hautnah. Ich habe Programmhefte auf der Ehrenbühne verteilt.«

Karl-Friedrich besucht das Gymnasium und ist vor allem, wie auch heute noch, an Sprachen interessiert. »Montagmorgens war bei uns Flaggenparade vor dem Unterricht. In einer Raute mussten sich alle Schüler aufstellen und drei Lieder singen, nachdem der Direktor für Führer, Volk und Vaterland eine Ansprache gehalten hatte: das *Horst-Wessel-Lied,* das *Deutschlandlied* und das *Fahnenlied der Hitlerjugend.* Obwohl ich es nie wieder gesungen habe seit dem Krieg, kann ich den Text wie aus dem Effeff, so was sollte sich einbrennen und das tat es auch.« Karl-Friedrich setzt an:

Jugend! Jugend!
Wir sind der Zukunft Soldaten.
Jugend! Jugend!
...
Uns're Fahne flattert uns voran.
In die Zukunft ziehen wir Mann für Mann
Wir marschieren für Hitler
Durch Nacht und durch Not
Mit der Fahne der Jugend
Für Freiheit und Brot.

...

Der Kriegsausbruch 1939 bereitet Karl-Friedrich Unbehagen, obwohl er sonst nie ein besonders ängstlicher Mensch gewesen sei, sagt er. Aber das Sirenengeheul vor Bombenangriffen ist ihm als Warnung tief im Sinn geblieben. »Ich zucke heute noch zusammen, wenn die Feuerwehr hier einmal in der Woche Probealarme laufen lässt.« Nach dem Abitur absolviert Karl-Friedrich eine Ausbildung zum Autoschlosser, wird danach eingezogen und stößt Mitte 1941 zur Grundausbildung zum Infanterie-Regiment 47 nach Lüneburg, dann zum Marsch-Bataillon nach Northeim. Von da aus geht es für ihn Ende September mit Zügen an die bereits gefürchtete Ostfront.

Als Infanterist kämpft Karl-Friedrich auf der Krim, in der Schlacht um Perekop und Sewastopol. »Wir haben in Ruinen gehaust und tagelang auf Russen geschossen und die auf uns. Viele sind gestorben. Ich wurde im ganzen Krieg nicht verletzt und bin damit wohl eine große Ausnahme geblieben.«

Als im Juli Sewastopol und damit die komplette Krim erobert worden ist, wird Karl-Friedrich einer Sammelkompanie des Infanterie-Regiments 47 zugewiesen mit Marschbefehl Afrika. »Was für ein Glück. Der Krieg da sollte von einem ganz anderen Format sein, und Russland war kalt, nass und blutig. Wir waren Wochen unterwegs, von Simferopol über Lemberg, Krakau, Wien, Belgrad und Saloniki bis Athen und tauschten uns natürlich rege aus über das, was wir vom Afrikafeldzug wussten und was uns wohl erwarten würde beim großen Rommel. In Athen hatten wir einen kurzen Aufenthalt, und ich habe die Akropolis besichtigt und fotografiert. Das Bild hängt da an meiner Wand.«

Karl-Friedrich auf der Akropolis im Sommer 1942

Der erfahrene Kriegsstratege Generalleutnant Erwin Rommel hat schon während des Westfeldzuges erfolgreich die 7. Panzer-Division geführt. Er zählt schnell zu Hitlers Lieblingsgenerälen. Als im Januar 1941 nicht nur die Offensive der mit Deutschland paktierenden Italiener gescheitert ist, durch die das mit Großbritannien verbündete Königreich Ägypten erobert werden soll, sondern die Engländer zusätzlich die italienische Kolonie in Libyen einnehmen, sieht sich Benito Mussolini, der Führer des faschistischen Regimes in Italien, gezwungen, bei Hitler Beistand zu erbitten. Der kommt dem Hilferuf nach und lässt von Rommel den Sperrverband Afrika bilden. Unter dem Decknamen *Sonnenblume* setzen die ersten 8000 Soldaten der Wehrmacht am 11. Februar 1941 nach Tripolis über. Kurz darauf erhalten die deutschen, in Afrika kämpfenden Truppen auf Hitlers Weisung den Namen Deutsches Afrika-Korps (DAK). Im August werden drei italienische Korps ebenfalls unter Rommels Kommando gestellt. Diese bilden zusammen mit dem DAK die Panzerarmee Afrika. Rommels offensive Taktik erweist sich als so begnadet und erfolgreich, dass selbst der Gegner denkt, Deutschland würde der nächste Blitzkrieg nun in Nordafrika gelingen. Weltweit wird in der Presse von Rommel als dem »Wüstenfuchs« geschrieben, der es geschafft hat, in wenigen Wochen die britischen Truppen unter Führung von General Archibald Wavell über 800 Kilometer zurück bis nach Tobruk zu drängen, aus dem die italienische Armee kurz zuvor nahezu kampflos geflüchtet ist. Bei einer derartigen Überhöhung des Gegners ist davon auszugehen, dass vor allem die britische Presse damit versucht, die eigene Unfähigkeit im Wüstenkrieg zu kaschieren. Vor Tobruk aber stoppt der deutsche Vormarsch erstmals für mehrere Wochen. Rommel kann die Stadt nicht einnehmen, im Gegenzug gelingt es den Briten nicht, aus der Festung Tobruk auszubrechen. Im Juni 1942 vollbringt Rommel dann ein weiteres Meisterstück. Er nimmt Tobruk mit ausgeklügelten strategischen Raffinessen und spektakulären Täuschungsmanövern vollständig ein und wird dafür zum Generalfeldmarschall befördert. Und der Wüstenfuchs will jetzt mehr. Sein Ziel, bis ins ägyptische Kairo vorzustoßen, scheitert jedoch in der Schlacht bei el-Alamein. Dort kommt es über Monate zu einer Pattsituation.

In dieser Zeit stößt Karl-Friedrich zum DAK. »Von Athen aus ging über das Mittelmeer mit einer Savoia-Marchetti, einem italienischen Transportflugzeug, bis nach Tobruk.« Das Erste, was Karl-Friedrich in den Sinn kommt, wenn er an seine Ankunft denkt, sind Hunderte in der Wüste liegende italienische Kampffahrzeuge. »Warum repariert die keiner?«, fragt er seinen Vorgesetzten und gibt sich als gelernter Fahrzeugmechaniker zu erkennen.

»Die Briten haben alles vermint«, antwortet der Schirrmeister. »Die Fahrzeuge könnten wir gut gebrauchen, aber da ist nichts zu machen. Es sind ganze Minenfelder drum herum. Bei den Versuchen, sie zu bergen, haben wir Dutzende Männer verloren. Wir lassen das jetzt, aber Mechaniker können wir trotzdem gebrauchen. Komm mal mit.«

Karl-Friedrich erfährt, dass er in einer Kradschützen-Kompanie eingesetzt werden soll, und erhält seinen Seesack mit der typischen Ausrüstung: eine kurze olivgrüne Hose, grüne Kniestrümpfe, braune Marschstiefel und den Tropenhelm. Zum Sturmgepäck gehören Gewehr, Kochgeschirr, Feldflasche und Brotbeutel. Dann lernt er den Fuhrpark kennen. In der Regel wird Karl-Friedrich zur Befehls- und Nachrichtenübermittlung eingesetzt und fährt dann als sogenannter Kradmelder je nach Auftragslage mit einem leichten Krad oder einem Motorradgespann, in dem ein MG-Schütze im Beiwagen Platz hat. Die Fahrzeuge sind sandfarben lackiert. »Meist fuhr ich eine Steyr Daimler Puch, einen österreichischen Zweitakter. Später hieß es aber immer, versucht euch Norton-Motorräder von den Briten zu klauen, die sind besser.« Karl-Friedrich schläft in einem Zelt, in Tobruk besucht er den deutschen und den britischen Friedhof. Zu der Bevölkerung Kontakt aufzunehmen sei strengstens untersagt gewesen, berichtet er von den Eindrücken der ersten Tage. »Gegessen wurde eigentlich immer Knäckebrot, das ich nach dem Krieg nie wieder angefasst habe. Trotzdem war man heiß auf diese Packungen mit dem harten Brot, da in diese Feldpostscheine integriert waren, die man nach Hause schicken konnte. Ach ja, und Käse, den hatten wir noch. Der war so hart, dass ihn die Küchenjungen mit der Axt kleinschlagen mussten. Die Streifen wurden dann verteilt, manchmal kam Hering in Tomatensoße dazu. Wir schmissen alles vermischt in das Kochgeschirr und aßen, weil wir essen mussten.« Dass er aber in der Wüste bei kontinuierlich 40 Grad tagsüber jemals Hunger gehabt habe, daran kann sich Karl-Friedrich nicht erinnern. »Aber Durst, Durst hatten wir immer, ein andauernder Drang. Wir kriegten rationiertes Wasser. Kriegsgefangene mussten mit Eimern tonnenweise Wasser aus dem Hafenbecken von Tobruk schöpfen, das dann gefiltert werden musste und meist in 20-Liter-Kanistern bei uns ankam. Es war dann sauber, schmeckte aber immer noch salzig.« Auch andere Unannehmlichkeiten quälen ihn. »Fliegen, ganze Schwärme, überall. Eigentlich sollten wir unsere Hemden nicht ausziehen wegen des Sonnenbrandes, aber es ging oft nicht anders. Und sobald man sich in die Sonne setzte, hatte man den ganzen Rücken voller Fliegen. Wahrscheinlich haben die unseren Schweiß getrunken. Unser Spieß hat uns jeden Tag antreten lassen und uns persönlich Atebrin-Tabletten gegen Malaria in den Mund gestopft.« Rommel ist Karl-Friedrich bei seinen Einsatzfahrten oft begegnet. »Der war immer und überall mit seinem Befehlswagen unterwegs und oft an vorderster Front unter einfachen Soldaten. Das hat ihm viel Respekt eingebracht.«

Karl-Friedrich als Kradmelder in Afrika

Doch für Rommel läuft es bald nicht mehr. Bereits ab August 1942 muss sich das DAK aufgrund massiver Nachschubprobleme wegen des ressourcenbindenden Kampfes in Russland in Teilen nach Tunesien zurückziehen. Anfang November werden die vorderen Einheiten bei el-Alamein endgültig geschlagen, gleichzeitig landen amerikanische Truppen in Französisch-Nordafrika. Der Krieg wendet sich. Rommel ist danach gezwungen, all seine Truppen bis nach Tunesien zurückzuziehen. Karl-Friedrich erinnert sich an den Rückzug mit dem Infanterie-Regiment 47. »Ich fuhr mit dem Kettenkrad und transportierte ein Abwehrgeschütz auf dem Anhänger. Wir fuhren über die einzige Straße, die es zwischen Tobruk und Tripolis gab: die Via Balbia, etwa 1300 Kilometer an der Küste lang. Von Tripolis ging es noch mal 800 Kilometer weiter bis Tunis. Während des Marsches wurde unser Treck mehrfach von britischen Tiefffliegern bombardiert. Die griffen frontal unsere Kolonne an. Die Soldaten hatten dann nur Minuten oder Sekunden Zeit, sich links und rechts in die Wüste zu flüchten. Lastwagen, Panzer, Geschütze, alles ging in die Luft. Natürlich starben bei jedem Angriff Soldaten. Die einzige kaum effektive Verteidigungsmöglichkeit waren die Maschinengewehre auf den Krads.«

Im November 1942 trifft auch Josef (*1923) in Tunesien ein. Er ist heute 96 Jahre alt und lebt im Westerwald. Mit Sohn und Tochter sitzt er beim Kaffee in seinem Haus in der Ortsgemeinde Staudt. Wie so oft gibt es Nussecken, eine Spezialität der Region. Und die kennt Josef wie seine Westentasche, denn hier, unweit seines jetzigen Hauses, wird er wie Karl-Friedrich im Januar 1923 geboren. Heute darf er sich als ältester männlicher Bewohner der Ortsgemeinde geehrt fühlen. Nur eine Dame hat ein Jahr mehr auf dem Buckel. »Das hat schon was«, sagt Josef. »Man bekommt ja nicht weniger Besuch, sondern mehr, je älter man wird. Zu meinen Geburtstagen kommt selbst der Bürgermeister vorbei. Man merkt schon, dass man etwas Besonderes ist in dem Alter.« Seine Tochter ermahnt Josef zum zweiten Mal, dass er trinken soll. Zögernd greift er nach dem Glas. »Ich vergesse ständig, Wasser zu mir zu nehmen. Viele ältere Leute haben das Problem, aber bei mir hat das auch einen Grund. Und das hat mit meiner Zeit unter Rommel in Afrika zu tun.«

Eingeladen zu einem Gespräch hat Josefs Familie den Vorsitzenden der Reservistenkameradschaft von Montabaur, der Josef als Zeitzeuge und Veteran schon 2013 zu einem Vortrag eingeladen hatte und mit ihm in Kontakt geblieben ist. Josef schlägt ein Fotoalbum auf und erinnert sich: »Mein ältester Bruder war auch in Afrika, er wird aber bis heute vermisst. Bei Tobruk. Ich habe alles versucht, ihn zu finden, immer wieder bei Suchdiensten und beim Roten Kreuz angefragt. Er ist wie vom Erdboden verschwunden.«

Bei der Machtübernahme durch die Nationalsozialisten ist Josef, der Sohn eines Straßenarbeiters, sieben Jahre alt. Mit acht muss er ins Jungvolk eintreten, mit 14 in die Hitlerjugend. 1937 beendet er die Volksschule und arbeitet zunächst als Bergarbeiter in der Region. Als der Krieg ausbricht, denkt Josef wie so viele andere, dass der ganze Rummel nach ein paar Monaten vorbei sein wird und dass vor allem er nichts mehr damit zu haben würde. Doch das NS-Regime braucht bald jeden jungen Mann. So absolviert Josef zwischen September 1941 und März 1942 seinen Reichsarbeitsdienst in Lothringen. Die Gegend hat nach dem Ende des Westfeldzuges und der Niederlage Frankreichs den deutschen Namen Sankt Avold erhalten, ist einem Chef der Zivilverwaltung (CdZ) unterstellt worden und wird zur vollen rechtlichen Eingliederung in das Deutsche Reich vorbereitet. »Wir rissen also da unten die alten Befestigungsanlagen der Maginot-Linie ab, um das Land für die deutsche Wirtschaft

brauchbar zu machen«, erzählt Josef. »Wir haben jeden Tag ge-
schuftet, aber vom Krieg nichts mehr mitbekommen. Ich glaube,
wir waren alle heilfroh, dass wir nicht in Russland kämpften, und
wir hofften auch, dort nicht mehr hinzumüssen.« Doch der Krieg
geht weiter, viel länger, als Hitler ihn geplant hat, und überall
entstehen neue Fronten. Ende April 1942 wird Josef zur Grundausbildung eingezogen und in eine Kaserne nach Wackernheim
bei Mainz kommandiert. Im Flak-Ersatz-Bataillon 66 wird er an
einem 2-cm-Geschütz zum Richtkanonier ausgebildet. Nach har-
tem Drill erhält er drei Monate später den Marschbefehl Richtung Süditalien.

*Josef nach der
Grundausbildung
1942*

»Ich habe aufgeatmet. Russland sollte mir erspart bleiben.« Mit Sonderzügen wird er bis nach Palermo auf Sizilien transportiert, wo er im November 1942 ankommt und von dort nach Tunesien übersetzt. »Also Afrika, zum großen Rommel. Das war weit weg. Ich hatte keine Ahnung, was mich erwarten würde. Bei Nacht und Nebel ging es los, völlig chaotisch. Es hieß immer nur: schnell, schnell! Wir wurden regelrecht auf die Schiffe getrieben, über schmale Holzstege, mussten uns an Seilen voranziehen. Das war so hektisch, dabei sind vor mir und hinter mir Kameraden ins Wasser gefallen. Die hat man auch nicht mehr gerettet, die sind ertrunken. Ich wusste, nun bin ich im Krieg.« Bei Sonnenaufgang erreicht Josefs Schiff die Hafenstadt Bizerta. Es sind noch nicht alle Soldaten von Bord, als bereits ein erster heftiger Fliegerangriff erfolgt. Mehrere alliierte Bomberstaffeln mit bis zu 40 Maschinen werfen ihre tödliche Fracht ab. »Da habe ich schon gedacht, es ist gleich wieder vorbei. Ich habe mich auf den Rücken gelegt und gebetet, dass mich nichts trifft. Überall Explosionen, Schreie und Gebrüll. Irgendwann war es zum Glück vorbei. Die gesamten Kaianlagen waren zerstört und mit Leichen gepflastert. Aber ich lebte.«

Josef wird mit dem Zug nach Tunis verlegt, das die Achsenmächte, die zu diesem Zeitpunkt etwa 300 000 deutsche und italienische Soldaten dort zusammengezogen haben, nach Hitlers ausdrücklichen Befehl unbedingt halten sollen. In einem Sammellager erhält Josef seine Tropenuniform und wird als Richtschütze dem Infanterie-Regiment 47 zugewiesen, in dem zu der Zeit auch der gleichaltrige Hamelunke Karl-Friedrich Krad fährt. Als erster Kanonier bedient Josef eine Vierlingsflak und soll Truppen und Panzer vor alliierten Luftangriffen auf Tunis schützen. »Ich konnte Flugzeuge auf zwei Kilometer abwehren. Bei einem Angriff habe ich drei Flieger abgeschossen. Die schwirrten ab, man hörte einen lauten Knall, sah dann eine Staubwolke, die Stichflamme und zuletzt schwarzen Rauch in den Himmel ziehen.«

In den nächsten Wochen erlebt Josef erbitterte Kämpfe mit den alliierten Angreifern, aber auch die Hitze und der Durst setzen ihm gewaltig zu. »Da es keine Kühlmöglichkeiten gab, wurde die Verpflegung teilweise tief in den Boden eingegraben. Tunesische Bauern verkauften uns Eier.« Josef überlegt und erinnert sich dann an das arabische Wort: »Adam, genau.«

Nach heftigen Kämpfen schrumpft das vom DAK kontrollierte Gebiet immer mehr zusammen. Die Tieffüge der mit Bord-MGs feuernden Spitfires und Mosquitos werden zahlreicher und überraschender, sodass es Josef nicht immer bis zu seinem Geschütz schafft. Er schmeißt sich dann unter Fahrzeuge und hofft, dass ihn kein Splitter trifft. »Das war jedes Mal brandgefährlich. Einmal lag ich nach so einem Angriff unter einem der großen Panzer und habe nicht gemerkt, dass der schon wieder losfahren wollte. Zum Glück hat mich noch jemand entdeckt und dem Panzerkommandanten ein Zeichen gegeben. In letzter Sekunde.«

Die zunehmenden und immer verlustreicher verlaufenden Angriffe auf Tunesien beobachtet auch Karl-Friedrich mit Sorge. Als er sieht, wie ein deutscher Flieger, eine deutsche Messerschmitt Me 109, von einer Spitfire abgeschossen wird, schmeißt er sich auf sein Motorrad. »Die Kabine war abgesprengt worden, und die Maschine torkelte gen Boden. Ich wusste, der stürzt in der Wüste ab. Tat er auch. Ich habe die Explosion gesehen. Wir sind hingefahren und haben überall nach dem Piloten gesucht. Hatte er es mit dem Fallschirm noch rausgeschafft? Ich hoffte es, fand aber dann ein paar Körperteile. An einer einzelnen Hand steckte noch der Ehering. Das war grotesk anzusehen. Der junge Feldwebel hatte wenige Wochen zuvor geheiratet, wie ich später erfuhr.« Überhaupt habe er viele Tote gefunden, und das seien Bilder gewesen, die unter die Haut gingen. »Wenn man nicht helfen kann«, sagt er. »Da liegt ein Kamerad im Sand, blutüberströmt, frierend in der Wüste; man weiß, dass er stirbt, und seine letzte Bitte, die er an dich richtet, ist, dass du seiner Mutter bitte nicht sagen sollst, wie er gestorben ist.«

An einen einzigen behaglichen Augenblick erinnert sich Karl-Friedrich während seiner Wüstenzeit. Er steht langsam auf, nimmt ein gerahmtes Foto von der Regalwand und schaut sich die Aufnahme mit einem Lächeln auf den Lippen an. Silvester 1942 hat er das Bild geschossen. »Ich hatte einen kleinen Apparat und zwei Filmrollen, musste also auf die richtigen Momente warten. Das hier war so einer. Wir waren im Hafen von Bengasi, zehn Kilometer vor Tripolis, an dem von den Italienern errichteten Triumphbogen Arco dei Fileni. Eine friedliche, sternenklare Nacht. Da schossen Kameraden Leuchtkugeln in die Luft, wir feierten das neue Jahr und erhofften uns dafür Frieden.«

Im zweiten Monat des neuen Jahres 1943 wird Karl-Friedrich krank. Mit Diphtherie fährt man ihn von Tunis aus bis in ein Kriegslazarett in Karthago, das in einem ehemaligen Kloster aufgebaut worden ist. Es wird bewacht von afrikanischen Freiwilligen, die im Dienste der Wehrmacht stehen. Anfang Mai scheint die Kapitulation unmittelbar bevorzustehen. Der Stabsarzt des Lazaretts stellt eine Rotkreuz-Flagge vor die Klostermauern. »Erst kamen die Amerikaner mit Panzern angefahren und haben gejubelt. Die waren gut drauf, und wir Verwundete waren ja unbewaffnet. Die Amis haben uns Kekse und Zigaretten da gelassen und sind weitergefahren. Wir wussten nun gar nicht mehr, was wir tun sollten. Drei Tage später kam dann eine englische Einheit und umstellte das Lazarett. Da stand dann plötzlich ein rothaariger Bulle von einem Mann vor unseren Liegen. Ein Ire. Ich erinnere mich an seine Worte: *Gentlemen. I am sorry, you are my prisoners now.* Das war am 8. Mai 1943 um 11:30 Uhr. Ich bin exakt zwei Jahre auf Tag und Stunde genau vor der Kapitulation 1945 verhaftet worden, in einem Kloster in Karthago.«

Josef wird fünf Tage später gefangen genommen, am letzten Tag der Kämpfe des DAK überhaupt. Anfang Mai haben sich die restlichen Soldaten der Panzerarmee Afrika auf die Halbinsel Kap Bon zurückgezogen in der Hoffnung, von dort aus evakuiert zu werden. Doch Hitler untersagt das, obwohl er die Soldaten dringend auf dem europäischen Festland gebrauchen könnte. Daraufhin kapitulieren am 13. Mai 1943 um 13:45 Uhr über 232 000 deutsche und italienische Soldaten vor den Briten. In Deutschland nimmt man die Nachricht mit Entsetzen auf. Die zweite große Niederlage. Eine Schmach. Der Verlust ist so erheblich, dass man überall im Reich nach der Niederlage von Stalingrad nun von der Katastrophe von »Tunisgrad« spricht.

Die Gefangenen müssen tagelang in verschiedenen Trecks durch die Wüste laufen. Josef kommt bis zur spanisch-marokkanischen Grenze. Viele Soldaten fallen vor Schwäche um. Es ist nicht genug Wasser da. »Ich erinnere mich an ein Dorf, durch das wir kamen«, sagt Josef. »Da waren Viehtonnen mit Wasser. Ein wachhabender französischer Soldat rief uns zu: *Hier sauft ihr deutschen Soldaten, so viel ihr wollt!*« Ein Feldwebel habe versucht, die halb verdursteten Soldaten zurückzupfeifen, habe ihnen zugerufen, dass das Wasser verseucht sei und die Franzosen sie nur in den Tod locken wollen. Josef widersteht. Viele seiner Kameraden, die es nicht ausgehalten und unter den hämischen Blicken französischer Soldaten wie eben Vieh aus den Tonnen getrunken haben, sterben später im Gefangenenlager unter qualvollen Schmerzen. Sie infizieren sich mit Malaria und Diphtherie. »Das ist der Grund«, sagt Josef. »Seitdem vergesse ich, Wasser zu trinken, obwohl ich weiß, dass ich muss und dass das Wasser hier und jetzt sauber ist. Und wenn mich meine Kinder darauf hinweisen, dann tue ich das auch. Es hängt irgendwie damit zusammen, dass ich das als Gefahr ansehe. Ich habe erfahren, dass Wasser auch tödlich sein kann, und war selbst nur ein paar Schritte vom Tod entfernt.«

Die Gefangenen marschieren, stolpern weiter durch den Wüstensand. Hin und wieder motivieren sie sich, indem sie ihr Afrikakorps-Lied anstimmen, das natürlich gar nicht mehr passt, denn sie haben den Feldzug verloren:

Es rasseln die Ketten,
Es dröhnt der Motor,
Panzer rollen in Afrika vor,
Heiß über Afrikas Boden die Sonne glüht,
Unsere Panzermotoren singen ihr Lied,
Deutsche Panzer im Wüstensand,
Stehen im Kampf gegen Engeland.

Im marokkanischen Gefangenenlager mit etwa 20000 Soldaten, in das Josef gebracht wird, herrschen katastrophale hygienische Zustände. Viele Männer bekommen hohes Fieber, und noch immer sterben Menschen, obwohl das Rote Kreuz wohl das Schlimmste verhindern kann. Trotz allem müssen sich die Soldaten langwierigen Verhören unterziehen, bevor sie vom französisch-besetzten Hafen in Oran auf Schiffe verladen werden. An die Überfahrt denkt Josef mit gemischten Gefühlen zurück. »Es war schon faszinierend, in der Morgenröte durch die Meerenge von Gibraltar zu schippern. Ich hatte gehofft, dass alles gut wird, und war optimistisch. Andere haben das nicht so gesehen. Einige Kameraden sind einfach von Bord gesprungen und haben sich umgebracht. Das führte dazu, dass wir bald kaum noch an Deck kamen. Mit den weißen Soldaten hatten wir keinen Kontakt, die waren sehr reserviert. Die Schwarzen, die auf uns aufpassten, waren meist freundlich, haben uns sogar ab und an Zigaretten geschenkt.«

Karl-Friedrich wird von seinem Lazarett aus Karthago mit den übrigen Verwundeten per Lkw und Zug zur tunesisch-algerischen

Grenze in die Stadt Bone (Annaba) transportiert. Dort bringt man die deutschen Soldaten in einem gewaltigen Gefangenenlager unter freiem Himmel unter, wo sie verhört werden. »Aber da der Krieg noch nicht aus war, sagten wir alle nichts. Das heißt, wir mussten ja was sagen. So wie ich das mitbekommen habe, haben die englischen Offiziere, die uns da mit Dolmetschern interviewten, von jedem aber nur gehört, er sei lediglich als Träger in einer Wassertransportkompanie gewesen. Ein letzter Widerstand.«

Während des Afrikafeldzuges verlieren aufseiten der Panzerarmee 18594 deutsche und 22341 italienische Soldaten ihr Leben. 2550 Panzer werden zerstört oder zurückgelassen und 8000 Flugzeuge abgeschossen. Aufseiten der Alliierten fallen 35478 britische, 2715 amerikanische und 16000 französische Soldaten.

Vom Lager Bone aus wird Karl-Friedrich mit dem Schiff ins algerische Oran gebracht und kommt dort in das Gefangenenlager, in dem auch Josef zu dieser Zeit sitzt. Das Lager liegt mitten in der Wüste, und es kommt immer wieder zu heftigen Sandstürmen. »Soldaten haben versucht, sich in leeren Essenstonnen zu verstecken und sich wegwehen zu lassen. Einige haben es wohl geschafft, aber was sollte das noch?«

Auch Karl-Friedrich wird von Oran aus mit einem Schiff in die USA gebracht. Möglicherweise im gleichen Geleitzug wie Josef. Beide berichten von versuchten deutschen U-Boot-Angriffen auf den Zug. Karl-Friedrich liegt auf einem Schiff der Liberty-Klasse, einem 7000-Tonner. Die Überfahrt dauert 24 Tage. Karl-Friedrich muss nicht unter Deck. Er erlebt die Reise meist unter freiem Himmel, genießt das gute Wetter, beobachtet Delphine und Fliegende Fische. »Die See war fast immer glatt. Man hielt es gut aus – sieht man vom Essen ab. Zweimal am Tag *Meat and Beans* mit Tomatensauce, die kamen unverdaut wieder raus. Leider gab es auch keine Waschmöglichkeiten und keine Toilette. Wer musste,

Josef (links) in amerikanischer Kriegsgefangenschaft

musste es von der Reling aus ins Meer tun. Man ging besser nicht, wenn etwas Wind aufkam.«

Karl-Friedrich landet in Norfolk. Jeweils bis zu 600 Soldaten aus drei Schiffen gehen hier von Bord, kommen in Quarantäne und werden mit dem Insektizid DDT (Dichlordiphenyltrichlorethan) desinfiziert. »Ich habe mich gewundert, dass die amerikanische Soldaten, die uns registrierten und uns Gefangenennummern zuwiesen, genauso gut deutsch sprachen wie wir. Sie hatten wohl in Deutschland gelebt. Ich vermute, es waren Juden. Sie verhielten sich freundlich. Das kann man heute kaum verstehen. Einer zog mich etwas auf, als ich ihm sagte, wo ich her kam: *Ach dann bist du also der Rattenfänger von Hameln.*«

Drei Tage fährt Karl-Friedrich mit bewachten, sogenannten Pullman-Limousinen nach Louisiana. »Unser Lager hieß Livingston. Kurz vor uns waren noch japanische Gefangene da, die mussten raus, als wir kamen. Irgendwie ein bizarrer Moment. Da sind wir Deutsche in den USA und finden überall japanische Bücher und Briefe oder asiatische Holzlatschen. Insgesamt waren wir 2500 deutsche Gefangene, aufgeteilt in 20 Kompanien, getrennt durch Gitter und Stacheldraht, bewacht von Soldaten auf Türmen, mit Maschinengewehren und Beleuchtung in der Nacht. Also wir waren in *Cages* untergebracht, nach Rang geordnet. Ich wurde zu den Landsern gesteckt, war ja immer nur Gefreiter geblieben.«

Karl-Friedrich wundert sich über die Freiheit, die er im Lager genießen kann. Es gibt fließendes Wasser, und die Gefangenen können sich selbst versorgen. »Wir haben alles angefordert und bestellt, was ging, sogar Zutaten für deutsche Küche. Ein paar Köche waren ja unter uns. So haben wir uns eben Kotelett, Buletten und Kartoffelsalat zubereiten lassen. Wir erhielten auf Wunsch Baumaterial, um uns eine Kirche zu bauen, und junge amerikanische Christen lieferten uns Musikinstrumente. Es gab ein Handballfeld. Wer wollte, konnte zum Zahnarzt oder Arzt. Da waren richtig gute Ärzte. Einer von uns hat sich sogar einen Granatsplitter aus dem Kopf entfernen lassen. Klar, die haben

Karl-Friedrich (unten rechts) in amerikanischer Kriegsgefangenschaft

auch an uns geübt für den Kriegseinsatz. Da wurden Sanitätssoldaten ausgebildet. Es gab aber natürlich keine Menschenversuche oder so. Alles freiwillig.«

Im Gegensatz zu den Offizieren müssen die Landser arbeiten. Karl-Friedrich wird jeden Morgen abgeholt, dann geht es zum

Baumwollepflücken, Zuckerrohrschlagen, Klapperschlangen-
oder Stinktierfangen.»Musste man sich dran gewöhnen, aber so
hat man wenigstens was erlebt. Den Schlangen wurde gleich die
Haut abgezogen, die sahen dann aus wie Aale. Die Einheimischen
haben die mitgenommen, in Töpfe geschmissen, gekocht und gegessen. Worüber ich damals lange nachgedacht habe, war der
Satz eines Wachmanns, dass die Schlangen erst in der Nacht sterben würden. Ich hätte mich gerne mal mit der dort lebenden
schwarzen Bevölkerung unterhalten. Sie sprachen Französisch
untereinander. Das konnte ich. Aber Kontakt war verboten. Die
Arbeitskolonnen wurden streng bewacht, weil immer wieder Gefangene abgehauen sind. Die hat man dann noch eine Zeit lang
gesucht mit so kleinen Luftschiffen, die sie *Blimps* nannten. Aber
die Ausreißer sind meist weg gewesen, haben vielleicht ihr Glück
in den USA gefunden.«

Mehr Spaß als das Fangen von Schlangen macht Karl-Friedrich dann die Arbeit in einem Kraftfahrzeugpark.»Ich war ja ein
guter Mechaniker. Die Amerikaner haben alle möglichen Fahrzeuge der Wehrmacht über den Teich verfrachtet, die wir wieder
aufarbeiten sollten, damit sie dann der US-Armee zur Verfügung
gestellt werden konnten. Weil der Krieg aber noch nicht aus war,
haben viele Deutsche, die dort arbeiteten, sabotiert, die Zylinder
mit Sand zugeschüttet oder so was. Bestraft wurde dafür niemand. Überhaupt hatte ich das Gefühl, dass die Amerikaner vor
uns, den Soldaten des Afrikakorps, großen Respekt hatten, teilweise sogar Angst; deshalb trauten sie sich nur in Gruppen an uns
ran und haben dann ganz vorsichtig mit uns geredet. Sie sagten
immer, die Gefangenen, die später aus der Normandie in unser
Lager kamen, seien Nazis, aber wir aus Afrika seien die Super-Na-
zis. Und das meinten sie als Kompliment.«

Irgendwann nach Ende des Krieges seien ihnen dann in einem
Freilichtkino die KZ-Filme gezeigt worden.»Wer sie nicht sehen

wollte, bekam nichts zu essen. Also hat sie jeder geschaut. Keiner hat geglaubt, dass diese dürren weißen Körper, die wir sahen, echte Leichen waren. Wir hielten das für inszeniert. Nicht einer hat das geglaubt. Aber die Amerikaner haben uns dazu erzählt, dass das Juden sind, die von Deutschen ermordet worden wären. Das habe ich einfach nicht für möglich gehalten und dachte sprichwörtlich, ich sei jetzt in einem falschen Film. Die Amerikaner drehten da aber durch, veranstalteten anschließend Seminare, in denen uns Pädagogen umerziehen sollten. Amerikanische Priester kamen in unsere Kirche, predigten, um uns wieder zum Glauben zurückzuführen. Irgendwann war das dann schon erschreckend. Ich habe das hingenommen, ohne dem Ganzen tieferen Glauben zu schenken. Von den Vergasungen in Auschwitz hat man da allerdings auch nie etwas gehört. In den ganzen drei Jahren nicht, in denen ich in Gefangenschaft war, auch nicht von dem Ausmaß der Morde in den KZs. Das haben wir erst erfahren, als wir zu Hause waren; da wurde es bittere Realität, und wir konnten uns dagegen nicht mehr wehren und es als Propaganda abtun und verdrängen. Während der Gefangenschaft konnte man sich kaum mit der Familie zu Hause austauschen. Die Feldpost wurde überwacht. Einmal im Monat gab es die Möglichkeit, ein paar Zeilen zu schreiben, aber da war wirklich kaum Platz auf dem Papier. Manchmal konnte man nur ankreuzen, ob man verletzt ist oder krank ist oder eben gesund. Es konnte bis zu einem halben Jahr dauern, bis ein Brief ankam. Erst wurde die Post in den USA kontrolliert, sortiert und zensiert, dann in der Schweiz und zuletzt noch einmal in Deutschland. Das Gleiche auf dem Rückweg.«

Wiederum steht Karl-Friedrich auf und geht zu seiner Regalwand. Aus einem Mäppchen entnimmt er ein Foto, das ihn mit zwei Kameraden im Gefangenenlager zeigt. »Das bin ich mit zwei Mitinsassen, haben wir nach Hause geschickt. Fotos durfte man senden. Das war ein Highlight sozusagen. Ansonsten waren wir abgeschottet, wir wussten auch nicht, wie der Krieg verlief. Nicht mal von der Landung in der Normandie haben wir etwas erfahren. Nur eben, dass der Krieg aus war, und dann diese schrecklichen Filme.«

Anfang 1946 wird Karl-Friedrich aus der Gefangenschaft entlassen und über New York ausgeschifft. Da dort gerade die Dockarbeiter streiken, hat er die Möglichkeit, sich ein paar Tage als freier Mann umzuschauen. Er sieht die gigantischen Wolkenkratzer, lernt Hamburger, Hotdogs und amerikanische Cola kennen und schätzen. Etwas enttäuscht ist er kurz darauf, als er merkt, dass es für ihn doch nicht nach Hause geht, sondern dass er für weitere zwei Jahre in französische Gefangenschaft kommt. »Aber da konnte ich dann frei französisch sprechen. Ich war in einem Lager im Département Haute-Garonne. Man konnte sich dort auch für die Fremdenlegion melden für gutes Geld, aber ich hatte vom Krieg genug. Ich wollte auf dem Land arbeiten und kam zuerst nach Toulouse. Zu siebt haben wir später über eine längere Zeit bei einem Bauern in dem Ort Saint-Pierre gewohnt und ihm geholfen, wo wir gebraucht wurden. Er war vorher Kriegsgefangener in Deutschland. Seine Frau hatte daher am Anfang schreckliche Angst vor uns. Als sie mich das erste Mal sah, hat sie ihren kleinen Jungen auf den Arm genommen und dachte wirklich, dass ich dem Kind was tun könnte. Das war natürlich absurd, aber ich verstand das, denn wir redeten später viel und da, wo ich lebte, von dort war es nicht weit bis Oradour. Da hatte die Waffen-SS ein schlimmes Verbrechen begangen, Zivilisten in eine Kirche gesperrt und sie umgebracht, das hatte sich natürlich herumgesprochen und dort waren Leute aus der Region umgekommen. Es war also ganz klar, dass die Franzosen vor uns, den besiegten Siegern, wie sie sagten, Angst hatten. Das saß tief.«

Durch ernste Gespräche mit ihren deutschen Arbeitern können viele französischen Bauern Vorurteile abbauen. Bald merken sie, dass ein Unterschied besteht, dass es nicht nur schlechte Deutsche gibt, sondern auch aufrechte und ehrliche. So wie Charlie einer ist, so nennen sie nämlich Karl-Friedrich. »Ich gehörte zur Familie, habe mit ihnen am Tisch gegessen und viel gelernt über die Sprache, die Leute und die Landwirtschaft.«

Nach dem Krieg hat Karl-Friedrich seine französische Familie noch zweimal besucht. »Das erste Mal 1969 im Jahr der Mondlandung. Ich wollte meiner Frau, meinem Mädchen, das alles zeigen. Eine richtige Adresse gab es nicht, also nicht, als ich da war nach dem Krieg, und so musste ich lange suchen. Wir sind mit dem Motorrad gefahren, und dabei kam mir meine Erfahrung als Kradfahrer ganz gut gelegen. Als ich dann auf den Hof kam, rief die Frau meines Freundes, die, die beim ersten Mal so viel Angst vor mir hatte: *Charlie, bist du wieder zurück?* Als wäre ich eben erst weggewesen. Wir weinten beide, lagen uns in den Armen, und dann hat sie mir Kartoffeln gemacht, weil sie noch wusste, wie sehr ich die liebte.«

Danach hat Karl-Friedrich zu seiner französischen Gastfamilie brieflich Kontakt gehalten, auch zu deren Nachkommen. Vor einigen Jahren ist er noch mal mit seinem Schwiegersohn unten gewesen. Nun aber geht das körperlich nicht mehr.

Zwei Fragen an Josef

Wie ist es Ihnen in Amerika ergangen?
Nach der Ankunft in New York bin ich mit dem Zug ins Camp Gruber nach Oklahoma gekommen. Dort war alles sauber, unsere Baracken fast gemütlich. Wir bekamen dieselbe Verpflegung wie die amerikanischen Soldaten, die nebenan in Kasernen wohnten.

Sport und Arbeiten wurden uns im Camp freigestellt. Ich habe mich jedoch dafür entschlossen, sonst wäre es zu langweilig geworden. Erst habe ich im Offizierskasino gearbeitet, ich erinnere mich, dass es dort immer Apfelsinen gab. Im Anschluss war ich bei einem Arbeitskommando in einer Kfz-Werkstatt, hier wurden amerikanische Militärfahrzeuge repariert. Nach der jeweiligen Reparatur musste ich die Fahrzeuge zur Probe fahren. Tja, und auch wir mussten diese KZ-Filme sehen. Unter den Gefangenen gab es im Saal einen richtigen Aufruhr. Die pfiffen, fluchten und riefen:»Pfui!«Ich auch. Wir dachten, sie wollten uns mit Propagandafilmen schikanieren. Keiner von uns hat von Vergasungen oder Massenmorden gewusst. Das wurde in verschiedenen Gesprächen mit den Mitgefangenen bekräftigt. Auch wenn die Zeit in den USA erträglich war, erinnere ich mich an ständiges, schmerzendes Heimweh. Ende 1945 sprach sich herum, dass ausgewählte Berufsgruppen zum Aufbau zurück nach Europa konnten. Ich habe mich als Bergmann zu erkennen gegeben und hatte somit Glück. Bereits im März 1946 war ich wieder zu Hause bei meiner geliebten Familie. Ich hatte es überstanden. Nur langsam habe ich all das, was ich erlebt habe, und das, was man noch erfuhr, aufgearbeitet. Die Morde an den Juden konnte ich wie alle anderen nicht begreifen, es tat weh und tut es immer noch. Ich habe in meiner Jugend auch nichts von den Maßnahmen gegen Juden mitbekommen, vielleicht war mein Heimatort zu klein. Juden kannte ich nur als freundliche Stoff- oder Viehhändler, die durch Staudt zogen.

Verfolgen Sie die heutige Politik? Gibt es etwas in der Gesellschaft, das Sie besorgt?
Ich glaube, dass meine Generation eine beispiellose, fürchterliche Zeit durchgemacht hat. Nach dem Zweiten Weltkrieg hörte man aus allen Ecken:»Nie wieder Krieg.«Der Respekt vor mo-

dernen Waffen wie den Atombomben konnte uns lange vor neuen, weltumspannenden Eskalationen bewahren. Die Gefahr eines nächsten, großen Krieges bleibt aber immer bestehen, und meines Erachtens, wenn man die derzeitigen Spannungen im In- und Ausland betrachtet, steigt sie in den letzten Jahren kontinuierlich an. Handelskriege, Einschüchterungen oder steigende Militärausgaben sind erste Anzeichen für neue Kriege, die besorgniserregend sind. Mir ist bewusst, dass in den Schulen der Zweite Weltkrieg behandelt wird. Ich bezweifle jedoch, dass die Kriegsschrecken, die wir erlebt haben, im Unterricht vermittelt werden können. Auch bezweifele ich, dass die heutige junge Generation die richtigen Lehren aus all dem gezogen hat. Ich habe Angst, dass sie eine ähnlich schreckliche Erfahrung wie wir noch machen wird.

Zwei Fragen an Karl-Friedrich

Sie sagen, Sie haben alles genau beobachtet in Hameln. Ist Ihnen nichts aufgefallen von den Abscheulichkeiten der Nazis?
Viele Veränderungen habe ich bemerkt, aber ob ich sie richtig deuten konnte? Ich glaube nicht. In der Schule haben sie uns eingetrichtert, dass wir die allen überlegene Superrasse sind, ja. Ein Halbjude, der Emil, war in unserer Klasse. Eines Tages war er weg. Unser Lehrer sagte, Emil sei mit seinen Großeltern nach Amerika ausgewandert, die hatten bei uns in Hameln ein Haushaltswarengeschäft. Mir war klar, dass das damit zusammenhing, dass die Nazis Juden als minderwertig betrachteten. Nachdem der Krieg aus war, kam Emil wieder zurück und grüßte, als sei inzwischen gar nichts passiert. Seine Tochter ist heute Lehrerin hier. Und da war noch ein Jude, der Herr Birnbaum, der betrieb einen Altmetallhandel. Wir von der HJ haben Metall gesammelt

und ihm das mit Handwagen gebracht und uns ein bisschen Geld verdient. Herr Birnbaum war gegen Ende der 30er-Jahre auch weg. Der kam nie zurück; soweit ich heute weiß, ist er in einem KZ umgekommen. Und so erfuhr man damals eben nur, dass die Juden freiwillig weggingen, auswanderten oder weggebracht wurden zum Arbeitseinsatz für den Krieg. Der jüdische Arzt, den ich kannte, der durfte seine Praxis nicht mehr führen, das war ungefähr ab 1934. Doktor Katzenstein hieß der, ein freundlicher, hilfsbereiter Mann. Er hat auch weiter geholfen, den Armen im Ort. Er hat sie untersucht und dann Ratschläge gegeben. So was wie: Versuchen Sie mal dieses oder jenes Medikament bei einem deutschen Kollegen zu kriegen, das hilft Ihnen! Ich denke, dass auch meine Eltern nichts davon gewusst haben, dass die Juden getötet wurden. Ich habe sie einmal laut streiten hören. Meine Mutter war völlig aufgelöst, als zwei Menschen aus Hameln abgeholt wurden. Ein behindertes Nachbarsmädchen und ein verwirrter, älterer Kriegsveteran, der im Ort immer Kippenstummel gesammelt hatte. Die wurden Euthanasie-Opfer, und das hatte sich rumgesprochen. Damals habe ich aber auch das nicht verstanden. Meine Eltern haben mir das nach dem Krieg alles erklärt.

Bei so viel Erfahrung. Haben Sie Tipps an die Jugend?
Wie nehmen Sie unsere Gesellschaft wahr?
Es geht alles so schnell heute. Vieles scheint mir oberflächlich geworden zu sein. Für uns alte Menschen verliert die Gesellschaft den Blick. Im Supermarkt komme ich alleine nicht mehr zurecht. Es ist zu unübersichtlich, aber helfen tun die jungen Leute eher nicht. So etwas war früher selbstverständlich. Ich kriege bei meinen sehr lieben Enkeln mit, dass sie ständig mit ihren Handys und mit dem Internet beschäftigt sind. Wer kontrolliert, was sie da tun? Laufen sie nicht Gefahr, auf Propaganda hereinzufallen? Das müsste doch heute noch viel einfacher gehen bei all den tech-

nischen Möglichkeiten. Und mir gefällt nicht, dass die Sprache so verfällt. Es wird immer mehr Englisch geredet, eine eher oberflächliche Sprache. Vielleicht sollte man in der Schule mal wieder Gedichte lernen, so wie wir früher. Der Sprachverfall macht mir Angst, das Internet und natürlich ein möglicher neuer Krieg, wenn man vergessen hat, was Krieg wirklich bedeutet. Ich versuche ja, mit meinen Enkeln darüber zu sprechen, aber man kann all das so schwer erklären, wenn so viel Zeit vergangen ist, so viele Jahrzehnte dazwischenliegen. Im Grunde müssen sie ihren Weg selbst finden, sie sollten aber auf jeden Fall ihr Leben genießen und positiv denken. Das hat mir immer am meisten geholfen.

Karl-Friedrich verstarb 2019 im Alter von 96 Jahren.

FRITZ UND DAS VERLANGEN NACH ERDNÜSSEN

»Isch kumm met däm Erdnussfoder effe net mieh hingerdren«, sagt Fritz (*1923) in seiner scharfen und schnellen rheinischen Mundart. Der 92-Jährige sitzt in einem bequemen blauen Trainingsanzug auf einem grünen Sessel und sortiert die vor ihm auf einem Beistelltischchen liegende Post. Er zieht zwei Tütchen aus einem gepolsterten Umschlag, der mit amerikanischer Flagge und der Aufschrift *Air Mail* bedruckt ist, hält sie sich dicht vor die Augen und liest: »Honey-Peanuts.« Er lacht laut. »Dat jit et ija net. Der sein us Hunnich.«

Seit 2000 bekommt Fritz, der in einem Haus in Nideggen am Rande der Eifel wohnt, regelmäßig Post aus den USA. »Für die Amerikaner bin ich so etwas wie eine Legende. Mir schreiben alte Veteranen, Lehrer, aber auch ganz junge Menschen, die von mir gelesen haben. Ich versuche, alles zu beantworten, auch wenn das etwas dauert. Fast immer wünschen sie sich Autogramme vom alten Peanuts Fritz.« Seinen Kosenamen hat er in den vergangenen Jahren lieb gewonnen. »Irgendwie meinen alle, ich hätte damals, im Frühjahr 1944, das erste Mal Erdnüsse gesehen. Das stimmt natürlich nicht.« Fritz schiebt die Post beiseite und steht langsam auf. Ein Stöhnen unterdrückt er, während er sich auf seinem Spazierstock abstützt, langsam aufsteht und dann hinüber zum Esstisch läuft. Mit der freien Hand stabilisiert er die Taille. Der Schmerz rühre aber vom Alter her, sagt er. Mit den vielen Granatsplittern, die in seinem Körper drinsteckten, habe das nichts zu tun. Helfen lassen tut sich Fritz nur, wenn es gar nicht anders geht. Seit seine geliebte Frau Maria 2012 verstarb, lebt der Senior alleine. Die Nachbarn kümmern sich aber um den berühmtesten Mann im Ort, und auch ein Pflegedienst kommt regelmäßig. Verwandtschaft und Freude lassen sich turnusmäßig und gerne zum Kaffee einladen oder schauen spontan vorbei. Fritz liebt die Kommunikation und nutzt dafür alle Möglichkeiten. An seinem Esstisch setzt er sich und blickt auf sein Smartphone. »Neues amerikanisches Modell, hat mir mein Enkelsohn geschenkt«, sagt Fritz und lächelt verschmitzt. »Der hat mir immer gut zugehört. Deswegen meinte er wohl, das Gerät könne hierzu passen.« Fritz nimmt eine Handgranate von der Fensterbank. »Ist nicht echt, aber auch amerikanisch. Wir hatten damals meistens Stielhandgranaten.« Fritz drückt auf den Knopf des Bluetooth-Lautsprechers, bis eine blaue LED-Anzeige aufleuchtet. Dann wischt er mit dem Zeigefinger auf dem Display seines Telefons und wählt gekonnt einen Ordner mit Musikstücken an. Er lehnt sich zurück und singt inbrünstig mit:

Vor der Kaserne, vor dem großen Tor
Stand eine Laterne
Und steht sie noch davor
So woll'n wir uns da wiedersehn
Bei der Laterne woll'n wir stehn
Wie einst Lili Marleen
Wie einst Lili Marleen ...

Fritz' Augen glänzen, er zeigt abwechselnd auf das Telefon und auf die Plastikhandgranate. »Wenn ich da draufdrücke, geht das dort an. Unglaublich. Und zwar alle meine Lieblingslieder hat das Teil.« Entspannt schließt er für einen Moment die Augen. »Dat Leed han isch em Panzer jespilt. Met meiner Mundharmonika.« Nach einer Weile wird seine Miene zum ersten Mal an diesem Tag ernst. Fritz erinnert sich an finstere Zeiten, manchmal ausgelöst durch die Musik, dann erscheint so vieles wieder vor seinem inneren Auge, und alles kommt ihm vor, als sei es gestern erst passiert. »Ich habe die ganze verfluchte Zeit auf dem Schirm, wenn ich will, vergesse gar nichts.« Einmal in Stimmung versetzt, kann Fritz stundenlang erzählen. »Bevor ich Peanuts Fritz wurde, ist aber einiges passiert, viel Mist vor allem, und es ist viel Blut geflossen, zu viel«, sagt er, seufzt und beginnt damit, seine Geschichte vorzutragen.

Fritz wird 1923 in Solingen geboren und wächst dort mit vier Brüdern und zwei Schwestern auf. Sein Vater stirbt 1939 kurz vor Ausbruch des Zweiten Weltkrieges an Krebs. An den Besuch einer höheren Schule ist daher für keines der Kinder zu denken; alle müssen nach der Regelschulzeit arbeiten, um überleben und die Mutter unterstützen zu können. Fritz absolviert eine Lehre als Mechaniker für chirurgische Instrumente und arbeitet in dem Beruf, bis er gemustert und dann sofort eingezogen wird. »Das war am 13. April 1942, der Krieg tobte schon fast drei Jahre, und ein Ende war nicht abzusehen«, sagt Fritz, der damals der 2. Kompanie des Grenadier-Regimentes 58 der 6. Infanterie-Division zugeteilt wird. Seine Grundausbildung absolviert er in einer Kaserne in Osnabrück. Ein halbes Jahr später geht es für ihn mit dem Zug an die Ostfront. »Fast zwei Wochen waren wir unterwegs. Komisch, ich habe den Sinn des Ganzen damals überhaupt nicht hinterfragt. Ich hatte keine Ahnung, was mich erwartet, als ich das erste Mal abkommandiert wurde. Vielleicht habe ich mich von der Propaganda blenden lassen. Wir haben geglaubt, dass wir kommen, sehen und siegen.«

Fritz nach der Grundausbildung 1942, bevor er an die Ostfront abkommandiert wird.

Doch das ist nicht so. Fritz' Regiment wird direkt in eine verlustreiche Abwehrschlacht in Mittelrussland geschickt. Mit dem Karabiner bewaffnet, kämpft der junge Mann erst vor Wjasma und anschließend um die Stadt Rschew, 200 Kilometer westlich von Moskau. »Krieg total«, sagt Fritz. »Da bist du in einer Schlacht und verlierst die Orientierung. Überall knallt es und zischt es, und du schießt um dich, versuchst, den Feind zu treffen, hoffst, dass es dich nicht erwischt. Man sieht dem Tod bald in die Augen an der Front. So ein Chaos. Im Norden von Rschew standen wir unter Dauerfeuer. Panzer folgten auf tagelange Angriffe von Bombern, Artillerie, Raketenwerfern und Mörsern. Zum Glück wurde ich nach zwei Wochen Gefecht schwer verwundet. Die ersten Schrapnelle im Rücken. Das war am 24. August 1941. Da konnte ich erst mal raus aus dem Mist.«

Die aufreibenden Schlachten um die Stadt Rschew gehören zu den blutigsten des Deutsch-Sowjetischen Krieges und finden zwischen Januar 1942 und März 1943 statt. In Russland bezeichnet man die Offensive deshalb als »Fleischwolf von Rschew«. Auf sowjetischer Seite sterben bis zu 430 000 Soldaten, auf deutscher über 160 000. Fritz gehört zu den 469 747 Wehrmachtssoldaten, die hier verwundet werden. Er erholt sich von seiner schweren Rückenverletzung über mehrere Monate in einem Lazarett in Konstanz am Bodensee und reist anschließend nach Münster, wo sein Regiment neu aufgestellt wird. Er rechnet mit einer Versetzung nach Nordafrika, aber dann werden Mitte November 1942 Winteruniformen ausgeteilt. Es soll also wieder nach Russland gehen, zurück mit dem Zug und dieses Mal mit Angst im Gepäck, denn Fritz weiß nun, was Krieg bedeutet und was ihn erwartet. Doch alles soll noch brutaler kommen als beim ersten Einsatz. Rote Armee und Wehrmacht reiben sich gegenseitig auf. Die geplante deutsche Offensive auf die Stadt Orel muss immer wieder verschoben werden. Trotz der Niederlage in der Schlacht um Stalingrad im Februar 1943 bricht die deutsche Ostfront vorerst aber nicht zusammen. Im März 1943 gelingt es Generalfeldmarschall Erich von Manstein, mit der Heeresgruppe Süd die sowjetischen Vorstöße zurückzudrängen und die Südwestfront zu stabilisieren. Die strategisch wichtige Stadt Charkow ist wieder in deutscher Hand. Für Hitler gilt das als ein Zeichen dafür, dass man die Rote Armee nur im Angriff schlagen könne. Er widerspricht damit von Mansteins Überzeugung: »Zu einer Offensive mit weitgesteckten Zielen, wie wir sie in den vergangenen Jahren geführt haben, reichen unsere Kräfte nicht mehr aus.«

Der neue Vorstoß soll die Wende bringen. Auch Fritz merkt, dass sich etwas grundlegend ändert. Neuwertige Panzer werden geliefert, die Division mit fabrikneuen Waffen bestückt und mit Tarnanzügen eingekleidet. Der Drill wird rauer, und Fritz selbst schult zum Maschinengewehrschützen um. *Unternehmen Zitadelle* wird zum Decknamen für die deutsche Großoffensive auf die Stadt Kursk, die auch als Schlacht im Kursker Bogen oder als Panzerschlacht um Kursk bekannt ist und die zwischen dem 5. und 16. Juli 1943 stattfindet. Die Operation gilt heute als die größte Landschlacht und die berühmteste Panzerschlacht aller

Zeiten. Laut Hitlers Operationsbefehl Nr. 6 stoßen letztendlich 37 deutsche Divisionen, darunter 19 Panzerdivisionen, am 5. Juli 1943 auf Kursk vor und kämpfen gegen eine militärisch um ein Vielfaches überlegene Sowjetarmee, welche die Stadt mit über 3000 Minen pro Frontkilometer auf einer Linie von 150 Kilometern hochgerüstet hat. Stalin lässt zum Ausbau der Verteidigung Zehntausende Zivilisten aus der gesamten Umgebung herankarren, die Gräben ausheben, Stacheldraht verlegen und Panzersperren aufbauen. 513 Schützen- und 41 Kavalleriedivisionen sowie 290 Schnelle Brigaden mit etwa 8000 Panzern werden in Stellung gebracht. Eine Übermacht, die Hitlers Generäle die Operation für unmöglich erklären lässt. Generaloberst Heinz Guderian soll seinen Führer regelrecht angefleht haben, die Offensive nicht zu starten, doch dieser lässt sich nicht mehr abbringen, denn seine neu entwickelten Panzertypen Panther und Tiger haben ihm größte Zuversicht eingeflößt.

Grenadiere auf einem Sturmgeschütz während der Schlacht im Kursker Bogen (Sommer 1943)

»Da, vor Kursk, da haben wir zum ersten Mal richtig Schläge bekommen«, erinnert sich Fritz in seinen Worten. »Wir als Infanteristen gingen vor den Panzerverbänden. Das ganze Gelände vor Kursk war vermint. Gleich am ersten Tag haben wir 27 Männer aus unserer Kompanie verloren. Die sind auf Minen getreten und wurden zerfetzt. Arme, Beine, Gedärme – alles flog uns um die Ohren. Ganz schrecklich. Und dann sah ich tagelang brennende Panzer.«

Die sowjetischen Verluste sind mit annähernd 200 000 Toten und fast 2000 zerstörten Panzern ungleich höher als die der Wehrmacht, die etwa 50 000 Gefallene und 300 abgeschossene Panzer verzeichnet. Trotz der guten Aussichten auf einen Sieg lässt Hitler die Offensive am 16. Juli 1943 komplett einstellen. Der einzige Grund dafür ist, dass amerikanische Truppen auf Sizilien gelandet sind und dort schwere Panzer zur Verteidigung gebraucht werden. Selbst der zuvor skeptische von Manstein schreibt in seinen Memoiren von einem »leichtfertig verschenkten Sieg«. Die Schlacht um Kursk gilt als die letzte deutsche Großoffensive in der Sowjetunion. Fortan lässt sich die Wehrmacht nur noch zu Abwehrschlachten zwingen und kann letztendlich, aufgrund des ausbrechenden Zweifrontenkrieges, den sowjetischen Vormarsch auf das Deutsche Reich nur punktuell hinauszögern. Für Fritz jedoch ist der Krieg in der Sowjetunion noch nicht vorbei.

Nach dem Abzug aus Kursk soll die 6. Infanterie-Division auf dem Rückzug die Städte Orel und Charkow verteidigen. »Und dann kam der 5. August 1943, der schlimmste Tag meines Lebens«, sagt Fritz. »Wir hielten ein Dorf südlich von Orel, hatten die Brücke gesprengt und haben nicht mit einem Angriff gerechnet. Es war noch früh am Morgen, und wir patrouillierten zu Fuß, als ich plötzlich im Nebel über dem Wasser zwei russische T-34-Panzer entdeckte.« In Windeseile baut Fritz mit seinem zweiten Schützen das MG hinter einem Holunderbusch auf. »Durchladen, anvisieren, feuern. Ein Panzer blieb im Fluss stecken, der andere kam durch. Die Russen hatten uns entdeckt und feuerten ihrerseits mit Maschinenpistolen auf uns. Das ging hin und her, töten oder sterben. Dann legte mein Kamerad die Munition nicht nach. Ich drehte mich zu ihm und sah, dass er da kniete im Matsch. Der Patronengurt hing noch um seinen Hals, aber der Rest des Kopfes war weg, einfach nicht mehr da.« Fritz schluckt, den Namen seines Kameraden will er nicht nennen. Sie schmerzen ihn noch heute, die Bilder jenes 5. Augusts. »Ich bekam Panik, stand mitten im Kugelhagel, sah den Dreck aufspritzen, als die Geschosse um mich einschlugen. Ich musste raus, duckte mich, wartete eine kurze Feuerpause ab, dann rannte ich los um mein Leben, fand irgendwann Schutz hinter einer Mauer, wo sich drei weitere Kameraden versteckten. Alle feuerten mit ihren Karabinern in Richtung des Panzers, der auf unserer Seite angekommen war und direkt auf uns zurollte. Wir sahen, dass er seine Kanone auf uns ausrichtete, hatten keine Möglichkeit, ihn zu stoppen. Ich duckte mich weg, wusste, jetzt bin ich dran. Ich hörte die gewaltige Explosion, lebte aber immer noch, war sogar unversehrt. Als ich mich aufrappelte, sah ich den T-34 ein paar Meter von uns entfernt in Flammen stehen. Der ganze Führerturm war zerschossen. In wirklich letzter Sekunde hatte ihn ein deutscher Panzer, der im Dorf stand, aus weiter Entfernung abgeknallt. Wir waren gerettet – für den Moment. Stukas erschienen am Himmel und feuerten auf russische Stellungen. Als abends Ruhe herrschte, zog unser Regiment weiter. Meine Kompanie blieb, im Wechsel mussten wir immer eine Nachhut bilden. Ein mulmiges Gefühl, an einem so gespenstischen Ort zurückzubleiben. Dann hat es noch geregnet wie aus Kübeln. Mit einem zweiten Angriff der Russen haben wir absolut nicht gerechnet, das wäre ungewöhnlich gewesen. Auch der Feind musste seine Kräfte bündeln. Also haben wir uns eingegraben in den Boden. Jeder in ein Loch und eine Zeltbahn drüber.«

Fritz macht eine Pause, schaut aus dem Fenster. »Hat das jetzt angefangen zu regnen draußen, oder ist es meine Erinnerung?«

Draußen scheint die Sonne, und Fritz findet in die Schlacht zurück:

»Der Boden hat gezittert, als ich in der Erde in meinem Loch erwachte. Draußen hörte ich die Schreie der Kameraden, die es aus ihren Löchern geschafft hatten: *Panzer, Panzer!* Ich wollte raus, aber es war zu spät. Als ich meinen Kopf hochnahm, stand ein Panzer vor mir, wieder so ein grünes Monstrum. Also ducken und hoffen. Ich sah, wie sich die Kette über mein Loch bewegte, kannte die Taktik der Russen schon von der Schlacht in Rschew. Normalerweise drehten sie sich einmal um die eigene Achse über den Löchern, wenn sie Feinde darin vermuteten. Man hatte dann keine Chance, wurde von der Erde zerdrückt oder erstickte. Der Dreck rieselte in mein Loch, ich schrie, aber der Panzer fuhr drüber. Er hatte nicht gedreht. Ich schaute aus dem Loch, sah vier russische T-34 von hinten, ganz alleine, ohne Infanterie. Alle machten ihre Todesdrehung über einem Schützenloch und zogen dann ab. Ich weiß bis heute nicht, wie die da hinkamen, habe später aber erfahren, dass sie im nächsten Dorf alle erledigt wurden; keiner kam durch. Doch wieder hatte es meine direkten Kameraden erwischt, und ich war heil geblieben. Zum zweiten Mal innerhalb weniger Stunden. Das war er, der 5. August 1943. Der schlimmste Tag meines ganzen Lebens.«

Fritz zieht mit der Division weiter nach Charkow, dort wird er erneut durch eine Granate am Rücken verwundet. Zuerst wird er in ein Kriegslazarett in Minsk gebracht, dann in ein Reservelazarett in Warschau, weil sich Komplikationen ergeben. Fritz wird krank, der Brustkorb hat sich entzündet. Anfang 1944 darf er zurück in die Heimat – in ein Lazarett bei Tecklenburg. Dort kämpft er um sein Leben. »Von den Schmerzen her war das nicht so schlimm, aber ich war nur noch ein Häufchen Elend, konnte nichts zu mir nehmen, hatte Fieber, ständig wurde mir Wasser aus dem Rücken abgezapft.« Fritz braucht ein halbes Jahr, um wieder fit zu werden, erhält dann bei seiner Reserveeinheit in Osnabrück eine Tätigkeit in der Schreibstube. »Eigentlich wollte ich gerne nach Hause, aber Hauptsache nicht mehr nach Russland war damals meine Devise. Vielleicht ist es Glück im Unglück, dass die Amerikaner im Juli 1944 gelandet sind. Da brauchte man uns dann plötzlich alle an der Westfront. Der sogenannte Himmler-Befehl kam: Alle verfügbaren Ersatztruppen sofort an den Westwall!«

Am 21. Oktober 1944 ist es US-amerikanischen Truppen nach wochenlangen Kämpfen gelungen, mit Aachen die erste deutsche Stadt auf Reichsgebiet zu erobern. Von hier aus hätten sie den Krieg erheblich schneller entscheiden können, wenn sie nicht den Umweg über die Wälder der Eifel gewählt hätten, um den Rhein und den Raum Köln/Bonn einzunehmen. Das nämlich sieht der von General Dwight D. Eisenhower angeordnete Vorstoß unter dem Decknamen *Operation Queen* vor. Dieser strategische Fehler führt zu einer der verlustreichsten Schlachten in der amerikanischen Militärgeschichte. Als Grund für Eisenhowers fatalen Entschluss nehmen Historiker an, dass seine Sorge gewesen sei, die Wehrmacht könne die Rurtalsperre sprengen, den Südwesten des nordrheinischen Gebietes fluten und somit unpassierbar machen. Doch ganz offensichtlich hat der Oberkommandierende der alliierten Streitkräfte vorher nicht bedacht, dass die Wälder der Eifel schon naturgegeben unpassierbar für schwere Kriegsfahrzeuge sind.

Am 6. Oktober 1944 dringt die 9. US-Infanteriedivision gegen die deutsche 275. Infanterie-Division in die Eifel-Wälder vor. Die schweren Sherman-Panzer blockieren auf den engen Wegen und werden zu leichten Zielen für die auf den Höhen positionierte deutsche Artillerie, die von den amerikanischen Luftstreitkräften im Walddickicht nicht ausfindig gemacht werden kann. Es regnet tagelang, und der Winter 1944 bringt Temperaturen von bis zu minus 20 Grad mit sich. Auf solche Umstände sind die US-Soldaten nicht vorbereitet. Sie haben nahezu keine Erfahrung im Gebirgs- und Nahkampf, während auf deutscher Seite noch gesetzte Offiziere aus dem Stellungskrieg des Ersten Weltkriegs Kommandos geben. Die GIs reagieren mit Panik, Desertion, Nervenzusammenbrüchen und Selbstmorden.

Deutsches Infanteriegeschütz im Hürtgenwald (22.11.1944)

Der blutigste Höhepunkt der Schlacht um den Hürtgenwald ist als *Allerseelenschlacht* in die Geschichtsbücher eingegangen. Am 2. November kommt es bei einem US-Angriff auf die Dörfer Vossenack, Schmidt und Kommerscheidt zu einem regelrechten Gemetzel. Innerhalb einer Woche des Kampfes verlieren die amerikanischen Truppen 6184 Soldaten. Fritz steht mitten drin.

Als MG-Schütze der 3. Kompanie des Regiments 1056, das zu der Zeit noch aus etwa 40 Mann besteht, hilft er dabei, die Amerikaner zurückzuschlagen. Vor dem Ort Kommerscheidt beobachtet er am 7. November 1944, wie kurz hintereinander neun von zehn amerikanischen Sherman-Panzern des 707. US-Panzerbataillons abgeschossen werden. Lediglich einem gelingt die Flucht. »Die toten Amerikaner haben wir geborgen. Da lagen viele, eigentlich überall im Wald. Ich erinnere mich an einen Unterarzt ohne Gesicht, ich musste in dem Moment wieder an meinen toten Kameraden aus Russland denken. Einige Amerikaner wurden gefangen genommen. Dann sollte erst mal Ruhe sein. Genau hier haben wir uns in die abgeschossenen Panzer gelegt, um mal durchzuatmen, die verwundeten Kameraden zu verarzten und einfach mal ausruhen – und um im Fall des Falles vor Artilleriebeschuss sicher zu sein. In jeden Panzer krochen drei Mann. Ich habe oft auf meiner Mundharmonika gespielt: Lily Marleen. Das hat uns beruhigt. Wir haben natürlich allerlei Sachen gefunden, die die Amerikaner zurückgelassen haben: Zigaretten, Seife, Süßigkeiten, Konservensuppen. Und dann habe ich sie eines Nachts entdeckt: die Erdnüsse. In einer Dose, die in einer Luke im Boden versteckt war.« Fritz lacht wieder. »Das ist der Grund, warum man mich heute Peanuts Fritz nennt.«

Ende der 1990er-Jahre recherchiert ein deutscher Autor über die Kämpfe in der Eifel und im Hürtgenwald. Auch Fritz wird damals interviewt. Seine Geschichte über die Tage in dem Sherman-Panzer findet Platz in dem Buch »Ein Blick zurück in die Eifel« von Gevert Haslob, das im Jahr 2000 auf Englisch übersetzt wird und das auch amerikanische Veteranenverbände der 112. und 107. Panzerdivision lesen. Die Einheiten, deren Panzer damals abgeschossen worden sind. »Ich brauchte eine Weile, bis ich die Zusammenhänge begriffen hatte«, sagt Fritz. »Ich bekam plötzlich Post aus Amerika von ehemaligen Soldaten. Sie schickten

Musikkassetten, einen Spazierstock und Erdnüsse, schrieben mich mit Peanuts Fritz an. Irgendwann rief mich dann ein Mann in meinem Alter an, der behauptete, dass die Erdnüsse, die ich damals gefunden und gegessen hatte, ihm gehörten. Er hatte sie da versteckt und konnte dann mit dem einen Panzer, der es damals rausgeschafft hatte, entkommen. Ich verstand und war gerührt. Zum ersten Mal merkte ich, dass sich aus der Kriegszeit etwas Positives ergeben könnte. Der Mann hieß Ray und wurde mein Freund.«

Ray fliegt kurz nach dem Telefonat nach Deutschland.»Wir haben uns an diesem damals so schrecklichen Ort im Hürtgenwald in den Armen gelegen. Er hat mir eine Mundharmonika geschenkt, ich ihm einen Kerzenständer. Immer wenn wir uns später geschrieben haben, haben wir uns dafür mit unseren Geschenken fotografiert und das Bild beigelegt. Wir haben uns öfters gesehen und immer Kontakt gehalten, bis Ray letztes Jahr mit 96 Jahren verstarb. Aber unsere Geschichte hat die Runde gemacht.« Fritz zeigt auf die riesige Box mit Erdnüssen.»Zumindest in den USA. Seit 19 Jahren erhalte ich nun regelmäßig Geschenke, beantworte Fragen, komme Autogrammwünschen nach. Die Offenheit, auch der jungen Amerikaner, die mir schreiben, ist bemerkenswert. Sogar Journalisten und viele Historiker aus dem Ausland kontaktieren mich. Man kann sagen, ich bin recht bekannt da drüben.« Er überlegt.»Nur schade, dass man sich in Deutschland nicht für meine Geschichte interessiert, das heißt für die Geschichte deutscher Soldaten überhaupt. Ich wäre gerne mal in Schulklassen gegangen oder so was. Die amerikanischen Soldaten aus dem Zweiten Weltkrieg haben das gemacht für ihre Schüler. Vielleicht hätte es auch hier etwas gebracht. Vor dem Krieg muss man warnen, wenn man ihn kennt. Aber da hat nie jemand angefragt. Der Hürtgenwald und allgemein das, was wir so durchgemacht haben, dafür hatte hier nie jemand Verwendung.« Erst in den vergangenen Jahren habe sich das ein bisschen geändert. Dreimal ist Fritz seither in Lokalzeitungen gewesen, die über den internationalen Hürtgenwaldmarsch berichtet haben, an dem Fritz regelmäßig teilnimmt. Hier kommen noch lebende deutsche und amerikanische Soldaten zusammen.

In Hürtgen wird Fritz bei einem Angriff von US-Soldaten zum dritten Mal durch eine Granate verletzt – wie bereits vorher wieder durch Schrapnelle im Rücken. Fast drei Monate verbringt er in einem Lazarett in Bonn. Danach bricht er auf eigene Faust auf, um seine Einheit in der Eifel wiederzufinden. In dieser Zeit lernt er seine spätere Frau Maria kennen. Doch Fritz muss zunächst an die Front zurück. Er findet die Truppe bei Kämpfen an der Saar. Am Ende ist Fritz einer von nur zwei überlebenden Soldaten seines Regiments. Beide schließen sich zur weiteren Verteidigung der Kampfgruppe Bertelsmeyer an. Im Ort Olef schließlich ergibt sich die Truppe am 2. März 1945 den US-Verbänden. Zunächst kommt Fritz in ein Gefangenenlager der Amerikaner, später wird er in französische Gefangenschaft übergeben und verbringt zwei Jahre in Reims. »Ich hatte großes Glück. Im Gegensatz zu vielen anderen, die die Gefangenschaft nicht überlebten, ging es mir relativ gut. Ich konnte als Bäcker für einen amerikanischen Stützpunkt arbeiten und dabei auch Englisch lernen. Aber nach der Freiheit sehnte man sich doch immer. Na ja, und nach meiner lieben Maria, die ich dann später sofort wieder aufgesucht habe und mit der ich eine Familie in der Eifel gegründet habe. Ich bin also seitdem immer hiergeblieben.«

Die Kämpfe im Hürtgenwald dauern über vier Monate an. Erst nach der gescheiterten Ardennenoffensive am 10. Januar 1945 können die Amerikaner ab dem 8. Februar 1945 den Wald einnehmen und durchstoßen. Am Ende fallen während der gesamten Schlacht um den Hürtgenwald jeweils etwa 12 000 amerikanische sowie deutsche Soldaten.

Drei Fragen an Fritz

Wann und wie haben Sie vom Schicksal der Juden im Dritten Reich und vom Holocaust erfahren?

Nach und nach. Während des Krieges bekam man von dem Großen und Ganzen nichts mit, und schon gar nicht das Politische. Ich kannte nicht mal den Begriff Konzentrationslager. Unser Spieß bei der Ausbildung hat uns immer angeschrien, wenn wir etwas falsch machen würden, kämen wir nach Dachau. Ich wusste, dass das ein fürchterlicher Knast sein musste. Was später alles rauskam, das mit den Gaskammern: Im Leben habe ich mir so was nicht vorstellen können. Ich kannte auch vor dem Krieg keinen Juden. Aus der Zeitung nur. Den ersten Juden habe ich lange nach dem Krieg gesprochen. Mein amerikanischer Freund Ray hat ihn mitgebracht zu einem Treffen in den Hürtgenwald. Auch ein amerikanischer Veteran, tief gläubig. Wir haben lange geredet, und er hat mich umarmt, aber ihm war nicht ganz wohl dabei, das habe ich gemerkt. Ray richtete mir dann ein paar Wochen später von diesem Mann aus, er habe in den USA in der Synagoge seinem Rabbiner davon erzählt, dass er einen ehemaligen deutschen Soldaten umarmt hatte. Er habe diesen gefragt, ob er damit eine Sünde begangen hätte, denn ein Großteil seiner Familie war im Zuge des Holocausts ermordet worden. Der Rabbi hatte ihm gesagt, dass er genau das Richtige getan habe. Das wollte er mir unbedingt mitteilen. Und das hat auch mir sehr geholfen.

Haben Sie etwas von Kriegsverbrechen mitbekommen?

Gewisse Dinge waren damals für uns Teil des Krieges, den man nicht hinterfragt hat. Einiges davon würden wir heute als Kriegsverbrechen bezeichnen. Während wir 1943 ein paar Wochen ausharrten, weil die Front zum Stehen gekommen war, musste sich auch unsere Einheit an der Partisanenbekämpfung beteiligen. Das war im Brjansker Wald. Es war klar, dass gefangene Partisanen erschossen oder erhängt werden. Das waren für uns gefährliche Feinde. Diese Exekutionen, da fanden sich Freiwillige für. Ich musste das nie tun. Am Ende des Krieges konnte es aber sogar gefährlich werden, sich Exekutionsbefehlen zu widersetzen. Da wurden Deserteure standgerichtlich erschossen. Ich weiß das noch, als sie einmal wieder welche gestellt hatten. Ich habe so gehofft, dass ich nicht vom Kommandeur dafür ausgewählt werde, meine eigenen Kameraden zu erschießen. Zum Glück ging er an mir vorbei. Aber die, die es tun mussten, die hatten danach mit ihrem Gewissen zu kämpfen. Das hat keiner gerne getan. Das war aber in einer Zeit, wo jeder, der sich Befehlen widersetzte, schnell selbst dran glauben musste. Ansonsten muss man sagen, dass sich der Großteil der Deutschen, die ich kennengelernt habe, auch im barbarischen Krieg in Russland korrekt verhalten hat, den Umständen entsprechend. Sicher, es gab immer schon, damals wie heute, einzelne Verbrecher, die derartige Ausnahmesituationen ausnutzten und dachten, sie könnten machen, was sie wollten. Aber die wurden, wenn was rauskam, hart bestraft. Wir hatten strengste Auflagen von oben, der Zivilbevölkerung nichts wegzunehmen. Unnötige Brutalität oder Diebstahl wurde nicht toleriert.

Wie haben sie die Amerikaner erlebt?
Die dunkelhäutigen amerikanischen Soldaten, die uns in den ersten Monaten bewacht haben, waren am korrektesten zu uns. *Blackies* wurden sie gerufen. Wir haben schnell gemerkt, dass die von ihren weißen Kommandeuren zu hart rangenommen wurden; vielleicht lag es daran, dass sie nett zu uns waren. Ich erinnere mich an eine verrückte Szene. In dem Gefangenenlager, in dem ich mich aufhielt, war auch ein halbschwarzer deutscher Soldat, also einer von uns in Wehrmachtsuniform. Als die *Blackies* den

gesehen hatten, haben die sich kaum mehr eingekriegt, sind ihm um den Hals gefallen, sind um ihn herumgetanzt und haben ihn dann mitgenommen, als wäre er ihr verlorener Sohn oder so was. Die haben ihn dann in der Kantine als Koch eingesetzt.

Fritz verstarb 2019 im Alter von 96 Jahren.

JAKOB UND
DER BLUTENDE FLUSS
DNJEPR

Jakob (*1924) lebt mit seiner fünf Jahre jüngeren Frau und zwei Katzen in Welling im rheinland-pfälzischen Landkreis Mayen-Koblenz. Er wirkt mit seinen 94 Jahren deutlich jünger. Sogar die Haare sind, wenn auch silbergrau, noch voll und voluminös. Seine Tochter wohnt mit im Haus und unterstützt bei allem, wo der Vater Hilfe benötigt. Sie reden meist über Alltägliches. Wenn jedoch Enkel Stephan kommt, der als Pädagoge arbeitet, dann interessiert der sich oft für Opas Geschichten aus der Kriegszeit. Vor ein paar Jahren hat er mit ihm eine Reise unternommen zu den Orten an der Westfront, an denen Jakob gekämpft hat. Ein emotionaler, aufreibender Moment, aber der pensionierte Verwaltungsbeamte hat mit zunehmendem Alter gemerkt, dass verdrängte Erinnerungen ihn einholen, deren Aufarbeitung er sich stellen muss. Es sind Gedanken an schreckliche Dinge, die er im Zweiten Weltkrieg erlebt hat. Vieles ist noch immer nicht gänzlich verarbeitet. Doch darüber zu reden hilft ihm und anderen, die ihn und seine Zeit verstehen lernen wollen. Es ist allemal besser, als alleine in Grübeleien zu verfallen.

Jakob vor der Kirche in Welling

Nur zwei Straßen von seinem jetzigen Haus entfernt ist Jakob im Dorf Welling, das in einem Talkessel mit steilen Straßen erbaut worden ist, geboren und aufgewachsen. »Viel hat sich gar nicht verändert«, sagt Jakob und ist darüber glücklich. »Früher gab es lediglich noch weniger Einwohner als heute, und dabei haben wir jetzt nicht mal tausend.« Am Fuße des Dorfes steht die katholische Pfarrkirche St. Paulinus mit einem knapp 70 Meter hohen Turm, der die Dächer aller Häuser auf dem Berghang überragt. Viel zu groß wirkt der massive neugotische Bau in dieser engen Siedlung. Jakob geht noch heute zur Sonntagsmesse in die 1883 erbaute Kirche, die keinen Bombentreffer abbekommen hat. 1924 wird er hier getauft. Sein Vater besitzt damals einen landwirtschaftlichen Betrieb. Mit seinen zwei Brüdern hilft Jakob, wo er gebraucht wird. Der Vater hat sich nach dem Ersten Weltkrieg im Wehrverband Stahlhelm, dem Bund der Frontsoldaten, organisiert. Jakob kommt dadurch als kleiner Junge in die dem Stahlhelm untergeordnete sogenannte Scharnhorst-Jugend. Als Hitler den Stahlhelm verbieten lässt, bleibt Jakob nichts anderes übrig, als zum Jungvolk zu wechseln und dann mit 14 Jahren, als er die Volksschule beendet, der Hitlerjugend beizutreten. Die Veranstaltungen, die er hier mitmacht, erlebt er als eine willkommene Abwechslung zu seinem Arbeitsalltag als Kaufmannslehrling in einer Eisenwarenhandlung im sieben Kilometer entfernten Mayen, zu der er täglich mit dem Fahrrad gelangt. Es ist 1938. Die Erinnerungen verwischen. Jakob denkt an die vielen Sportveranstaltungen, die die HJ damals ausgerichtet hat; sie haben ihm Spaß gemacht, er erinnert sich an das von der HJ organisierte Sportfest in Trier, die jubelnden und glücklichen Kinder. Dann fällt ihm die für ihn damals wie heute verstörende Reichspogromnacht am 9. November ein, die er im selben Jahr in Mayen erlebt. »Ich stand fassungslos da, als die SA-Leute die Synagoge in Brand gesteckt haben«, sagt Jakob. »Ich habe das gar nicht verstanden. Da kam die Feuerwehr angefahren und wurde daran gehindert, zu löschen. Sie wollte, aber man rief die Männer zurück. Da habe ich gemerkt, dass etwas nicht stimmt. Ein Brand, der nicht gelöscht werden durfte, das war ein krummes Ding.«

Juden, die er vorher immer auf dem Weg zur Arbeit gegrüßt hatte, hat er nach dem Brand nie wieder gesehen. »Das war mir bewusst, dass die nicht mehr erwünscht waren, und so war mir auch klar, dass sie weggezogen waren. Wohin? So etwas habe ich mich damals nicht gefragt. Denn jeden Tag veränderte sich jetzt irgendwas, das man nicht ohne Weiteres zuordnen konnte. Man versuchte, einen sicheren Platz für sich selbst zu finden.«

Nach Abschluss seiner Lehre muss Jakob im Rahmen des Reichsarbeitsdienstes ab Mitte 1942 in den Heinkel-Flugzeugwerken in Rostock Dienst tun. Die Kriegsgüterproduktion läuft auf Hochtouren, und der Krieg hat schon polnische und französische Zwangsarbeiter in deutsche Städte getrieben. »Das hat mich erschrocken. Die hat man behandelt wie Vieh. Sie haben kaum was zu essen bekommen bei der gleichen Arbeit, die wir machten. Und es war harte Arbeit. So ist das also, wenn man einen Krieg verliert, dachte ich und hatte gleichzeitig keine Ahnung, dass so etwas auch Deutschland passieren könnte.«

Doch dann greift die Wehrmacht nach der Sowjetunion. Immer mehr Soldaten werden eingezogen. Im Herbst 1942 gerät der Vormarsch bei Stalingrad erstmals ins Stocken. Jakob meldet sich nach drei Monaten RAD freiwillig zum Kriegsdienst bei der Luftwaffe, um dem drohenden Einsatz in der Infanterie auf russischem Boden zugunsten einer Zuteilung zum Luftnachrichtendienst zu entgehen. Da er durch seine Kaufmannslehre im Maschinenschreiben und in ähnlichen Tätigkeiten bewandert ist, rechnet er sich gute Chancen aus. Doch es soll anders kommen. »Ich war erst mal ganz stolz, dass ich kriegstauglich gemustert wurde. Aber zwei Wochen später kam der enttäuschende Stellungsbefehl. Offenbar hatte man keine Verwendung für mich bei der Luftwaffe. Ich ahnte schon, dass man mich doch nach Russland schicken würde. Bald.«

Doch zunächst führt ihn sein Weg, der durch den Einberufungsbefehl bestimmt wird, in den Westen. Gemeinsam mit Hunderten anderer Soldaten fährt Jakob Ende Oktober 1942 mit dem Zug von Koblenz aus ins besetzte Belgien und wird dort im Infanterie-Ausbildungs-Bataillon 313 zum Schützen ausgebildet. Die 389. Infanterie-Division ist zuvor am 2. Februar 1943 im Kessel von Stalingrad untergegangen. Aus Urlaubern und Überlebenden der alten Einheit und den frisch ausgebildeten jungen Soldaten aus Jakobs Bataillon wird sie ab dem 17. Februar 1943 in der Normandie neu aufgestellt. In mehreren Etappen werden die Truppen wieder an die Ostfront verlegt. »Für uns ging es im Sommer mit Transportzügen in die Sowjetunion. Wir kamen bis Kiew, direkt bis an den Dnjepr. So einen großen reißenden Fluss hatte ich noch nie gesehen. Da ist der Rhein ein Bachlauf gegen. Ich stand also tatsächlich mitten in Russland.« Am Anfang sind es noch keine Kämpfe, die die Soldaten quälen.

*Jakob nach der Grundausbildung
1943*

Aber ungemütlich ist es von Anfang an. Der Dnjepr ist mit 2201 Kilometern der drittlängste Fluss Europas und führt durch Russland, Weißrussland und die Ukraine. Vom 26. August 1942 bis zum 20. Dezember 1943 kämpfen hier Wehrmacht und Rote Armee um die Stadt Kiew. Nach der Niederlage in der Schlacht um Kursk befindet sich die Wehrmacht im August 1943 auf dem Rückzug, ist aber nach Befehlslage angehalten, Kiew mit allen Mitteln zu verteidigen. Stalin hat schnell seine Verluste ausgleichen und aufgefrischte Truppen für eine Großoffensive Richtung Kiew entsenden können mit dem Ziel, die Wehrmacht genau hier zu vernichten.

Der Chef der Heeresgruppe Süd, Generalfeldmarschall Erich von Manstein, kann das Ausmaß einschätzen und warnt Hitler vor einem totalen Zusammenbruch der deutschen Front. Er bittet um einen Rückzug seiner Armee über den Dnjepr, um der Roten Armee dieses natürliche Hindernis in den Weg stellen und von der Westseite des Flusses her den Abwehrkampf führen zu können. Hitler zögert lange, gestattet schließlich die Überquerung des Flusses. Am Westufer bilden die deutschen Soldaten eine Abwehrlinie, die sogenannte Panther-Stellung, und versuchen, die Russen am Überqueren des Dnjeprs zu hindern.

Sowjetischer Mehrfach-Raketenwerfer Katjuscha (Stalinorgel)

»Der Russe hat immer wieder, tage- und wochenlang versucht, mit kleinen Einheiten an Hunderten Stellen über den Fluss zu gelangen, um hier Brückenköpfe zu bilden«, erzählt Jakob. »Das war ein Gemetzel sondergleichen. Das Geheule der Stalinorgeln, die auf uns schossen, war kaum zu ertragen.« Jakob kauert mit seiner Schützenkompanie am steilen Westufer im Sand und versucht, Soldaten der Roten Armee mit Maschinengewehr und Granatwerfern aufzuhalten. Er muss immer aufpassen, selbst nicht von der Artillerie des Gegners erwischt zu werden. Hin und wieder sorgen Stukas der deutschen Luftwaffe und einzelne Panzer für ein wenig Entlastung. »Das hörte nicht auf. Nächtelang mussten wir den Fluss überwachen. Löcher graben konnten wir nicht, da man dann im Wasser einsackte. Wir lagen, flankiert von leichten oder schweren Maschinengewehren aus der hinteren Linie, flach auf der Erde im Sand und versuchten, auf der Wasseroberfläche Bewegungen zu erkennen. Wir spähten nach russischen Soldaten. Russen, die sich schwimmend oder im Wasser treibend aufmachten, den Dnjepr zu überqueren.«

Wenn ein größerer Überquerungsversuch bemerkt wird, ist es Aufgabe der jungen Wachtposten, mit Leuchtpistolen die hinter ihnen liegende Kompanie aufmerksam zu machen und schwere Artillerie anzufordern. »Uns war klar, dass wir dann aber selbst nicht mehr rauskommen würden, sobald wir so etwas beobachtet und die Leuchtpistole bedient hatten. Viele sind auf diese Weise geopfert worden. Das waren Himmelfahrtskommandos. Meistens haben die Vorgesetzten für diese Aufgabe die Jüngsten rangezogen. Verheiratete Männer und Offiziere wurden verschont. Noch heute erschließt sich mir der Sinn nicht. Waren wir weniger wert?«

Während Jakobs Wache kommt es nie zu einem dieser größeren Überquerungsversuche, aber sie finden statt, und zwar zahlreich. »Wir sahen die Leuchtpistolen und wussten, dass gleich die Posten – unsere Kameraden, die gerade Dienst taten – draufgingen, waren froh, selbst nicht am Ufer zu sein, und machten uns bereit, zu kämpfen. Und dann ging es los. Sterben im Sekundentakt. Die Russen torkelten aus dem Wasser, liefen teilweise barfuß ein paar Meter und wurden dann von unseren Vierlingsflakgeschützen und 2-cm-Granatwerfern weggesprengt. Das waren arme Kerle, kann man nicht anders sagen. Es waren Tausende, es kamen immer mehr rüber, und irgendwann mussten wir weiter nach Westen zurückweichen. Manchmal hörten wir aus unseren Stellungen abends das Gegröle. Dann betranken sie sich, und jedem war klar, dass sie im Morgengrauen angreifen würden. Und ihre Kommissare haben wir gehört, wie sie ihre Leute voranpeitschten. Das war Befehl zum Selbstmord.«

Tatsächlich versucht die Rote Armee alles, wird aber immer wieder unter erheblichen Verlusten von deutschen Panzer-Divisionen zurückgeschlagen. Stalin probiert es letztendlich mit einer Luftlandeoperation, aber die sowjetischen Fallschirmjäger werden in großer Zahl abgeschossen oder landen im Dnjepr, wo sie qualvoll ertrinken. Doch weil die Führung der Roten Armee nicht aufgibt und immer weitere Massen Rotarmisten über den Fluss schickt, gelingt es den russischen Soldaten bis Ende November 1943, mehrere Brückenköpfe zu errichten und die deutschen Stellungen zu fluten.

Im November 1943 gelingt es der Roten Armee, Einheiten über den Dnjepr zu setzen und Brückenköpfe zu bilden.

»Es war das totale Durcheinander«, sagt Jakob, der selbst nicht zu schätzen vermag, wie viele Angreifer er in diesen Tagen mit seinem MG erwischt hat. »Überall lagen tote, total durchsiebte Menschen. Waren es eigene oder Feinde? Man wusste es bald nicht mehr. Einmal habe ich einen Russen direkt vor mir gesehen. Mit seinem Essgeschirr lief er auf mich zu und erschrak sich, als er in den Lauf meines Karabiners schaute. Der hatte nicht verstanden, dass er sich verlaufen hatte und auf dem Weg zur deutschen Gulaschkanone war. Ich war selbst so perplex, dass ich ihn weitergeschickt habe; er war nicht mal bewaffnet. Mitten im Gefecht. Wer weiß, vielleicht hat er was zu essen bekommen; wahrscheinlicher ist aber, dass er gestorben ist. Wir kämpften jetzt Auge in Auge, und jederzeit konnte es auch mich erwischen. Ich hatte wohl immer nur Glück. Da lag ich einmal in meinem Schützenloch, und ein Russe steht über mir und hält mir sein Gewehr vor die Brust. Ich habe schnell reagiert, konnte es ihm mit meinem Spaten wegschlagen, mein eigenes Gewehr ziehen und ihn in die Flucht schlagen. Im Gefecht bleibt einem da keine Möglichkeit. Man schießt auf alles, was sich bewegt. Man trifft oder wird getroffen. Nur so ist das.«

Jakob gewöhnt sich in seinem ersten Fronteinsatz schnell an den ständig anwesenden Tod. Jeden Tag sterben Kameraden, und wenn die Russen einen erwischen, gehen sie meist nicht zimperlich mit ihm um, auch weil sie in der Regel keine Gefangenen machen »Man stumpft zwar ab, aber Rohheit lässt einen nicht kalt, also Bilder, die wird man, wenn man sie sieht, nie wieder los. Einmal war ich Teil eines Gegenstoßes und fand eine ganze Gruppe deutscher Soldaten, die vom Feind überrascht worden waren. Sie lagen da verstümmelt, mit zerschossenen Kniescheiben und ausgestochenen Augen. Jemand hatte einem von ihnen, wohl mit einem Bajonett, ein Hakenkreuz auf die nackte Brust geritzt. Die Männer hat man brutal gefoltert und sie in ihrem Blut verrecken lassen. Man muss versuchen, in diesen Momenten einen klaren Kopf zu behalten. Wer da durchdreht, ist selbst erledigt. Es ist schwer, das zu beschreiben. Im Frieden hält man solche Anblicke sicher nicht aus. Aber der direkte Überlebenswille im Krieg schafft selbst so etwas.«

Am meisten nimmt Jakob mit, wenn jemand stirbt, den er gut kennt, ein Freund. Auch das passiert, nicht nur einmal. »Einer unserer besten MG-Schützen, mein Kamerad Walter, lag mit uns an einer Schützenlinie am Rande einer Anhöhe, auf der sich der Feind verschanzt hatte. Als Erstes warfen wir Handgranaten und nutzten dann die Detonationen, um den Hang hinaufzustürmen. Dabei wurde Walter von einem russischen Schützen erschossen.«

Jakob muss eine Pause einlegen, ist außer Atem. Eine seiner Katzen scheint zu bemerken, dass er nervös ist, und springt ihm auf den Schoß. Der Senior lässt seine Hand durch das braune Fell gleiten, das Tier schnurrt zufrieden, und er kann zu Ende erzählen. »Das, was von Walter übriggeblieben ist, habe ich aber erst am Abend des nächsten Tages gesehen, als wir dem Auftrag nachgingen, sein MG zu holen. Ein grauenvoller Anblick. Ich bin aber sicher, Walter war sofort tot. Ich konnte ihn nicht begraben, niemand vermochte das, weil wieder von überall geschossen wurde. Das wird einem wichtig, dass man wenigstens die Zeit hat, einem Kameraden die letzte Ehre zu erweisen – wenn das nicht geht, fühlt man sich mies. Was wäre aus ihm geworden? Das war ein feiner Kerl, der Walter. Er war ja noch keine Zwanzig. Noch im Krieg hat mich sein Bruder, der auch in Russland war, ein paar Monate später aufgesucht und mich gefragt, wie Walter gestorben sei. Man hatte ihm gesagt, dass er in meiner Gruppe war. Er wollte es unbedingt wissen. Ich dachte wieder an den Anblick und dass er nicht beerdigt werden konnte. Ich wollte es dem Bruder sagen, schaffte es nervlich aber nicht. Nicht, nachdem ich selbst gesehen hatte, wie Walter ausgesehen hatte. Was hätte ich da sagen sollen? Ich habe also geantwortet, er habe sicher nicht gelitten, mehr habe ich nicht rausgebracht. Walter ging mir lange nicht aus dem Kopf. Nach dem Krieg habe ich mich beim Roten Kreuz nach seinem Namen erkundigt. Man hat Walter beerdigt, wurde mir mitgeteilt. Das tröstet etwas, daran will ich glauben. So ein unnötiger Tod.«

Nach Wochen, in denen die Rote Armee 650 000 Soldaten und über 7000 Geschütze zusammengezogen hat, fällt Kiew am 6. November in russische Hände. Jakobs Regiment liegt weiter im Dnjepr-Gebiet, während die 8. Deutsche Armee mit 300 Panzern versucht, die Stadt zurückzuerobern. Es kommt immer wieder zu heftigen Scharmützeln. Stalin schickt um Weihnachten 1943 weitere 800 000 Soldaten in den Dnjepr-Bogen. Tausende deutsche Soldaten fallen, viele weitere Tausend werden verwundet. Auch Jakob wird mehrfach verletzt. Ein Granatsplitter bleibt ihm im linken Rippenbogen stecken, er kämpft unter Schmerzen weiter. Ende Januar wird die 8. Armee westlich eingeschlossen. Die sogenannte *Kesselschlacht von Tscherkassy* ist Teil der *Dnjepr-Karpaten-Operation* und dauert bis zum 17. Februar 1944.

»Fast täglich Gefechte, man war mit den Nerven völlig fertig, weil kein Ende in Sicht kam«, sagt Jakob. »Unsere Soldaten starben wie die Fliegen, dazu die enorme Kälte, und die Ablösung kam nicht durch. Ich wusste, ich bleibe nicht immer verschont, und dann kam auch meine Stunde. Ich lag in einem Loch und hatte einen etwa fünfzig Meter entfernt liegenden russischen Schützen hinter einem breiten Baum erspäht. In besserer Schussposition als ich. Ich wusste – und er wusste das auch –, wer sich von uns beiden als Erster auch nur ein paar Zentimeter aus seinem Versteck wagt, ist dran. Wir saßen immer zu zweit in einem Loch, um zu verteidigen. Damit einer nach hinten raus konnte, um Essen zu holen. Das mussten wir ja auch. An diesem Tag war ich mit einem Unteroffizier in Stellung. Der war älter, eigentlich erfahren.

Der war auch nicht freiwillig da vorne. Man hatte ihn strafversetzt an die Hauptkampflinie, weil er sich in Frankreich einen Tripper eingefangen hatte. So etwas wurde nicht gutgeheißen von der Führung. Und Strafe konnte auch so aussehen. Es sollte eine harte für ihn werden. Er war nervös, ich habe ihn immer wieder ermahnt, ruhig zu bleiben. Aber er hob seinen Kopf nach oben, nur kurz über das Loch und wurde sofort getroffen. Er fiel nach hinten um, blieb regungslos liegen. Für mich sah er tot aus. Erst später habe ich erfahren, dass der Schuss unterhalb der Schädeldecke so durchgeschlagen war, dass der Mann überlebt hat. Gerade noch redet man mit jemandem, im nächsten Moment sagt er nichts mehr. Aber zu dem Zeitpunkt war ich längst dran gewöhnt, man muss sofort weiter funktionieren. Ich musste aufpassen, hatte nun den Beweis, dass der Russe ein verdammt guter Schütze war, was ich mir schon gedacht hatte, denn er machte keinen Fehler. Aber nun war ich hier alleine in Stellung. Ich dachte nach, wusste, dass mein Freund Erhard im nächsten Graben, etwa fünfzig Meter östlich von mir, auf Posten lag und fasste den Plan, in der Dämmerung zur Nachbarstellung rüberzukriechen. Ich wollte den Tod des Unteroffiziers melden und dafür einen neuen Nebenmann für die Nacht in die Stellung anfordern lassen.«

Als Jakob meint, der Russe sei eingeschlafen, wagt er es. So unauffällig und leise wie möglich windet er sich hinten über den Erdauswurf. Gerade ist er draußen und krallt sich in der Erde fest.»Zack, die Kugel trifft mich seitlich ins Bein, explodiert. Ein fieses Explosionsgeschoss, das einem normalerweise das ganze Bein wegfetzt. Aber es war nicht ganz durch.« Es zählen Sekunden, Jakob kann sich keinen weiteren Treffer einkassieren, er liegt in der Schusslinie und ruft verzweifelt nach Erhard, dem es tatsächlich gelingt, ihn rauszuholen und anschließend schwer verwundet und stark blutend zum Kompaniegefechtsstand zu schleppen.»Erhard gratulierte mir und rief immer wieder, dass

*Deutsche Schützenpanzer
beim Entsatzangriff
für die bei Korsun einge-
schlossenen Verbände*

ich nach Hause komme. Da habe ich realisiert, welch Glück ich
hatte, diesen Mist durchgestanden zu haben.« Als kleines Danke-
schön überreicht Jakob seinem Freund sein Stilett. Vielleicht als
Andenken an ihn. Die Krankenträger bringen den schwer verletzten Jakob zum Truppenverbandsplatz, wo er operiert wird. Neben ihm liegt danach ein Landser auf Stroh, der zeitgleich einer
Operation unterzogen worden ist. Beide freuen sich, dass sie in
die Heimat kommen werden, nach Monaten des Leids. Sie sprechen darüber, was sie alles zu Hause unternehmen, wen sie wiedersehen wollen. Das Donnern der Artillerie ist weit entfernt. Sie
essen und scherzen, bis sie zufrieden einschlafen. Am nächsten
Morgen will Jakob den Kameraden wecken, bemerkt aber, dass er
tot ist. Jakob hat keine Zeit, über den Grund nachzudenken, denn
auf dem Verbandsplatz wird es hektisch. Der Russe solle schon

weiter drängen, heißt es. Der Platz wird geräumt, die Verwundeten werden transportfähig gemacht. Jakob kann einen der Plätze im ersten Sanka ergattern. Zwar sind alle acht Liegen belegt, aber er schafft es, sich mit seinem Bein auf den freien Notsitz zu hieven und darf mitfahren. Sein Glück, denn kurz danach wird der Truppenverbandsplatz angegriffen. »Da ist wohl keiner mehr rausgekommen.« Jakob denkt an Erhard, von dem er nie wieder etwas hören wird. Er selbst schafft es in ein Kriegslazarett nach Lublin, danach geht es weiter nach Deutschland, in das nächste Lazarett nach Kirn, nahe seiner Heimat. »Ich konnte meiner Familie schreiben, alle haben mich besucht. Urlaub vom Krieg. Das war notwendig. Ich weiß nicht, nein, so habe ich mir Krieg nicht vorgestellt. Das war die Hölle. Man kann dann, wenn man in Sicherheit ist, kaum glauben, dass man das überlebt hat.«

Insgesamt kämpfen während der Schlacht am Dnjepr, die vom 26. August 1943 bis zum 23. Dezember 1943 dauert, etwa 1,2 Millionen Soldaten für die Wehrmacht (darunter die Hälfte verbündete Rumänen), von denen 260 000 sterben, auch Jakobs Freund Walter. 2,6 Millionen Soldaten der Roten Armee beteiligen sich an der Schlacht, etwa 1,3 Millionen Tote hat der Gegner zu beklagen. Trotz der hohen Verluste gilt die Schlacht als weiterer großer Sieg für die unaufhaltsame Sowjetarmee. Stalin lässt anschließend fast 2500 seiner Soldaten als »Helden der Sowjetunion« auszeichnen. In der *Tscherkassy-Karpaten-Offensive* lassen noch einmal über 70 000 deutsche Soldaten ihr Leben, darunter Jakobs vermisster Freund Erhard, sowie auf der anderen Seite etwa 80 000 Sowjetsoldaten. Die Wehrmacht verliert 156 Panzer, die Rote Armee 728.

Nach seiner Genesung verbringt Jakob einige Zeit im Ersatzbataillon in Trier, von wo aus er dann im November 1944 eine Abberufung für einen Unteroffizierslehrgang in Idar-Oberstein erhält, den er erfolgreich absolviert. Die Amerikaner stehen nach ihrer Landung im Juli 1944 schon an der deutschen Grenze. Jakob wird nach Metz geschickt, um Kampfgruppen zu unterstützen, die hier seit Ende August erbittert Lothringen verteidigen. »Das waren plötzlich ganz andere Kämpfe als die in Russland. Harte, aber faire Kämpfe, kein Abschlachten. Nicht in offenem Gelände. Jetzt lernte ich den Häuserkampf kennen.« Jakobs zusammengewürfelte Einheit verschanzt sich in Bunkern, wenn die Alliierten Luftangriffe fliegen. Im Schutz von Häusern setzen sie alles, was sie haben, gegen amerikanische Panzer und die nachfolgenden Infanteristen ein: MGs, Gewehre, Handgranaten, Panzerfäuste. Im Kampf um Metz werden 3800 deutsche Soldaten getötet, 14 000 geraten in Gefangenschaft und 8000 werden verwundet. Jakob zweimal. Als er sich mit einer Kampfgruppe im Rathaus von Machern bei Metz verschanzt, gelingt es einem kanadischen Soldaten, eine Eier-Handgranate durch eine Maueröffnung zu schmeißen. In Sekundenschnelle schafft es Jakob, diese mit dem Fuß wieder hinauszutreten. Damit hat er sicher sein Leben und das einiger Kameraden gerettet. Nur ein Splitter des außerhalb der Mauern explodierenden Geschosses bleibt in seinem Bein stecken. Deutsche Pioniere, die in der unmittelbaren Nähe sind, können die Kanadier mit Flammenwerfern zurückschlagen und die Kampfgruppe aus dem Keller befreien. Jakob wird erneut in ein Lazarett eingeliefert. Nach ein paar Wochen Erholung wird er an die Blies, einen Nebenfluss der Saar, geschickt. Es ist die Silvesternacht zum 1. Januar 1945. Pioniere setzen Kampfgruppen mit Schlauchbooten über den Fluss, wo sie Amerikaner aufhalten sollen. Jakobs Gruppe ist darunter. Auf der anderen Seite angekommen, gerät sie sofort unter Beschuss. Die Männer suchen Deckung in einem mit Wasser gefüllten Graben, von wo aus sie sich Feuergefechte mit weiter zurückliegenden amerikanischen Truppen liefern. »Wir versuchten, in Richtung

Front durchzukommen und uns der nächsten Einheit anzuschließen, aber alle Wege waren durch amerikanische Stellungen versperrt. Nach einem kompletten Tag in einem verschneiten und vereisten Straßengraben drohten unsere Füße abzufrieren, und ich traf als Verantwortlicher die Entscheidung, kehrtzumachen.« Unter Aufwendung der letzten Reserven schaffen es die Männer zurück zum Fluss. Mit dem nächsten Schlauchboot setzen sie ans andere Ufer über. Alle leiden unter Erfrierungen. Jakob kann sein Bein nicht bewegen, es droht abzusterben. Bis heute leidet er an dieser Verletzung. Mit einem Lkw wird er damals zum dritten Mal in ein Lazarett abtransportiert, es ist seine vierte Verwundung.

»Ich war fertig, hatte Schmerzen, konnte nicht mehr kämpfen. Das hat man auch so diagnostiziert. Im März 1945 durfte ich gehen, Urlaub machen. Nach zehn Tagen sollte ich mich in Aschaffenburg melden und wieder in irgendeine dieser unsinnigen Kampfgruppen eingegliedert werden.«

Dann erlebt Jakob in Welling ein rührendes Wiedersehen mit seinen Eltern und einem Bruder. »Ich habe geschlafen, gegessen, drei Tage. Dann hörte ich, dass die Amerikaner in der Gegend sind und auf unser Dorf vorrücken. Nein, dachte ich, du hast es überall geschafft. Die Blöße gibst du dir nicht und lässt dich zu Hause verhaften. Ich hatte erfahren, dass in der Nacht ein Lkw der Wehrmacht durch Welling fahren sollte, um zur Genesungskompanie 80 in Koblenz zu gelangen, die von meinem Vetter geführt wurde. Ich verabschiedete mich von den Eltern und stieg auf den Lastwagen auf.« Seinem Cousin erzählt Jakob, dass er sich nicht in Gefangenschaft begeben wolle. Dafür hat dieser Verständnis und stellt ihm ein Schreiben aus mit einer Bestätigung darüber, dass er ihn in seiner Genesungskompanie aufgenommen hat. »Zeig das vor, wenn dich die Feldpolizei anhält«, erklärt der Cousin. »Die Kettenhunde, diese Schweine, erschießen immer noch angeblich Fahnenflüchtige.«

Mit der Genesungskompanie macht sich Jakob auf nach Süddeutschland. In der Nähe des Chiemsees begeben sich die Männer in ein Lazarett und erhalten hier Entlassungsscheine. Jeder solle versuchen, nach Hause durchzukommen. Jakob fährt mit einigen Männern auf dem Traktor eines Bauern mit, zurück Richtung Norden, gerät aber bald in eine amerikanische Straßensperre. Die Soldaten müssen absteigen und werden mit einem Transporter, in dem schon andere Gefangene sitzen, die in der Gegend aufgegabelt worden sind, in ein kleines Lager in Wasserburg gebracht. Einen Tag später geht der Transport weiter zum Fliegerhorst Bad Aibling, wo die Amerikaner Lager PWE 26 angelegt haben: das größte Kriegsgefangenenlager Süddeutschlands. Etwa 750 000 Wehrmachtsangehörige werden hier zwischen 1945 und 1946 eingesperrt, darunter spätere Prominente wie Joseph Ratzinger und Günther Grass. Ein Martyrium. Auch für Jakob, der dort am 6. Mai 1945 ankommt. Die Soldaten, die hier eingezäunt auf den Wiesen liegen, werden wie alle anderen zu dieser Zeit nicht als Kriegsgefangene nach der Genfer Konvention behandelt, nach der sie Anspruch auf ein Mindestmaß an Verpflegung und medizinische Versorgung gehabt hätten. Sie dürfen nicht mal in die intakten Hallen und Hangars, sondern müssen im Freien und ohne Schutz auf dem Boden liegen. Als entwaffnete Streitkräfte oder Kapitulationsgefangene, als die sie angesehen werden, sind sie der Willkür ihrer Bewacher ausgeliefert, die Tag und Nacht neue Gefangene ins Lager treiben.

»Wir hatten unfassbaren Hunger«, sagt Jakob, der hier mit Zehntausenden auf dem Boden ausharrt. »Es gab fast nichts. Eine Scheibe Brot und eine Wassersuppe, und das über Wochen. Wir hatten eine Zapfstelle für Wasser, an der man stundenlang anstehen musste.« So leidet Jakob andauernd Durst. Und er friert. Tagelang regnet es, seinen Kopf kann er mit fünf anderen Kameraden unter eine Zeltbahn legen, der Köper liegt nass und zitternd unter freiem Himmel. Wahrscheinlich sterben in diesen Tagen viele Hunderte. Nicht nur an Hunger. An den Ecken des Lagers stehen amerikanische Sherman-Panzer, auf den Wachtürmen sitzen Soldaten mit Maschinengewehren. »Das war Folter, was die mit uns abgezogen haben. Die wussten, wie wir leiden, haben sich lustig gemacht über uns, hinter dem Stacheldrahtzaun ihre Konserven mit Fleisch und Bohnen gegessen und was sie nicht mehr wollten, haben sie rübergekippt. Wir kannten die Ansage: *Wer sich dem Zaun mehr als drei Meter nähert, wird sofort erschossen.*« Immer wieder aber stürzen sich ausgehungerte, abgemagerte Gestalten auf die Essensreste und werden wie angekündigt erschossen.

»Die Wachtposten auf ihren Türmen haben immer mal wieder über unsere Köpfe geschossen, wahrscheinlich um uns zu zermürben. Und nachts, das war schlimm. Die ganze Nacht strahlten uns diese schrecklichen grellen Lichter an.« Immer wieder gibt es Fluchtversuche, die blutig scheitern. »Ich habe viel gebetet in der Zeit. Das war das Einzige, was mir half.« Jakob will sich nicht erniedrigen lassen, aber die Amerikaner versuchen genau das immer wieder. »Die hatten Angst vor uns, kamen nur schwer bewaffnet in das Lager, um uns irgendwas Unsinniges mitzuteilen oder uns einfach zu beleidigen oder zu schlagen. Ein Offizier wollte, dass ich seine Schuhe putze. Als ich das verweigerte, hat er mich mit dem Lederriemen seiner Pistole ins Gesicht geschlagen. Ich muss ganz ehrlich sagen, die Amerikaner haben uns richtig mies behandelt. Das hätte nicht sein müssen, der Krieg war aus. In Russland, das war etwas anderes, diese Grausamkeiten unter Extrembedingungen. Aber Gefangene so zu behandeln, einfach zu erniedrigen oder abzuknallen, sich einen Spaß daraus zu machen, das geht nicht.« Jakob schüttelt den Kopf. »Wenn uns überhaupt jemand wohlgesonnen war, dann waren das die schwarzen Soldaten. Die haben uns zumindest nicht verprügelt.«

Nach einigen Wochen wird die Lage erträglicher, die Suppe dicker, das Rote Kreuz bekommt Zugang, und Gefangene können eine Baracke bauen, in der zumindest Alte und Kranke schlafen dürfen. Jetzt werden Befragungen durchgeführt. Die Amerikaner suchen vor allem nach Soldaten der Waffen-SS, die sie, wenn sie bei Leibesvisitationen an den bezeichnenden Blutgruppentätowierungen erkannt werden, in spezielle Kriegsverbrecherlager weiterschickten. Ende Juli 1945 beginnen sie damit, Gefangene zu entlassen, die eine feste Adresse angeben können und nicht im Verdacht stehen, politisch belastet zu sein. »Mein Freund in der Zeit, der Franz, der hatte keine Familie, kein Haus, keine Adresse mehr. Ich habe ihm gesagt, er solle meine angeben.« So gelangen Jakob und Franz schließlich mit einem Güterzug bis nach Koblenz und von dort mit einem Lastwagen nach Mayen. Von dort geht es dann die sieben Kilometer, die Jakob vor gerade mal fünf Jahren, noch nichts ahnend von seinem Martyrium, mit dem Fahrrad zurückgelegt hatte, zu Fuß zurück nach Hause. Ins kleine Welling.

Drei Fragen an Jakob

Wann haben Sie vom Holocaust erfahren?
Die Frage habe ich in meinem Leben öfters gehört. Oftmals auch als Suggestivfrage: *Warum haben Sie nichts gegen den Holocaust getan?* Das macht einen wütend, das tut es immer noch, weil man es so oft wiederholt. Dadurch bekommt man doch den Anschein, es würde einem nicht geglaubt. Und das ist kaum erträglich, sich als Lügner zu fühlen. Ich weiß, dass es vielen Männern und auch Frauen aus meiner Generation so ergangen ist. Aber ich wiederhole es noch mal: Wir wussten es nicht! Wir Soldaten, die Frauen und Kinder, das war nichts, das wir erfahren sollten. Und auch die Diskussionen in den 1960er- und 1970er-Jahren im Fernsehen

empfand ich als widerwärtig. Von der Wehrmachtsausstellung will ich gar nicht mehr reden, so wütend kann einen das machen. Man hat damals über uns gesprochen, aber nicht mit uns. Warum? Ist das Angst vor der Wahrheit? Der Satz: Alle Soldaten sind Mörder, der damals so oft fiel. Der ist so falsch, wie etwas nur falsch sein kann. Das ist eine Unterstellung von Menschen, die nie Soldaten waren und es einfach nicht besser wissen, dann aber auch nicht urteilen sollten. Wir haben das alles nicht gerne gemacht, aber wir hatten keine Wahl; das war kein Kinderspiel und kein Wunschkonzert. Wir mussten kämpfen und haben uns gewehrt, damit wir selbst nicht draufgehen. Wir wollten als Söhne und Väter überleben für unsere Kinder oder Eltern. Ist das nicht zu verstehen? Wer sollte für sie da sein, wenn wir fallen? Dass wir getötet haben, heißt nicht, dass wir gemordet haben. Nicht zwangsläufig. Der normale Soldat, der, der klar denken kann, tut das nicht. Kriegsverbrechen gab es, das ist ja aufgearbeitet. Aber ich habe im ganzen Krieg nie erlebt, dass ein deutscher Soldat unschuldige oder unbewaffnete Menschen ermordet hat. Und um die Frage zu beantworten. Der Holocaust, dieses schlimmste Verbrechen der Menschheitsgeschichte – wir einfache Soldaten an der Front haben davon nichts gewusst, und das macht es für uns doch erst recht schlimm. Und noch schlimmer, wenn man das nicht glaubt. Ich frage noch mal: Warum? Woran liegt das? Es hätten so viele Menschen erzählen können, was sie wirklich erlebt haben.

Wann habe ich also vom Holocaust erfahren? Ganz eindeutige Antwort: nach dem Krieg, als alles aus war. Das von den Gaskammern, davon habe ich nie ein Wort gehört, auch in Gefangenschaft nicht. Ich kann mich nicht erinnern, dass wir im Krieg je über Politik gesprochen haben. Die Wehrmacht wollte nichts mit der Partei zu tun haben, das hat man überall gehört und gespürt. Über alles andere haben wir geredet, aber darüber nicht, nicht über Nazismus, nicht über Antisemitismus, nur darüber, wie wir wo am besten heil rauskommen und wo wir etwas zu essen kriegen. Und ja, dann nach dem Krieg, dann hat man als Soldat ein schlechtes Gewissen, weil man ja einen Eid auf den, wie sich herausstellte, feigen Massenmörder Adolf Hitler geschworen hat. Der hat uns ja nicht erzählt, was er wirklich vorhatte. Ja, ich wäre auch freiwillig in den Krieg gezogen, weil man uns weisgemacht hat, dass das sein müsse, weil sonst die Russen unser Land vernichten würden, weil uns Angst vor dem Kommunismus gemacht wurde, ja auch berechtigt. Wir lebten ja vor den Nazis nicht völlig hinter dem Mond und hatten mitbekommen, dass der sowjetische Kommunismus zig Millionen Menschen ermordet hat, wirklich ermordet, nicht getötet. Davor hatten wir Angst, Angst, dass unseren Familien so etwas passieren könnte, wenn sich der Kommunismus hier ausbreitet, wenn Stalin bei uns einfällt.

Hätten wir das getan, hätten wir Hitlers wahre Pläne gekannt? Auch eine eindeutige und logische Antwort: Nein! Ganz sicher nicht. Dann hätte es diesen Krieg in dieser Form nicht und niemals gegeben.

Inwiefern hat der Glaube an Gott Sie begleitet? Sind Sie durch den Krieg gläubiger geworden?
Nein, eigentlich war ich schon vor dem Krieg ein äußerst gläubiger und religiöser Mensch. Die ständige Erfahrung von Glück in den Kriegsjahren, die mich diese Zeit – im Gegensatz zu vielen anderen – hat überleben lassen, hat meinen Glauben aber sicher weiter gefestigt. Die Jungfrau Maria spielt dabei als Mittlerin zu Gott eine zentrale Rolle in meinem Glauben. An sie habe ich auf den Schlachtfeldern gedacht und zu ihr bete ich noch heute.

Haben wir genug über den Zweiten Weltkrieg aufgeklärt?
Was in der Schule bearbeitet wurde und wird, kann ich leider nur bedingt beurteilen. Was ich aber von meinen Kindern und En-

keln mitbekommen habe, so habe ich die Vermutung, dass es zu wenig sein könnte. Und leider ist die Perspektive stark begrenzt auf die Sicht der Alliierten. Filme und Reportagen machen den Anschein, der Krieg sei nur aus Sicht der Sieger erzählt. Ich habe selten etwas in den großen deutschen Medien gefunden, über das ich wirklich sagen würde, da ist der Krieg realistisch nachempfunden. Die Sicht des normalen Wehrmachtssoldaten, der keine politischen Motive verfolgt, bleibt in der Geschichtserzählung ausgeklammert. Sonst wären wir wohl auch alle nicht gefragt worden, warum wir nichts gegen den Holocaust unternommen haben. Die Geschichtsvermittlung in der Gesellschaft ist doch ziemlich auf die Nazi-Ideologie einerseits und auf die Kriegserlebnisse der Alliierten andererseits gemünzt. Das ist schade, denn so haben unsere Nachkommen wenig davon erfahren, wie es uns erging. Sofern wir es nicht erzählt haben. Und das haben viele nicht getan, sie wurden aber auch zu selten gefragt.

PAUL UND DIE STRÄNDE
DER NORMANDIE

Paul (*1925) lebt mit einer elf Jahre jüngeren Freundin in seinem Haus in Königswinter. Er gilt als einer der letzten deutschen Zeitzeugen, der von der Landung der Alliierten am 6. Juli 1944 berichten kann. Zu den sogenannten D-Day-Feierlichkeiten wird er regelmäßig eingeladen. Ein Freund, der amerikanische Politikberater Andrew Dennison, der ebenfalls in Königswinter lebt, unterstützt ihn bei allem. Er reist mit ihm in die Normandie und stellt Kontakte zu Journalisten oder Historikern her, die sich für Pauls Geschichte interessieren. Trotz des Altersunterschiedes verstehen sich die Männer blendend. Sofern Andrew Zeit hat und im Ort ist, kommt er auf einen Kaffee rüber. Und dann reden sie wie heute bei einem Stück frischem Apfelkuchen über Pauls Erlebnisse.

Paul wird 1925 geboren und wächst mit sieben Geschwistern in einem landwirtschaftlichen Betrieb im Umkreis der pommerschen Kleinstadt Waldow (Gniewkowo) auf. Zu seinem Vater hat er ein gutes Verhältnis. »Er hat viel mit mir gesprochen, manchmal auch über seine furchtbare Zeit im Ersten Weltkrieg. Schon früh hat er mir eingebläut, niemals auf einen unbewaffneten Menschen zu schießen. Egal, was passiert. Daran sollte ich mich immer halten.

Ich habe natürlich nicht gedacht, dass auch ich mal in einem Weltkrieg kämpfen würde, aber die Devise meines Vaters habe ich mir zu eigen gemacht. Er war gewissenhaft und anständig, von den Nazis hat er nichts gehalten. Er hat viel Wert darauf gelegt, dass wir unsere Schularbeiten machen, erst danach mussten wir die Arbeit auf dem Hof erledigen und erst danach durften wir spielen. Das hieß, wir waren eigentlich den ganzen Tag draußen.« Das kindliche Erkunden der Wälder und Wiesen, die Pfadfinderspiele, das Kennenlernen der Natur, auch ihrer Gefahren, sieht Paul als Grund an, warum er sich später in der Normandie so gut zurechtfindet. Auch die Hitlerjugend habe ihn geprägt und – ohne es damals gewusst zu haben – auf den Krieg im Gelände vorbereitet: Marschieren, Orientieren, Führen, Kämpfen in allen Wetterlagen. »Die Machtergreifung der Nationalsozialisten habe ich damals als Achtjähriger nur nebenbei mitbekommen, das spielte bei uns auf dem Land keine Rolle. In der Stadt hingen dann Nazi-Fahnen, und die Leute begrüßten sich plötzlich mit *Heil Hitler.* Wieder habe ich auf meinen Vater gehört. Er hatte einen Freund, einen jüdischen Gemischtwarenhändler, der seinen Laden in Waldow betrieb. Ich denke, dass er von dem einiges erfahren hat. Eines Tages hat er uns Geschwister, die er hin und wieder in den Laden schickte, gewarnt: Wir sollten aufpassen, dass wir nicht gesehen werden, wenn wir den Laden betreten oder verlassen. Er hat uns erzählt, dass, seit wir einen neuen Kanzler hätten, immer weniger Kunden bei dem Juden einkaufen würden. Wir sollten das weitermachen, aber wir müssten rücksichtsvoll sein und dürften den Juden auf keinen Fall mit *Heil Hitler* grüßen, sondern sollten lieber einen Diener machen und freundlich sein. Da ahnte ich, dass sich etwas grundlegend verändert haben musste.«

Ende der 1930er-Jahre verschärften sich die Spannungen mit Polen. Paul wohnt nur sieben Kilometer vom sogenannten Polnischen Korridor entfernt, wo noch viele Deutsche leben und wo er auch Verwandtschaft hat. »Die haben uns erzählt von den Drangsalierungen der Polen, die sie plötzlich ausgrenzten und als Feinde ansahen. Viele kamen dann zu uns rüber, wenn das machbar war. Die jungen polnischen Soldaten, mit denen wir manchmal an der Grenze Fußball gespielt hatten, schickten uns plötzlich auch weg. Und dann im September 1939 eskalierte alles.« Paul ist 14 Jahre alt, als er die Artillerie donnern hört und dann Flugzeuge Bomben abwerfen und Soldaten über die Grenze marschieren sieht. »Ich habe gedacht, gut dass ich noch so jung bin und nicht in den Krieg muss. Ich dachte auch, der wäre schnell vorbei. Also ich meinte, das Ganze wäre ein deutsch-polnischer Krieg, und war mir deshalb sicher, dass die Deutschen das rasch beenden würden und sich dann alles normalisieren würde, wir wieder mit den Polen Fußball spielen könnten und so was. Wie falsch ich doch lag mit der Einschätzung.«

Paul besucht nach der Volksschule eine Landwirtschaftsschule in Rummelsburg. Er erinnert sich daran, dass die Waffen-SS in die Schule gekommen ist und nach geeigneten, großgewachsenen und meist blonden Jugendlichen gesucht hat. Zu denen gehört Paul. Sie hätten ihnen versprochen, wenn sie mitkämen, bräuchten sie die Schule nicht zu beenden, kriegten gute Bezahlung und adrette Uniformen. »Die besten Soldaten sollten wir werden. Aber irgendwie kam das nicht an. Wir waren alles Bauernlümmel, wollten die Schule fertigmachen und noch nicht kämpfen. Von den zwanzig Schülern, die sie ausgewählt hatten, haben sie nur einen Freiwilligen mitgenommen.« Paul schließt die Schule ab, lässt sich regulär mustern und meldet sich Ende 1943 mit 18 Jahren zur Infanterie. Seine dreimonatige Grundausbildung absolviert er in Graudenz (Grudziądz). In der Kaserne bricht die Diphtherie aus, Paul infiziert sich und muss in ein Lazarett. Dort steckt er sich zusätzlich mit Scharlach an. Bis Ende März 1944 liegt er fiebernd im Bett. »Das alles war mein Glück. Alle meine Kameraden der Kompanie, mit denen ich Ausbildung gemacht hatte, waren längst an der Ostfront, und der Großteil war vermutlich schon gefallen. Ich hatte einen Schutzengel. Da bin ich mir heute sicher.«

Paul im Frühjahr 1944

Paul wird nach seiner Genesung in das Grenadier-Regiment 1057 der 9. Infanterie-Division integriert und in Reims für den Luftlandeeinsatz zum Maschinengewehrschützen ausgebildet. »Wir hatten das schwere MG 42. Das bediente man zu viert. Als MG3 musste ich aber nur Munition schleppen und nicht den Abzug drücken. Das war ganz im Sinne meines Vaters, und damit fühlte ich mich sicher.«

Mitte Mai 1944 wird sein Regiment nach Cherbourg in die Normandie verlegt, man erwartet jederzeit die Landung der alliierten Truppen. »Wir waren also immer vier Mann in Gruppen. Die meisten bekamen für den Transport hochmoderne Kettenkrads. Das hatte schon was. Warum ausgerechnet wir einen Panjewagen erhielten, hatte ich nicht verstanden. Aber es war eben so. Ein Karren mit zwei Rädern, auf den wir das Maschinengewehr, die Munition und unser Marschgepäck aufluden. Der Wagen wurde von einem Muli gezogen, und dieses wiederum von einem ukrainischen Hilfswilligen geführt und versorgt. Und so ging es los, wir zogen mit der Kompanie zu den Sumpfgebieten nahe der Normandie-Küste.« Der Auftrag für die jungen Männer dort: *Rommelspargel* pflanzen. Das heißt, zugespitzte Holzpfähle mit Stacheldraht in den Boden einbringen, an denen die alliierten Fallschirmspringer hängen bleiben sollen. Die französische Landbevölkerung muss dabei helfen. Andere Einheiten rüsten währenddessen die Strände hoch. Der für die Verteidigungsorganisation zuständige Generalfeldmarschall Erwin Rommel hat längst angefangen, Bunkeranlagen bauen zu lassen, es werden massenweise Panzersperren und Minen verlegt.

Die Führer der drei alliierten Hauptmächte, Sowjetunion, USA und Großbritannien, haben auf der Konferenz von Teheran Ende 1943 die Landung in der Normandie unter dem Decknamen *Operation Overlord* beschlossen. Vor allem Josef Stalin hatte zuvor zur Entlastung der Roten Armee im Deutsch-Sowjetischen Krieg mehrfach auf die Errichtung einer Westfront gedrängt. Den Oberbefehl über die Invasion, die nichts weniger als die bedingungslose Kapitulation Deutschlands zum Ziel haben soll, erhält der US-General Dwight D. Eisenhower, der zu diesem Zweck in England die größte Armada der Geschichte auffahren lässt. Bis Juni 1944 werden 6483 Schiffe, 6518 Kampfflugzeuge, drei Millionen Soldaten und zwei Millionen Tonnen Kriegsmaterial bereitgestellt. Winston Churchill erklärt am Tag der Invasion vor dem britischen Unterhaus: »Diese gewaltige Operation ist ohne Zweifel die komplizierteste und schwierigste aller Zeiten.«

Trotz des Wissens um eine bevorstehende alliierte Landungsoperation fühlt man sich auf deutscher Seite aufgrund des seit

1942 errichteten Atlantikwalls sicher, der mit 15000 Befestigungsanlagen das gesamte Küstengebiet von der spanischen Grenze bis zum norwegischen Nordkap abdeckt. Zudem unterliegt Hitler einem genialen Täuschungsmanöver der Alliierten. Am englischen Ufer gegenüber dem französischen Calais haben diese eine ganze Armee aus Panzern und Schiffen aus Pappe und Holz nachbauen lassen. Auch für die Generalität der Wehrmacht steht die Landenge zwischen Dover und Calais als Invasionsroute außer Frage, bildet sie doch den kürzesten Seeweg zwischen England und Frankreich. Folglich stellt man hier die stärkste Abwehrkraft auf. Die erste Phase der *Operation Overlord* bezeichnet die Landung in der Normandie. Sie findet unter höchster Geheimhaltung statt, erhält den Decknamen *Operation Neptune* und beginnt kurz nach Mitternacht zur *H-Hour* (Stunde Null) am 6. Juni 1944, dem D-Day (Tag X). Noch in der Nacht bombardieren über 7000 alliierte Kampfflugzeuge und etwa 1000 Schiffe die Befestigungsanlagen der Wehrmacht. 23 000 Fallschirmjäger springen außerdem im Hinterland ab. Pauls Kompanie hat sich in den Anhöhen von Cherbourg in Erdlöcher eingegraben und darin MG-Nester eingerichtet, die sie mit Zweigen und Sträuchern tarnen. »Da brach die Hölle los. Wir kauerten da, konnten nichts machen, sahen die Flugzeuge über unsere Stellungen hinwegfliegen, rings herum explodierten die abgeworfenen Bomben. Im Feuerschein erkannten wir Fallschirmspringer am Himmel. Wir wurden nicht getroffen. Schnell wurde es auch wieder ruhig. Ich wartete, bis die Sonne aufging, und sah dann, dass die Anhöhen neben uns zerstört waren. Da sind viele Kameraden draufgegangen. Wir wussten nicht, was zu tun ist.« Paul läuft gegen fünf Uhr morgens den Berg hinunter zum nächsten Dorf, wo er wie immer um diese Zeit Milch holen will. Doch an diesem Tag warnen ihn die aufgeschreckten Franzosen, dass es bald hier von Amerikanern nur so wimmeln würde. »Möglicherweise haben die Franzosen nicht daran gedacht, dass die Deutschen an den Stränden so lange Widerstand leisten können. Aber sie haben uns junge Männer gewarnt und gesagt, wir sollten bloß abhauen und uns in Sicherheit bringen. Aber wir waren nun mal Soldaten und daher zum Kämpfen da und natürlich bereit dazu. Ich lief wieder zur Stellung zurück. Wir sahen noch mehr Fallschirmspringer am Himmel, Flugzeuge flogen über unsere Köpfe hinweg, schmissen Bomben ab. Wir konnten natürlich gar nichts mehr mit dem Maschinengewehr ausrichten.«

Ab 6 Uhr beginnt die nächste Phase der Invasion. 150 000 alliierte Soldaten steuern in über 3100 Landungsbooten auf die Zielstrände der Normandie zu. Auch diese auf 100 Kilometer Breite gelegenen Abschnitte erhalten codierte Namen. Die Amerikaner landen an den Stränden *Utah* und *Omaha,* die Briten an den Stränden *Gold* und *Sword* und kanadische Truppen an *Juno.*

Obwohl das Oberkommando der Wehrmacht an diesen Standpunkten bis zum Schluss nicht mit der Invasion gerechnet hat, stehen immerhin 50 000 Infanteristen der Heeresgruppe B unter dem Oberbefehl von Generalfeldmarschall Rommel bereit, um auf alles zu schießen, was den Strand erreicht. Alliierte Soldaten finden den schnellen Tod durch schweres Maschinengewehrfeuer aus getarnten Bunkern oder werden von Tausenden ausgelegten Minen zerfetzt. Panzersperren und Stacheldraht bringen ihren Vormarsch zum Stehen, und die Soldaten sind zunächst den von den Hügeln schießenden Wehrmachtssoldaten schutzlos ausgeliefert. Bis in den frühen Nachmittag hält der deutsche Widerstand, bevor die Strände eingenommen werden können. Die Kämpfe gehen im Hinterland weiter, wo nun die 21. Panzerdivision Gegenangriffe startet.

Paul zieht mit seiner Gruppe samt Maschinengewehr und Muli-Karren in Richtung Küste, nach Sainte-Mère-Église. »Wir hatten komischerweise gar keine Angst, aber richtig Hunger an

*6. Juni 1944: Alliierte Panzer rollen auf den Strandabschnitt
Utah Beach.*

dem Morgen, denn dummerweise hatten wir im Eifer des Gefechts keine Rationen mitgenommen. Ich suchte also nach etwas Essbarem auf der Wiese. Und da hatte ich einen kuriosen Moment. Im Gras bewegte sich etwas. Irgendwas Weißes. Ich nahm meinen Karabiner, entsicherte ihn und ging darauf zu, erkannte dann, dass es ein Socken war, der auf einem Gewehr steckte. Es war ein amerikanischer Soldat, der mit dem Fallschirm abgesprungen war. Der lag noch hinter ihm. Und der Mann war schwarz. Ich hatte noch nie einen schwarzen Menschen gesehen. Und nun lag er da und bettelte mich an, ich solle nicht schießen. Er wolle sich ergeben, daher der weiße Socken. Er schmiss sein Gewehr weg, und ich ging auf ihn zu, redete ganz ruhig, auf Deutsch. Damals konnte ich kein Englisch. Der arme Kerl zitterte, hatte noch ein Messer in der Hand, mit dem er seinen Fallschirmriemen abgeschnitten hatte. Das stieß ich ihm mit dem Fuß weg. Der war total verängstigt, hielt mir dann eine Flasche hin und sagte: *Good Water. Fresh Water.* Das verstand ich und ich hatte höllischen Durst, ließ ihn aber zuerst trinken. Man weiß ja nie. Der Mann nahm seine Hände über den Kopf. Ich untersuchte ihn noch mal nach Waffen und dann schickte ich ihn nach hinten in Richtung unserer Truppen. Ich bedeutete ihm, die Arme oben zu lassen. Er lief weg.«

Paul ist davon überzeugt, dass er einen schwarzen amerikanischen Soldaten gesehen hat. Allerdings gehören zu dieser Zeit keine schwarzen GIs den Fallschirmtruppen an. Der Rassismus in der amerikanischen Armee ist allgegenwärtig, und man traut Schwarzen derart komplexe Aufgaben nicht zu. So werden sie bis Ende des Zweiten Weltkrieges nur für den Tross, Verpflegung und Küche und Gefangenenbewachung eingesetzt. Die Fallschirmspringer aber, die nachts über der Normandie abgesprungen sind, haben ihre Gesichter und Hände mit schwarzer Schuhcreme angemalt. Vermutlich ist der Mann, der sich Paul ergeben hat, also ein getarnter weißer Soldat. Aber wie hätte Paul das damals wissen können, wenn er noch nie einen andersfarbigen Menschen gesehen hat?

Paul und seine Kameraden laufen weiter und treffen den nächsten amerikanischen Soldaten, der starr an einer Hecke sitzt und sich nicht bewegt. Sie gehen mit entsicherten Gewehren auf ihn zu und bemerken, dass er tot ist. Er ist kalt und hat keinen Pulsschlag. Einer von Pauls Kameraden fängt damit an, den toten Soldaten zu durchsuchen, zieht ihm sein Portemonnaie aus der Tasche und steckt es ein.»Der hieß Schneider, ein groß gewachsener Sachse, er war unser MG-Schütze 1. Schneider zog sein Messer und wollte allen Ernstes dem Toten den Finger abschneiden, weil da ein hübscher Ring dran steckte. Ich dachte an meinen Vater, wie der sich aufgeregt hätte über eine solche Leichenschändung. Der Mann war nicht mehr bewaffnet, ob tot oder lebendig. Ich legte meinen Karabiner an und bedrohte meinen Kameraden, schrie ihn an: *Wenn du das machst, erschieße ich dich.* Er ließ von ihm ab, und Finger und Ring blieben dran an dem Toten.«

Die jungen Soldaten haben keine Zeit, zu diskutieren oder zu streiten, denn in diesem Moment bemerken sie in einem nahen Waldstück amerikanische Soldaten, die das Feuer auf sie eröffnen. »So schnell wie noch nie sprangen wir in Deckung, bauten unser MG auf und schossen zurück. So ein schweres Maschinengewehr, das ist wie eine Sense. Zwei Patronengurte haben wir in den Wald gefeuert, sahen Hunderte Äste und Zweige zersplittern. Vermutlich hat es alle Soldaten erwischt, die sich da verschanzt hatten. Es feuerte zumindest keiner mehr. Schneider schoss wie im Rausch, vielleicht war er noch wütend wegen des Disputes mit mir. Dann plötzlich tauchte ein Sherman-Tank auf, der auf uns zu steuerte. Warum der nicht geschossen hat, weiß ich nicht. Die hatten uns auf jeden Fall gesehen. Schneider ließ nachladen, das Gewehr ausrichten und ballerte auf den Panzer, bis keine Patronen mehr da waren. 200 Schuss. Die Kugeln prallten am Sherman ab, der weiter auf uns zufuhr. Wir blieben wie erstarrt stehen. Wenn wir weggerannt wären, über das offene Feld, hätte er uns sicher ohne Mühe hochgejagt. Dann ist der Panzer etwa 150 Meter vor uns. Was macht der Schneider? Er zieht seine Pistole und will weiter auf den Tank schießen.« Pauls Stimme erhebt sich. »Dieser Idiot. Da rief in dem Moment jemand von hinten auf Deutsch: *Sind Sie verrückt geworden? Sofort die Waffe fallen lassen, Herr Unteroffizier.* Ich schaute mich um und sah einen Leutnant hinter uns, der sich ergeben wollte und uns bedeutete, das Gleiche zu tun. Zum Glück beruhigte sich Schneider, und schließlich ergaben wir uns, wurden gefangen genommen, entwaffnet und zur Sammelstelle geführt. Da wurden wir ordentlich gefilzt. Bei Schneider fanden sie das gestohlene Portemonnaie. Der Idiot hatte es nicht mal mehr weggeworfen auf dem Marsch. Erst haben sie ihn zusammengeschlagen, dann hat ihm ein Soldat mit einem aufgepflanzten Bajonett in den Hintern gestochen. Er wollte ihn nicht töten, aber hat ihm eine ordentliche Wunde zugefügt.

Ich bin sicher, hätten sie bei ihm einen abgeschnittenen amerikanischen Finger mit Ring gefunden, also hätte ich das nicht verhindert, die Amerikaner hätten keine Gnade walten lassen. Es gibt so Arschlöcher wie den Schneider.« Am Abend des D-Days registrieren die Alliierten etwa 12 000 Verluste, darunter mehr als 4400 Tote. Wie viele deutsche Soldaten an diesem Tag den Tod finden, lässt sich nicht genau angeben. Die Zahl der Verluste wird auf 4000 bis 9000 Mann geschätzt. Bei der weiteren Invasion der Normandie sterben bis zum 25. August 1945 etwa 65 700 alliierte und ungefähr 50 000 deutsche Soldaten.

Trotz der massiven Gegenwehr der Wehrmacht und der hohen Verluste an Truppenteilen gilt die Landung in der Normandie als großer alliierter Erfolg. Die strategische Planung gleicht einem Geniestreich, ebenso die Logistik und die bereitgestellte Technologie. Neue Waffen und Fahrzeuge sind zudem speziell auf genau diese Operation zugeschnitten und entwickelt worden. Landungsboote mit Raketenwerfern, extravagante Panzer, die 20 Kilogramm Sprengbomben bis zu 80 Meter weit abwerfen können (*Armoured Vehicel Royal Engineers*) oder Flammenwerfer, die auf 120 Meter Distanz 80 Flammenstöße pro Sekunde abfeuern (*Churchill Crocodile*) sind nur zwei Beispiele. Auch die gelungene Koordination und Kommunikation zwischen den alliierten Einheiten führt zum schnellen Durchbruch. Aspekte, die dem Gegner geschmeichelt haben. Rommel notiert über die *Operation Overlord*: »Unsere Freunde von der Ostfront können sich nicht vorstellen, was hier los ist. Hier gibt es keine fanatischen Horden, die in Massen gegen unsere Linien stürmen, ohne Rücksicht auf Verluste und ohne besondere Technik. Hier stehen wir vor einem, der all seine Intelligenz in seine vielen technischen Ressourcen investiert, der keinen Materialaufwand scheut und bei dem jede Operation verläuft, als sei sie mehrfach geübt worden. Schwung und Hartnäckigkeit allein machen einen Soldaten nicht mehr aus.«

Paul verbleibt einige Tage in einer Gefangenensammelstelle. »Dann marschierten wir im Treck zum Strand, der *Utah Beach* genannt wird, ein paar Hundert waren wir. Begleitet haben uns schwarze GI-Posten, diesmal pechschwarze. Hin und wieder sahen wir Franzosen, die uns von der Seite anbrüllten und bespuckten. Plötzlich trat einer auf die Straße und verlangte von einem schwarzen Amerikaner das Gewehr. Er bedeutete ihm, dass er ein paar Deutsche erschießen wolle. Der Amerikaner hat ihn angeschrien und seine Waffe stattdessen auf den Franzosen gerichtet, der voller Panik davonlief. Wieder dachte ich an die Mahnung meines Vaters und freute mich, dass dieser Grundsatz für ehrenhafte Soldaten anderer Armeen auch galt.«

Der Gefangenentreck kommt nach einer weiteren Wanderung am 12. Juni am *Omaha Beach* an. Pauls erstaunter Blick fällt auf Tausende Boote, die dort festgemacht haben, Landungsboote, dahinter in einigen Hundert Metern Entfernung Zerstörer, Kriegsschiffe, Frachter. Fesselballons darüber zum Schutz vor Flugzeugangriffen. Ein wahnsinniges Bild, ein reges Treiben, so viele Soldaten. »In dem Moment wusste ich, dass der Krieg vorbei ist, nicht nur für mich. Diese Übermacht war nicht mehr zu verteidigen.« Die Gefangenen werden auf Landungsboote verladen und auf einen englischen Liberty-Frachter gebracht. »Da konnte ich endlich essen, und zwar richtig. *Mashed Potatos* und *Wiener:* Kartoffelbrei und Würstchen. Was habe ich das geliebt.« Es geht Richtung Südengland, von dort nach Schottland in ein Lager. »Zwei Wochen später wurden wir mit etwa 2000 deutschen Soldaten auf das Kreuzfahrtschiff *Queen Mary I* verladen und über den Ozean in Richtung USA ausgeschifft. Es war wie im Paradies, es fuhren auch normale Zivilisten mit in die USA. Wir hatten eigene Kojen, bekamen Fleisch, frisches Obst und Zigaretten. Die besten Marken wie Camel oder Lucky Strike. Ich hätte nicht gedacht, dass man uns so erstklassig behandeln würde. Ich weiß, dass es nicht allen so erging. Es gab Strafkompanien, die gar nicht nach Amerika kamen. Da sind viele verreckt in amerikanischen oder französischen Lagern. Wieder begleitete mich mein Schutzengel, der mich auf das richtige Schiff und ins vielleicht beste Gefängnis brachte.«

Paul wird im Kriegsgefangenenlager *Camp Patrick Henry* in West Virginia interniert. In Gefangenschaft erhält er seine erste Jeans. Darauf muss er mit weißer Farbe die Buchstaben *POW* auftragen. Im Camp sind schon Gefangene des deutschen Afrika-Korps interniert.»Die hatten uns unsere Holzbaracken hergerichtet. Mit weißer Bettwäsche. Auf jedem Bett lagen eine Tafel Schokolade und eine Stange Zigaretten. So hat man sich keine Gefangenschaft vorgestellt. Es war ja ein Militärlager, also eine Kaserne für amerikanische Soldaten. Für die mussten wir arbeiten, aber das war keine schlechte Tätigkeit, man hatte da Auswahl. In den Südstaaten der USA arbeiteten die meisten in der Landwirtschaft. Aber auch im Lager selbst konnte man was tun. Die Stuben und die Straßen saubermachen, kochen in der Küche, bügeln in der Wäscherei, montieren in der Werkstatt oder sägen in der Tischlerei. Jeder, was er am besten konnte oder wollte. Ich habe im Gemüsegarten gearbeitet, leckere, saftige Tomaten hochgezogen. Und so habe ich mir dann 80 Cent am Tag verdient und konnte neben der regulären Verpflegung alles Mögliche in der Kantine kaufen. 1944 habe ich da meine erste Coca Cola getrunken. Die schmeckte lecker. Es gab in dem Laden Zigaretten, Süßigkeiten, Kartenspiele, allerdings keinen Alkohol. Aber den konnten wir uns auch selbst herstellen, illegal. Schnaps aus Zucker und Rosinen, schmeckte auch mit Cola. Wir konnten Sport machen, hatten eine Gefangenenband und ein Theater. Es gab auch Angebote, um Englisch zu lernen. Das habe ich gerne genutzt. Ich wurde ein richtiger Amerika-Fan, bin das ja bis heute geblieben.«

Ab Mai 1946 werden nach und nach alle Deutschen aus amerikanischer Kriegsgefangenschaft entlassen. Doch bevor Paul im Oktober 1947 erstmals wieder deutschen Boden betritt, wird er nach Schottland verschifft. Während seiner lockeren britischen Gefangenschaft hilft er beim Straßenbau, bevorzugt an den meisten Tagen aber das Fußballspiel mit den Schotten. Als er nach Hause kommt, ist ihm von seiner Familie nur noch eine Schwester, ein Onkel und eine Tante in Hamburg geblieben, zu denen er zieht.

Paul mit US-Präsident Barack Obama am 6. Juni 2014

Drei Fragen an Paul

Wie haben Sie das Kriegsende erlebt?
Da in unserem Lager hatten wir Radio und Zeitung. Das Kriegsende wurde gefeiert. Uns ging es ja blendend, und das hieß, dass
wir nach Hause kommen würden. Es gab noch ein paar Fanatiker,
aber ganz wenige, die bis zuletzt an so etwas wie einen Endsieg
geglaubt hatten. Ich weiß das noch, wir normal tickenden Soldaten haben den Amerikanern gratuliert zum Sieg. Wir hatten aber
den russischen Einmarsch am Ende des Krieges verfolgt und
machten uns Sorgen um unsere Familien. Der Großteil meiner
Familie ging damals drauf. Meinen armen Vater haben sie erschlagen, meine Schwester wurde vergewaltigt und kriegte dann ein
Kind von ihrem Vergewaltiger. Das habe ich 1947 alles von meiner Tante erfahren.« Paul schluckt.»Wir haben auf jeden Fall die
Amerikaner gewarnt vor der Brutalität der Russen. Wir dachten,
dass sie mit den Deutschen am Ende gegen die Sowjetunion wei-
terkämpfen würden. Viele amerikanische Soldaten sahen das
auch so, sagten aber: Das sind doch unsere Verbündeten. Die
deutschen Gefangenen bei uns waren der Meinung, dass sie das
falsch einschätzten, dass sie die Deutschen, die doch noch so viele
Waffen, Infrastruktur und auch Know-how über den Kommunismus hatten, brauchen würden, denn Russland würde sich gegen
Amerika wenden. Tatsächlich wurde die Sowjetunion dann ja
nach uns der Hauptfeind der USA, und sie ist es lange geblieben.
Wenn auch in einer anderen, kalten Form des Krieges.

Wann haben Sie von den Verbrechen der Nazis erfahren?
Das war in Gefangenschaft, kurz nach dem Krieg. Und da kippte
die Stimmung für ein paar Tage. Ich merkte, dass die Amerikaner
wütend waren. Kein Wunder bei den Aufnahmen. Wir mussten
ins Kino und uns die Befreiung von Bergen-Belsen und Auschwitz

anschauen. Einige GIs schimpften: Ihr kriegt hier alles, was ihr wollt, so gutes Essen. Warum habt ihr das mit den Juden gemacht und zugelassen? Wir waren alle schockiert, wussten von nichts. Haben uns diese furchtbaren Bilder angeguckt und unisono gesagt, das sei amerikanische Propaganda, das könne nicht echt sein. Das sah aus wie ein Horrorfilm. Von den Gaskammern sagte da keiner was, war auch im Film nicht zu sehen. Das haben wir später erfahren, lange nach der Gefangenschaft. Die Amerikaner wussten das auch nicht. Sie sagten, die Menschen wären ausgehungert worden, und sie haben uns dann auch radikal unsere Essensrationen gekürzt. Aber sie haben gesehen, wie schockiert wir selbst waren, und glaubten uns bald, dass wir das nicht gewusst hatten. Ich habe während des kurzen Kriegseinsatzes nie einen Soldaten kennengelernt, der ein Nazi war oder was von Hitler hielt oder über Juden geschimpft hätte. Das meine ich ganz ernst. Die antisemitische Stimmung habe ich nur vor dem Krieg mitbekommen. Die, die da gehetzt haben, das waren für uns Nazi-Bonzen. Die haben sich auch das Haus von dem jüdischen Freund meines Vaters unter den Nagel gerissen. Das ist aber nicht soldatenhaft. Ich habe da immer klar getrennt, auch wenn später rauskam, dass deutsche Soldaten an der Ostfront Mist gebaut hatten. Ich kann mir aber beim besten Willen nicht vorstellen, dass das viele waren.

Wie haben Sie die Gedenkfeiern in der Normandie erlebt?
Überwältigend. Mein Freund Andrew hat das 2014 zum 70-jährigen Gedenken an die Schlacht erstmals organisiert. 2019 zum 75-jährigen Jubiläum war ich wieder da. Wir wohnten mit unseren Familien in einem Ferienhaus in der Normandie. Vor allem die britische und amerikanische Presse interessierte sich für mich, Filmteams begleiteten mich zu den Originalschauplätzen, und ich habe viele Autogramme geschrieben. Vielleicht bin ich wirklich der letzte Zeitzeuge des D-Days von deutscher Seite, wie man es

ein ums andere Mal lesen konnte. Ich stand mit den Veteranen der anderen beteiligten Länder auf der Ehrentribüne. Als einziger Deutscher. Amerikaner sind noch viele da, einige saßen im Rollstuhl. Bei den Zeremonien haben die Großen meine Hände geschüttelt: Barack Obama und Donald Trump, Queen Elisabeth. Mit allen habe ich kurz gesprochen und das wiederholt, was ich als 18-Jähriger beim Anblick der vielen Boote an den Stränden gedacht habe: »Wir müssen mit den Amerikanern und Engländern in Frieden leben.«

ROLF, DER RUHRKESSEL UND DIE RHEINWIESEN

Rolf (*1927) lebt gemeinsam mit seiner Frau, seiner Tochter und zwei Enkeln in Warendorf. Draußen gießt es, aber den sechsjährigen Jungen macht das nichts aus. In Regenbekleidung spielen sie im Garten mit ihrem Hund. Rolfs Frau und Tochter sitzen auf der überdachten Terrasse und beobachten das Treiben. »Ich geh bei Regen nicht raus«, sagt Rolf und gießt sich eine Tasse Kaffee ein. »Nicht, wenn es nicht unbedingt sein muss. Ich habe vierzig Jahre als Psychiater gearbeitet und habe Menschen mit den unterschiedlichsten Krankheiten helfen können. Meine leichte Regenphobie konnte ich mir nicht wegtherapieren.« Er schüttelt sich. »Ich habe aber lange gebraucht, um zu erkennen, woher sie kam. Dabei liegt das ja auf der Hand. Ich habe nur selten über meine Zeit im Krieg geredet und die Rheinwiesenlager vergessen – nein verdrängt. Das Unterbewusstsein aber, es vergisst nicht. Und daher ist meine Familie jetzt da draußen, und ich sitze hier.«

Rolf wird 1927 in Münster geboren, wo sein Vater als Tierarzt tätig ist »Mein Vati war ein großer Antinazi und hielt Kontakt zu politischen Gegnern.« Wenn Rolf sich erinnert, spielt fast immer der Vater eine herausragende Rolle. »Deshalb geriet er schon früh ins Visier der Gestapo, wurde mehrfach verhört. Er weigerte sich strikt, der Partei beizutreten, und um ihn zu schützen, beschloss schließlich meine Mutter, in die NSDAP zu gehen; damit wollte sie unsere Zugehörigkeit zum Regime suggerieren. Meinen Vater hat das alles wahnsinnig aufgeregt. Auf den Krieg hat er geschimpft. Mein sieben Jahre älterer Bruder Dieter zog als Pilot in den Luftkampf. Er war 21 Jahre und ein junger Leutnant, als er viel zu früh starb. Zweimal wurde er mit seiner Ju 88 von den Engländern über Nordafrika abgeschossen. Er schaffte es beide Male, mit dem Fallschirm abzuspringen. Einmal konnte er entkommen, das andere Mal wurde er von den Briten gefangen genommen und in ein Gefangenenlager in Palästina gesteckt. Ausgerechnet da dachte sich ein deutscher Fernaufklärer, seine Bomben abschmeißen zu müssen. Der hat sicher nicht gewusst, dass er die auf die eigenen Leute wirft.

Rolfs Bruder Dieter starb mit 21 Jahren bei einem Luftangriff in einem britischen Gefangenenlager in Palästina.

Mein Bruder war der einzige Tote bei dem Angriff. Ausgerechnet. Mein Vater ...« Rolf verschlägt es die Sprache.»Mein Vater hat das alles nicht mehr ausgehalten. Er wollte nach dem Tod meines Bruders nicht mehr leben. Das hat er offen gesagt. Am 27. Juni 1943 ist er von einem Spaziergang nicht nach Hause gekommen. Das war an meinem 16. Geburtstag. Er wusste um seinen hohen Blutdruck, hat sich aber trotzig in die glühende Hitze gesetzt und ist dann einfach umgefallen.« Rolfs Frau kommt durch die Terrassentür herein, setzt sich kurz an den Tisch und streichelt ihrem Mann über die Schulter.»Lass sie endlich mal raus, diese furchtbaren Geschichten«, sagt sie, gibt ihm einen Kuss auf die Wange und geht wieder hinaus. Rolf findet seine Fassung zurück:»Entschuldigung, ich bin etwas rührselig gerade. Bruder und Vater. Ich hatte beide verloren, da war für mich erst so richtig Krieg. Ich denke, mein Vati tat das, weil er nicht erleben wollte, dass sein zweiter Sohn – ich – auch noch draufgeht. Ich bin nämlich kurz zuvor, obwohl ich ja quasi noch Kind war, als Flakhelfer zum Kriegsdienst eingezogen worden.«

Als Flakhelfer – offiziell Luftwaffenhelfer – bezeichnet man etwa 200 000 Jugendliche im Alter von 15 bis 17 Jahren, die zwischen 1943 und 1945 im ganzen Reichsgebiet zur Luftabwehr eingesetzt werden. In einer Zeit, in der die alliierten Luftstreitkräfte etwa zwei Millionen Bomben über deutschen Städten abwerfen, ist es ihre Aufgabe, mithilfe von Flugabwehrkanonen die am Himmel kreisenden Bomber abzuschießen und so die Städte zu schützen. Die Flakhelfer sind noch nicht wehrpflichtig und im Grunde nichts anderes als Kindersoldaten. Rechtlich ist ihr Einsatz durch die *Notdienstverordnung des Deutschen Reiches* vom 15. Oktober 1938 gesichert, nach der jeder Bewohner des Reichsgebietes nach Vollendung des 15. Lebensjahres zu beliebigen Reichsdiensten eingezogen werden kann. Um das noch militärisch zu spezifizieren, wird am 26. Januar 1943 die Verordnung zur *Heranziehung von Schülern zum Kriegshilfseinsatz der deutschen Jugend in der Luftwaffe* verabschiedet. Von da an werden klassenweise Oberstufenschüler der Jahrgänge 1926 bis 1928 zur Luftabwehr abkommandiert. Man spricht heute von der sogenannten Flakgeneration. Ab 1944 werden zusätzlich Mittelstufenschüler und Lehrlinge der gleichen Jahrgänge rekrutiert. Hintergrund für den Einsatz der Jugendlichen ist, dass ab 1943 zunehmend mehr erwachsene Soldaten an die Front abkommandiert werden und somit ein großer Engpass in der Luftabwehr über deutschen Städten entsteht. Man kalkuliert 100 Flakhelfer auf 70 an die Front geschickte Wehrmachtssoldaten ein. Der Begriff Flakhelfer ist nicht ganz korrekt gewählt, denn in Wirklichkeit übernehmen die Heranwachsenden alle Aufgaben, die in einer Flakbatterie anfallen. Sie werden als Richt-, Lade- und Munitionskanoniere eingesetzt, bedienen Bordkanonen und Scheinwerfer, tun Wachdienst, Telefondienst und zeichnen sämtliche Flugbewegungen auf. Zu Anfang ist der Geschützführer noch ein erwachsener Soldat, später kommandieren sich die Flakhelfer selbst. Vereinzelt werden auch Mädchen als Nachrichtenhelferinnen eingesetzt.

Die Flakhelfer sind in Baracken untergebracht, die nahe an ihren Batterien stehen. Ihre Lehrer kommen in die Stellungen, um die Jungen zu unterrichten. Pro Tag wird ihnen eine Reichsmark Taschengeld zugesprochen. Allgemein stellen sich die Flakhelfer trotz der immensen Opferzahlen als äußerst enthusiastisch heraus: Sie wollen echte Soldaten sein, tragen Uniformen und empfangen voller Stolz Flak-Kampfabzeichen, Kriegsverdienstkreuze und Verwundetenabzeichen. Erfolgreiche Einsätze werden mit Zigaretten und trotz Jugendschutz nicht selten auch mit Alkohol belohnt. Prominente Flakhelfer dieser Zeit sind zum Beispiel Joseph Ratzinger, Günter Grass, Martin Walser oder Hans-Dietrich Genscher.

*Rolf 1941, drei Jahre,
bevor er eingezogen wird*

»Mein Vater hätte mir trauen können«, erzählt Rolf. »Ich hatte immer ein Gespür dafür, wo Gefahr im Verzug war und wie ich mich da am besten wieder rauswinden kann. Und schließlich bin ich ja nicht gestorben. Auch wenn man heute sagen muss, dass es nicht nur an meiner Intuition lag, sondern dass auch viel Glück dabei war.«

Rolf dient beim Flakregiment 54 der 22. Flak-Division, das auch als Flakgruppe Münster bezeichnet wird. Flakgruppen sind verantwortlich für sämtliche Flakkräfte in einem Stadtgebiet und innerhalb einer zugewiesenen städtischen Region. Die Gruppen teilen sich in Flak-Untergruppen, die dann für einen Stadtbezirk zuständig sind, oder in Flak-Abteilungen, die teilweise nur ein einzelnes Schutzobjekt verteidigen. Rolfs mobile Flakabteilung wird rund um Münster an verschiedenen Flakstellungen eingesetzt. Zu seinen Aufgaben gehört es, die Einflüge der alliierten Flugzeuge aufzuzeichnen und ihre Flughöhe zu messen. Dazu bedient er ein sogenanntes E-Messgerät (Entfernungs-Messgerät), ein mit einem Prisma ausgestattetes Fernrohr. Die Flakstellungen befinden sich auf Wallanlagen rund um Münster. Eine Stellung betreuen sechzehn Jugendliche. »Wir haben da quasi über Monate gewohnt, hatten Unterkünfte. Für uns gab es Voralarm, und zwar einige Stunden bevor die Bevölkerung gewarnt wurde, sodass wir alles in Stellung bringen konnten und genug Munition draußen hatten. Die Lehrer kamen morgens mit dem Fahrrad zu den Stellungen gefahren, um uns in klassischen Fächern wie Mathe, Latein oder Geschichte zu unterrichten. Glück hatten wir, wenn die Angriffe bis frühmorgens gingen, dann schickten wir die Lehrer wieder weg, denn wir waren verpflichtet, fünf Stunden zu schlafen. Das war natürlich besser als jeder Unterricht.«

Wenn es nichts zu verteidigen gibt und keine Schule ansteht, werden die Hitlerjungen militärisch gedrillt. »Eigentlich war das schon unsere Grundausbildung«, sagt Rolf. »Exerzieren, Schießen, Marschieren. Das volle Programm.«

Am Ende des Zweiten Weltkrieges sind etwa 90 Prozent der Stadt Münster in Schutt und Asche gelegt. Während der 102 Luftangriffe fallen 32 000 Sprengbomben, 642 000 Stabbrandbomben und mehr als 8100 Phosphor-Kanister. »Der schlimmste Angriff auf Münster, den ich an der Flak erlebte, war der am 10. Oktober 1943. Da war aber Horrido, nachmittags um drei«, sagt Rolf. »Ganz Münster brannte.« Innerhalb von nur 15 Minuten werfen amerikanische Bomber mehr als 20 000 Sprengkörper über der Stadt ab, fast 700 Menschen sterben, in Münster brechen 40 Großbrände aus, der Dom wird fast vollständig zerstört.

Wenn ein Angriff vorbei ist, die Bevölkerung aus ihren Luftschutzbunkern kriecht und die Feuerwehr Brände löscht, dann beginnt unter den Flakhelfern die Trophäenjagd. »Man stritt sich darum, welche Stellung welches Flugzeug abgeschossen hatte. Die abgestürzten Maschinen wurden mit lautem Geschrei gestürmt.« Rolf schaut einen Moment aus dem Fenster zu seinen Enkeln. Es nieselt noch ein wenig. »Das war widerlich. Ich habe mich nicht an den Plünderungen beteiligt. Das war Leichenfledderei. Alles, was nicht niet- und nagelfest war, haben sie sich unter den Nagel gerissen. Die Piloten saßen noch halbzerfetzt in ihren Sitzen in der Bordkanzel, und alles wurde weggenommen: Zigaretten, Jacken, Orden, Uniformteile. Alles kam einem vor wie ein Spiel. Ja, wir haben das als Spiel gesehen, so wie man das heute online macht. Als Wettkampf. Angst hatte ich nie, nicht einen Moment. Man kann täglich sterben, der Tod interessiert nicht. Er ist in dieser Zeit so real, dass er normal und immer da ist. Man denkt nicht drüber nach. Wenn man stirbt, stirbt man. So und nicht weiter, habe ich gedacht. Schon irre, wenn man sich das heute vor Augen hält. Ich erinnere mich nicht mit Schrecken. Teilweise fand ich es wahrlich bezaubernd, in den Himmel zu schauen und zu erleben, wie diese großen Maschinen über mir ihre Klappen öffneten und die Bomben runterrasselten. Die skurrile Faszination hatte ich schon vor meiner Flakzeit entwickelt. Bei Bombenangriffen bin ich oft nicht mit in den Luftschutzraum. Meine Mutter hat sich Sorgen gemacht, aber ich bin weggerannt, zurück ins Haus und habe meine Bratkartoffeln aufgegessen. Während andere panisch reagierten oder zumindest artig in die Schutzräume liefen, habe ich mich an dem Ganzen nicht gestört. Ich war ein Junge und wollte etwas erleben. Der Luftschutzraum war langweilig, hat mich eingeengt. Heute kommt mir das selbst alles bizarr vor, aber es war eben so. Meine Art, die sich durch den ganzen Krieg gezogen hat.«

Wenn es in benachbarten Städten etwas zu tun gibt, wird Rolfs Flak-Abteilung auch abkommandiert. »Ich war eine Zeit in Bielefeld, um Bombenschäden zu beseitigen. Da war ich schon völlig abgestumpft. Ich erinnere mich an einen russischen Kriegsgefangenen in meinem Alter, mit dem habe ich Leichen aus den Häusern geholt. Einmal eine ganze Familie aus einer Villa. Irgendwann musste ich mal Frust ablassen bei der leidigen Schufterei. Da habe ich das Klavier der Familie aus dem ersten Stock auf die Straße geschmissen. Es wurde ja nicht mehr gebraucht von denen, denen es gehörte. Da sollte es dann keiner mehr haben.«

Anfang 1944 wird Rolf gemustert und entscheidet sich aufgrund seiner Vorerfahrungen für die Luftwaffe. »Ich hatte da schon keine Lust mehr, wusste nach Stalingrad eh, dass der Krieg verloren war, und hatte genug gesehen. Ich wollte von da an nur heil rauskommen.« Als Offiziersanwärter gelangt Rolf in eine Flak-Lehreinheit nach Krems an der Donau. »Das war meine Lieblings-Flak«, sagt Rolf und lacht. »Da war nichts los. Keine Angriffe, keine Arbeit. Ich habe mich zum Dienst angemeldet und dann bin ich abgetaucht, habe mich in den Kellern rumgetrieben. Es war mir schlicht zu langweilig, weil eben alles sinnlos war und ich sowieso nichts Neues mehr lernen konnte. So empfand ich das. Respekt vor Vorgesetzten kannte ich nicht. Aber ich hatte ein Talent dafür, nicht aufzufallen, und habe so mein eigenes Ding gemacht.«

Das gelingt Rolf auch während seiner anschließenden Zeit an der Flakschule in Zingst auf Rügen. »Das war nicht spannender dort. Alles, was da an Grundausbildung verlangt wurde, kannte ich von den Flakhelferschulungen aus Münster. Ich habe mich mit den Ausbildern angelegt, musste ständig zur Strafe marschieren. Dabei habe ich gegrinst. Mit Grinsen habe ich mich durchgemogelt. Ich bin auch da durch die Gänge geirrt, das muss verrückt gewirkt haben. Und als es auffiel, brachte man mich zum Stabsarzt, der auch etwas diagnostizierte: Diphtherie. Ich hatte hohes Fieber und es gar nicht gemerkt. Zwei Kameraden hatte es ebenfalls erwischt, die sind gestorben. Ich kam in die Genesungsabteilung der Marine nach Stralsund. Fürchterlich. Da lag ich auf Station mit lauter Männern, die allesamt Geschlechtskrankheiten hatten und mit ihren Abenteuern prahlten. Das waren Matrosen und U-Bootfahrer. Mir war das peinlich, dass man denken konnte, ich läge auch wegen so was da.«

Zurück nach Rügen muss Rolf nicht mehr, denn im März 1945 kommt der Einsatzbefehl ins Sauerland, nach dem er sich bei seinem schon dorthin abkommandierten Regiment einzufinden habe. Die Amerikaner stehen da schon auf deutschem Boden. »Ich habe mir drei Wochen Fahrtzeit genommen. Das war dreist und gefährlich. Zu der Zeit war die Feldpolizei in den Städten und Dörfern unterwegs und haben die, die nicht an der Front waren, eingesammelt und erhängt. Schließlich beeilte ich mich dann doch, zum Regiment zu kommen. So erbärmlich, aufgeknüpft an einem Laternenpfahl, wollte ich nicht sterben. So viel Anspruch hatte ich dann doch.«

Anfang April 1945 tobt im Rheinland und in Westfalen die sogenannte *Ruhrkesselschlacht.* Sie gilt neben der *Kesselschlacht von Halbe* und dem *Endkampf um Berlin,* die jeweils zwischen der Wehrmacht und der Roten Armee stattfinden, als letzte große Schlacht des Zweiten Weltkrieges mit westalliierter Beteiligung. Sie geht außerdem als größte Einkesselungsschlacht der Kriegsgeschichte in die Annalen ein. Nachdem die US-Armee am 23. und 24. März 1945 den Rhein überquert hat und auf deutschem Boden westwärts zieht, womit zum ersten Mal seit der Zeit Napoleons I. wieder feindliche Soldaten in Deutschland einmarschieren, stoßen gelandete britische und kanadische Truppen von Norden auf das Ruhrgebiet vor. So werden am 1. April über 325 000 Wehrmachtssoldaten aus 20 Divisionen der Heeresgruppe B eingekesselt, denen Hitler bei Todesstrafe einen Ausbruchsversuch untersagt, denn er hat das Ruhrgebiet zur Festung ausgerufen. Die militärische Führung obliegt Oberbefehlshaber Generalfeldmarschall Walter Model, der sich am Ende der Schlacht, nachdem er Befehl zur Selbstauflösung der Heeresgruppe gibt, am 21. April selbst erschießen wird. Zu den regulären Soldaten im Ruhrkessel gesellen sich paramilitärische Einheiten der NSDAP und der sogenannte Volkssturm. Um die hohen Verluste der Wehrmacht kompensieren zu können, wird im September 1944 der Volkssturm als letzte Reserve gebildet, der alle waffenfähigen Männer zwischen 16 und 60 Jahren zum Kriegsdienst zwingt. Zunächst für Aufgaben wie Evakuierung, Bauarbeiten oder Objektschutz benutzt, kam der Volkssturm mit dem Vormarsch der Roten Armee und später der westlichen Alliierten zunehmend auch zu Kampfeinsätzen. Die Uniform ist nie einheitlich, zur Kennzeichnung dient eine an der Jacke angebrachte schwarz-weiß-rote Armbinde mit der Aufschrift *Deutscher Volkssturm Wehrmacht*. Die Bewaffnung beschränkt sich meist auf Beutegewehre und Panzerfäuste. Schlecht ausgerüstet und kampfunerprobt, verlieren bei diesen Einsätzen weit über 100 000 Senioren und Minderjährige ihr Leben. In der Endschlacht um Berlin kämpfen noch 90 000 dieser Soldaten des Volkssturms. In den letzten Tagen auch verwundete Männer, 14-jährige Hitlerjungen und sogar Frauen.

Rolf begibt sich im Ruhrkessel an die jeweils nächste Flak, die er auf seinem Irrweg durch die Trümmer findet. Tatsächlich sollen ausgerechnet die etwa 3000 schweren und leichten Flaks, die im Ruhrkessel stationiert sind, zur größten Gefahr für die Alliierten werden. In den durch die Bomben fast völlig zerstörten Kleinstädten feuern die Flakgeschütze nicht mehr auf Flieger, sondern werden als wirksame Waffe im sogenannten Erdkampf gegen amerikanische Sherman-Panzer eingesetzt.»Und die Panzer wurden bei einem Treffer in Stücke gerissen«, erzählt Rolf. 1500 amerikanische Soldaten verlieren während der drei Wochen andauernden hartnäckigen Verteidigung ihr Leben. Wegen der starken

Flakverteidigung erhält das Ruhrgebiet von den Alliierten den Kosenamen *Happy Valley* oder wird als *Land of No Return* bezeichnet.

Auf der anderen Seite kommen 10 000 deutsche Soldaten, Zivilisten, Kriegsgefangene und Zwangsarbeiter während der Ruhrkesselschlacht ums Leben. Nicht alle durch alliiertes Feuer. »Das war Wahnsinn«, sagt Rolf. »Es hingen überall an den Laternen tote Soldaten mit Schildern, die sie als Verräter auswiesen. Und für diesen Scheiß soll man kämpfen?« Rolf bemerkt nur wenige Soldaten, die noch frenetisch Krieg führen oder an einen Endsieg glauben. Den meisten scheint egal zu sein, ob sie durch eine amerikanische oder eine deutsche Kugel sterben. »Einige haben einfach ausprobiert, wie weit sie gehen konnten. Ein paar aus der Gruppe, der ich mich angeschlossen hatte, haben eine Zitronenschnapsfabrik geplündert, wurden besoffen aufgegabelt und wohl erschossen.«

»Der Soldat kann sterben, der Deserteur muss sterben«, vermerkt Adolf Hitler bereits 1924 in *Mein Kampf*. Die NS-Justiz verhängt während des Zweiten Weltkrieges über eine Million Strafen an Wehrmachtssoldaten, die des Hochverrates, Landesverrates, Kriegsverrates, der Kriegsdienstverweigerung oder Spionage bezichtigt werden. Von über 30 000 ausgesprochenen Todesurteilen werden etwa 23 000 vollstreckt. Wer nicht unmittelbar getötet wird, landet in Gefängnissen, Konzentrationslagern oder muss sich Strafbataillonen anschließen, die Selbstmordkommandos gleichen und in den allermeisten Fällen ebenso den Tod zur Folge haben. Je länger der Zweite Weltkrieg dauert, umso rücksichtsloser geht die Terror-Justiz vor. 1945 werden zur schnelleren Bestrafung Standgerichte eingeführt. Sie sollen alle Taten ahnden, durch welche die Kampfkraft gefährdet und die Kriegsmoral gebrochen werden könnte. Den Lynchmorden fallen in den letzten Kriegsmonaten Zehntausende Soldaten zum Opfer.

Besonders trifft dies Wehrmachtsangehörige, die ihr Leben kurz vor dem absehbaren Kriegsende nicht mehr sinnlos opfern wollen. Wer sich länger als drei Tage von seiner Einheit entfernt oder sich der Uniform entledigt, wird auf der Stelle als Deserteur erschossen. Die Killerkommandos machen auch Jagd auf kriegsmüde Zivilisten. Wer von der Feldgendarmerie – die im Volksmund als »Kettenhunde« bezeichnet werden – dabei erwischt wird, wie er eine weiße Fahne hisst oder gar nur ein Hitler-Porträt vorzeitig von der Wand nimmt, wird auf der Stelle exekutiert.

Auch trifft es Hitlerjungen, die ohne Marschbefehl unterwegs sind oder sich nicht mehr soldatenhaft verhalten, sowie Menschen, die Lebensmittel stehlen. »Plünderer sind sofort zu erschießen«, befiehlt Reichsführer SS Heinrich Himmler am 14. Februar 1945. Es beginnt eine regelrechte Hetzjagd auf Verräter, an der sich Wehrmacht, SS, NSDAP-Mitglieder, Hitlerjungen und fanatische Zivilisten beteiligen. Möglich ist das, da diese Verbrechen in der Regel keinen direkten Befehl mehr erfordern. Die standrechtlichen Hinrichtungen haben den einzigen Zweck, Angst und Terror zu verbreiten und alle Soldaten und Zivilisten zu unbedingtem Gehorsam und zum Kampf bis zur letzten Patrone zu zwingen. Oft werden Deserteure an Laternenpfählen aufgehängt. Um den Hals tragen sie Schilder, die sie als »Schweine«, »Feiglinge« oder »Vaterlandsverräter« ausweisen. Regelrechte Massaker ereignen sich im April 1945, als noch Hunderttausende Soldaten auf den letzten Kriegsschauplätzen und Bollwerken im Ruhrkessel und in Berlin kämpfen.

Weil er nicht weiß, wo er weiter Dienst tun soll, stellt sich Rolf zusammen mit anderen Soldaten bei Tagesanbruch vor die Häuser, wo sie wie die Tagelöhner warten. »Man kann sagen, wir haben uns prostituiert«, sagt Rolf. »Da kam dann eines Morgens ein Flakmajor in seinem Auto angefahren, ließ bremsen, als er mich und meine Uniform der Luftwaffe sah. Er fragte nach meiner Ausbildung, und ich antwortete: *Flakgeschütz, Herr Major.*«

»So einen Schlot brauchen wir noch«, ruft er, nimmt Rolf im Wagen mit und setzt ihn an einer Flakbatterie mit sechs Geschützen ab, davon eins mit 8,8-cm-Kanone. »Auf Protzen, die an Zugkraftwagen hingen, zogen wir die rum, jeden Tag Stellungswechsel. Aufbauen, schwitzen. Abbauen, schwitzen.« Rolf ist inzwischen ein routinierter und in seinen jungen Jahren schon erfahrener Flak-Soldat, der es aber hasst, wenn er die über 15 Kilogramm schweren panzerbrechenden Granaten, von denen eine Flak bis zu 25 Stück pro Minute abfeuern kann, schleppen muss. »Ich wollte nur möglichst gelassen da durchkommen und nie ein Held sein«, sagt Rolf. »Da fragt der Batteriechef mich doch tatsächlich, ob ich nicht an einer Feindaufklärermission teilnehmen wolle. Es war kein Befehl, er fragte mich, und ich entgegnete: freiwillig?«

»Ja, Soldat!«

»Herr Oberleutnant, dann mache ich das nicht!«

»Wieso nicht«, fragt sein Vorgesetzter. »Sie sind doch Offiziersanwärter!«

»Bin ich, Herr Oberleutnant, aber ich weiß auch, was freiwillig heißt.«

»Sie kriegen auch das EK2!«

»Auch dafür nicht, Herr Oberleutnant. Nein danke, Herr Oberleutnant.«

Ein anderer Jungspund meldet sich für den Einsatz und ein paar Minuten, nachdem er weg ist, bekommt er eine Kugel durch den Kopf. »Einer wollte immer der Held sein. Die starben wie die Fliegen. Ich hatte mich entschlossen, zu überleben.« Glück, oder sein Schutzengel, wie Rolf sagt, kamen dazu. An einem Tag trifft Rolf zufällig einen alten Schulkollegen aus Münster. »Wir plauderten, und als ich wegging, explodierte er hinter mir durch einen

Granateinschlag. Irre. So schnell konnte das gehen. Emotional mitgenommen hat mich das aber nicht mehr.«

Um den 10. April 1945 herum steht Rolfs Flak-Batterie in Plettenberg und erlebt katastrophale Zustände. Fast alle Häuser sind zerstört, im Minutentakt greifen Jagdflieger aus der Luft an. 159 Zivilisten und Zwangsarbeiter aus Plettenberg und 111 deutsche Soldaten finden in diesen Tagen hier den Tod.»Wir waren vielleicht noch eine 80 Mann starke Kampfgruppe, unsere Flak errichteten wir auf einer Anhöhe, bereit, auf jeden Panzer zu schießen, der in die Ortsmitte fuhr. Das war wie Scheibenschießen. Aufklärer flogen über die Stadt, meldeten deutsche Stellungen an die US-Artillerie, und die nahmen uns ins Visier. Unsere vorgeschobenen Beobachter kamen gar nicht wieder zurück, entweder fielen sie oder ergaben sich den Amerikanern.«

Am Freitag, den 13. April 1945, wird auch Rolf in Plettenberg gefangen genommen. Mit Getöse.»Als die Panzer und Jeeps der Amerikaner unter uns standen, brachten wir Sprengladungen an die Flak an und liefen nach hinten weg. Ich hörte jemanden auf Deutsch rufen, drehte mich um und sah einen Feldwebel. Die Amerikaner hatten ihn hochgeschickt, um uns zu holen und zur Aufgabe zu bewegen. Wir schrien noch, er solle zurückbleiben, da flog die Flak schon auseinander. Da war ich richtig sauer. Das war unnötig. Wir liefen zu dem Feldwebel, dem ein Bein weggeflogen war, und trugen ihn runter zu den amerikanischen Soldaten. Wir legten ihn dann auf Anweisungen seitlich in einen Jeep, der mit ihm wegfuhr. Gerade wollten uns die Amerikaner filzen, als irgendwo aus der Stadt ein Maschinengewehr auf sie feuerte. Wir verstanden das gar nicht, die US-Soldaten hatten solche Angst, als hätten sie so etwas nie erlebt, versteckten sich unter ihren Autos und kreischten wie kleine Kinder. Wir standen da nur rum, schauten uns gegenseitig an und lachten uns kaputt über die Angsthasen aus dem großen

Amerika. Keine gute Idee. Als das Feuer verstummte, weil der MG-Schütze ausgemacht und unschädlich gemacht worden war, haben sie uns erst mal heftig mit ihren Gewehrkolben zusammengeschlagen. Dann ging es auf einen Lkw. Und dann habe ich sehr, sehr lange gar nicht mehr lachen können, denn die Hölle lag vor uns.«

Zunächst wird Rolf mit anderen Gefangenen in ein Lager nach Bad Kreuznach gebracht; weil das aber völlig überfüllt ist, fährt man sie weiter nach Sinzig. Tausende werden hier abgeladen und hinter Stacheldraht einfach auf die Wiese geschmissen. Rolf ist in einem Rheinwiesenlager. Als solche bezeichnet man etwa 20 Kriegsgefangenenlager, die das US-Militär zwischen April und Juli 1945 entlang des Rheines unterhält. Insgesamt werden hier von den etwa acht Millionen deutschen Kriegsgefangenen der Alliierten ca. eine Million Soldaten unter katastrophalen Bedingungen in mit Stacheldraht umzäunten Arealen eingepfercht. Auf einem Hektar kauern bis zu 3000 Gefangene nebeneinander. Zum Großteil sind es Wehrmachtssoldaten und Angehörige der Waffen-SS, die sich im Zuge der Ruhrkesselschlacht ergeben haben oder den vorrückenden Russen aus dem Osten entflohen sind. Aber auch Tausende Frauen, Hitlerjungen und andere Zivilisten geraten für einige Wochen in Gefangenschaft. Unter Missachtung der Vorschriften zur Behandlung und Versorgung Kriegsgefangener nach der Haager Landkriegsordnung und der Genfer Konventionen betrachten die Amerikaner die Deutschen als »entwaffnete feindliche Kräfte«. Sie können dadurch Hilfsorganisationen wie dem Roten Kreuz den Zugang zu den Lagern untersagen. Verwundete und Kranke werden nicht medizinisch versorgt, sanitäre Anlagen sind nicht vorhanden. Krankheiten wie Ruhr, Typhus oder Rheuma breiten sich genauso schnell aus wie Depressionen.

Deutsche Kriegsgefangene im Lager Rheinberg

Die Gefangenen werden völlig unzureichend ernährt. Viele erhalten tagelang weder etwas zu essen noch zu trinken. Ein Mensch benötigt durchschnittlich etwa 2000 Kalorien am Tag. Die Gefangenen der Rheinwiesenlager erhalten durchschnittlich gerade mal 600 Kalorien. Wer sich keine Kekse ergattern kann, muss nicht nur sprichwörtlich ins Gras beißen. Der deutschen Zivilbevölkerung ist es verboten, den Häftlingen in eigener Initiative Nahrung zu bringen, auch sonst ist jeglicher Kontakt untersagt.

Da es keine Unterkünfte gibt, müssen sich die Soldaten in Erdlöcher eingraben, um sich vor Kälte, Regen oder Hitze schützen zu können. Viele werden so schwach, dass sie im Schlamm ertrinken. Bei den zahlreichen Fluchtversuchen wird ohne Vorwarnung scharf geschossen, auch sind willkürliche Folter und Schläge keine Seltenheit.

»Dieser Hunger«, sagt Rolf. »Es gab nichts. Wir haben Gras, Brennnesseln und Unkraut gegessen. Überall lagen Verletzte,

Amputierte, einige schrien, die meisten vegetierten nur vor sich hin. Mein Platz war zehn Meter neben der Latrine. Was ich da getan habe, drei Monate? Nur gelegen. Ich habe beobachtet, wie Kameraden, die sich auf den Balken setzten, einfach runterfielen und in der Jauche ertranken. Die hatten nicht den Hauch einer Chance. Mich hat das emotionslos gelassen. Ich hatte keine Gefühle mehr außer Hunger. Es hat mich ja schon lange nicht mehr tangiert, wenn einer starb, egal wie. Das war nichts Besonderes, denn die verreckten jetzt alle um mich herum. Die verschwanden in tiefen Löchern, als es regnete, weil die dadurch einstürzten, aber keiner mehr die Kraft hatte, sich rauszuziehen. Dieser Regen, er brachte den Tod. Erst wurden die Kameraden, die neben mir lagen, bewusstlos; dann ertranken sie, während sie in die Erde einsickerten, dann trampelte einer drauf, und weg waren sie, verschlungen vom Erdreich. Ich lag nur in Schlamm und Dreck, umgeben vom Verwesungsgestank der Leichen. Wochenlang.«

Rolf kann sich kaum an Details aus dieser Zeit erinnern. Er kommt sich damals vor wie in einem Delirium. Einmal am Tag fährt ein Traktor in das Lager und versprüht mit einem Schlauch Wasser. »Wir haben eine Dose oder unser Kochgeschirr hingehalten, um was abzubekommen. Wenn ich aufstand, bin ich sofort wieder umgefallen, ohnmächtig geworden. Ich habe es gerade so geschafft, mir meine Rationen abzuholen. Eine Scheibe Weißbrot, ein Löffel Vitamin C-Pulver. Ich habe vom Essen geträumt, jede Nacht. Mein Lieblingsessen *Himmel und Erde*. Braten. Wir kannten uns nicht, sahen uns nicht, aber nachts rief jeder, was er am liebsten essen wollen würde. Einmal haben mich welche angesprochen, ob ich mit fliehen will. Ich hätte es versucht, wenn ich gekonnt hätte, aber ich war da schon zu schwach zum Laufen. Als die Männer flüchteten, gingen die Scheinwerfer an, und alle vier wurden erschossen. Das passierte häufig. Es gab auch Morde untereinander. Nachts, da machten sie Jagd auf Diebe, die geklaut hatten, erwürgten sie. Es gab keine Kameradschaft mehr. Auch mir hat jemand mein Essgeschirr geklaut. Ich habe es nicht gemerkt. Meine Uhr haben sie nicht bekommen. Die hat mir mein Vater geschenkt, ich wollte sie nicht hergeben. Das letzte Geschenk von ihm. Ich ertrug aber den Hunger nicht mehr. Da war so ein schwarzer Soldat hinter dem Stacheldraht. Ein Wachtposten. Reingetraut haben die Amis sich nicht, den habe ich gefragt, was er mir für meine Uhr gibt. 100 Zigaretten war sie ihm wert. Damit hätte ich viel kaufen können. Ich habe nach kurzem Zögern abgelehnt, es nicht übers Herz gebracht.«

Rolf muss mit ansehen, wie jeden Morgen Dutzende Tote aus den Lagern geräumt werden.»Es war alles so egal. Tagsüber flogen viermotorige Maschinen über die Wiese und schossen einfach auf uns. Wer starb, der starb. Es schrie schon keiner mehr. Der Tod wurde zur Erlösung. Ich habe mit niemandem mehr gesprochen, hatte kein Vertrauen mehr zu Menschen.«

Fast drei Monate liegt Rolf auf der matschigen Erde im Rheinwiesenlager Sinzig, das am 20. Juli 1945 aufgelöst wird. Wie viele Gefangene in diesen Lagern umgekommen sind, kann nicht angegeben werden, da es keine oder nur unzureichende Untersuchungen gibt und Tote seitens der Amerikaner nicht registriert worden sind. Realistischen Schätzungen zur Folge könnte es sich um bis zu 40 000 Opfer gehandelt haben. Im Juni und Juli 1945 werden die Rheinwiesenlager den Briten und Franzosen übergeben und schließlich bis September vollständig geräumt. Die Gefangenen werden in französische und britische Lager verlegt. Drei Tage muss auch Rolf in englischer Gefangenschaft ausharren, bis man ihm in Dortmund die Freiheit schenkt.

Drei Fragen an Rolf

Was haben Sie nach Ihrer Entlassung getan? Sind Sie zurück
zu Ihrer Mutter?

Ich war sauer auf meine Mutter. Ich bin gar nicht nach Hause,
sondern bin zu einem Freund meines Vaters in Versmold gelaufen. Da bin ich von Dortmund aus zu Fuß hingegangen nach dem
Krieg. Ich habe mich ausgeruht und mich erholt, habe gegessen.
Meine Mutter war nicht in Münster. Ich hatte lange kein Interesse, sie zu sehen, weil sie abgehauen war. Als ich eingezogen worden bin, ist sie nach Berlin geflüchtet, hat ihre Familie im Stich
gelassen. Also, mich. Ich habe ihr das nie verziehen. Sie hat mir
nur per Brief mitteilen lassen, dass sie nicht mehr in Münster ist.
Das war es. Ich habe bei dem Freund meines Vaters Butter vom
Hof bekommen und die auf dem Schwarzmarkt verkauft, das
brachte gutes Geld für eine Zeit. Mutter habe ich später geholt,
die hat auf dem Bauernhof gekocht. Sie hat mir dann die Schule
bezahlt, auf der ich Abitur gemacht habe. Ich habe immer so viel
an meinen Vater gedacht. Er hatte mich gewarnt, nicht Tiermedi-
zin zu studieren, also habe ich Medizin studiert. Erst wollte ich
Urologe werden, aber ich konnte nicht gut operieren. Dann habe
ich mich erst für die Innere Medizin entschieden und in Saarbrü-
cken gearbeitet, habe das erste Mal geheiratet und einen Sohn
bekommen. Die Ehe hat nicht gehalten, und ich habe ein weiteres
Mal geheiratet und mich für die Psychiatrie entschieden. Mit meiner Frau bin ich dann nach Warendorf gezogen und habe dort die
Praxis aufgemacht. Meine Frau hat mir immer sehr geholfen bei
allem, und dann habe ich noch meine Tochter bekommen und die
hat mir zwei Zwillingsenkel geschenkt, zu denen ich gleich gerne
gehen möchte, weil es aufgehört hat zu regnen.

Wie und wann haben Sie vom Holocaust erfahren?
Selbst mein gut informierter Vater hat das nicht gewusst. Er hat von Konzentrationslagern erzählt. Er dachte, das seien harte Arbeitslager für Verbrecher, mehr nicht. Ich habe nie einen Juden kennengelernt. Nicht in dem Sinne. Ich weiß, dass wir in einer Nacht im Rheinwiesenlager fürchterlich zusammengeschlagen wurden. Da sind einige amerikanische Soldaten ins Lager gekommen und haben auf uns eingedroschen und dabei Dinge gesagt, die mich heute darauf schließen lassen, dass es Juden waren. Vermutlich war das zu der Zeit, als die Nazi-Verbrechen bekannt wurden. Ich habe das alles nicht miterlebt, auch keine Reichspogromnacht. Entweder gab es das nicht in Münster, oder es hat sich nicht rumgesprochen. Vom Holocaust habe ich das erste Mal gehört, als die Nürnberger Prozesse begannen. Aus der Zeitung.

Sie sind Psychiater. Wie erklären Sie sich, dass Ihnen der Krieg keine Angst gemacht hat?
Das ist eine spannende Frage. Jeder reagiert anders in Extremsituationen. Und jeder geht auch danach unterschiedlich mit seinen Erfahrungen um. Früher hat mich der Krieg nicht so belastet, heute scheint er mich regelrecht einzuholen. Meine Frau und meine Tochter bemerken, dass ich seit einiger Zeit klar und deutlich im Schlaf vom Krieg erzähle. Da kommt eine Menge Unverarbeitetes von damals wieder hoch. Vermutlich setzt der Wille zu Überleben bestimmte Gefühle aus, die Zeit über den Irrsinn, der einen tagtäglich umgibt, nachzudenken, ist einfach nicht da. Krieg wird schnell Routine. Geändert hat sich das aber deutlich nach meiner Gefangennahme. Die Zeit im Rheinwiesenlager war kein Krieg mehr, das war Folter. Solch eine Barbarei darf es nicht geben. Und doch hört man immer wieder auch in aktuellen militärischen Konflikten von diesen Dingen. Heute lassen sich die Menschen wegen jeder Kleinigkeit psychologisch

behandeln, alle fühlen sich benachteiligt, diskriminiert, schwelgen in ihrem Leid. Aber tun sie etwas gegen Kriege in der Welt? Die sind ja nicht erst mit Flüchtlingen da, sondern dann in der Regel sogar vorbei. Dann ist es meist zu spät, das Leid aufzuhalten. Aber das, was die Deutschen nicht kennen, darüber denken sie häufig nicht nach. Da gibt es leider in der Geschichte Parallelen. Ich wünsche mir, dass die Sinne dafür geschärft werden, was Krieg wirklich ist und wie er sich für jemanden anfühlt, der gezwungen ist, daran teilzunehmen. Es ist nicht schön, so lange zu leben und in den Medien immer wieder Vorwürfe herauszuhören. Da sprechen junge Menschen, die so etwas nie erlebt haben, über Weltkriege und diskreditieren uns Teilnehmer mit einer Selbstverständlichkeit, die ich nicht begreife. Wie sollen sie da heutige Kriege erfassen können?

ERNST UND DER
BRENNENDE REICHSTAG

Ernst (*1928) sitzt in seinem Haus in Berlin und schaut auf eine
Wand, an der Bilder von mächtigen Orgeln hängen, aus Kirchen
in ganz Europa. Ernst hat als Orgelbauer bis zu seiner Pensionierung bei der Berliner Orgelbauwerkstatt gearbeitet und an der
Musikhochschule Orgelbaukunde unterrichtet. Überhaupt ist der
gläubige Christ fasziniert von Gotteshäusern. Seine Augen glänzen. Ernst schwärmt von der Schönheit von Kirchen, Synagogen,
Moscheen und buddhistischen Tempeln. Als er irgendwann den
Blick wendet und auf die gegenüberliegende Wand schaut, ver-
zieht sich sein Gesicht. »Der andere Teil meines Lebens.« Er betrachtet Bilder des Berliner Reichstages aus verschiedenen Epo-
chen. Das historische Gebäude lässt ihn nicht los. Viele Dutzend
Bücher über den Kampf darin und darum, der sein Leben geprägt
hat, hat er gelesen; doch mit den meisten Abhandlungen ist er
nicht einverstanden, denn Ernst hat vieles anders in Erinnerung.

1928 wird Ernst in Berlin geboren. Mit seinen vier Geschwistern wächst er in Zehlendorf auf und besucht hier ab 1939 das
Humanistische Gymnasium. Sein Vater wird als leitender Bank-
direktor nach Machtübernahme der Nationalsozialisten vor die

Wahl gestellt, ob er der SA oder der SS beitreten will. »Mein Vater hat sich für die SS entschieden, weil er die SA-Leute als pöbelnde Schläger kennengelernt und nicht geschätzt hatte. Bei der SS brachte er es bis zum Oberscharführer. Über Politik wurde in unserer Familie allerdings nie gesprochen. Hingegen war der Kriegsverlauf immer wichtig. Ich erinnere mich, dass er regelmäßig eine Karte ausgebreitet und darauf die sich verschiebende Front rot eingezeichnet hat. Gegen den Krieg hatte er nichts. Ich gehe davon aus, dass mein Vater politisch voll hinter Hitler stand. Er hätte noch weiter Karriere in der SS gemacht, dazu hätten wir aber aus der Kirche austreten müssen. Und das kam für meine gläubige Mutter, eine Pastorentochter, nicht infrage. Dem hat er sich gefügt, das war ihre Bedingung, bei ihm zu bleiben. Ich möchte meinen Vater gar nicht in Schutz nehmen. Aber er war verbittert, das hatte nicht mal etwas mit Politik zu tun, sondern mit seiner Kindheit, in der er schwer missbraucht wurde. Das haben wir erst lange nach dem Krieg erfahren. Es erklärte mir aber ein wenig seine übertriebene Strenge. Meine Mutter hat versucht, uns so schonend wie möglich beizubringen, dass er nur das Beste für uns wollte.«

Ernst auf dem Gymnasium

Auf dem Gymnasium erlebt Ernst keine politische Indoktrinierung, auch das Fach Rassenkunde ist nicht Teil des Lehrplans. Selbst die Lehrer hätten ihre Schüler nicht mit *Heil Hitler* begrüßt. Im gleichen Jahr der Einschulung muss Ernst mit zehn Jahren dem Jungvolk der Hitlerjugend beitreten. Als Pimpf wird er Jungzugführer, leitet den Fähnleinchor und darf die Hakenkreuzfahne tragen. Gedacht hat er sich dabei nichts, und auch hier hat er sich nicht politisch indoktriniert gefühlt, hat aber den militärischen Drill nicht geschätzt. Hingegen spricht er über malerische Erinnerungen während der Kinderlandverschickungen, an denen er teilnimmt. Ab Oktober 1940 werden Volksschüler und Mütter mit Kindern im Kleinkindalter aus den vom Luftkrieg bedrohten Städten evakuiert und in weniger gefährdeten ländlichen Gegenden untergebracht und versorgt. 1941 reist Ernst auf diese Weise mit seinen Schulkameraden in die Wachau, wohnt dort in einem stillgelegten Postamt und hilft bei der Ernte. »Wir haben wunderschöne Reisen in die Natur unternommen und uns Wien angeschaut. Abends haben wir musiziert und Theaterstücke aufgeführt.« Während Ernsts zweiter Kinderlandverschickung steht Berlin schon unter regelmäßigem Bombenbeschuss. »Das war 1943. Da kamen wir nach Oberschlesien an die Weichsel. Blühende, einzigartige Natur. Wir haben wieder musiziert, auf dem Dach des Kurhauses Schallplatten bei Mondschein gehört und die Stücke dann nachgespielt. Ich habe auf dem Cello die 2. Symphonie von Brahms gespielt. Das war Romantik pur, ohne Politik, ohne Stress und Hetze. Ein jüdischer Schüler war kurz vorher aus der Klasse verschwunden und nicht mit auf die Reise gekommen. Aber das passierte mit vielen Schülern in der Zeit. Unsere Nachbarn waren Juden. Wir haben nicht viel mit ihnen zu tun gehabt, die blieben unter sich. Das kann ich heute verstehen. Ich weiß noch, als wir Kinder im Winter mal mit Schneebällen geworfen und dabei das Haus der jüdischen

Nachbarn getroffen haben. Ich war mir sicher, dass wir fürchterlichen Ärger kriegen würden. Dass Herr Nathan, so hieß der Nachbar, sich bei meinem Vater beschweren und der uns eine Tracht Prügel verpassen würde. Aber da passierte nichts. Na klar, er war Jude, mein Vater bei der SS. Heute verstehe ich das alles. Aber damals. Obwohl mein Vater das mitbekommen haben muss, hat er nichts gesagt. Daran merkte ich zum ersten Mal ganz deutlich, dass andere Maßstäbe galten, wenn es um Juden ging.«

An eine weitere Begebenheit erinnert sich Ernst in diesem Zusammenhang. Er sei in seiner Hitlerjugend-Uniform mit seinem Bruder zwischen Zehlendorf und Potsdamer Platz mit der S-Bahn unterwegs gewesen. An der Eingangstür habe er eine alte Dame bemerkt, die als einzige nicht saß. »Ich habe bei ihr an der Jacke den Judenstern gesehen und ihr trotzdem meinen Platz zur Verfügung gestellt. Mein Bruder ermahnte mich beim Aussteigen, dass ich so etwas nicht noch mal machen dürfe. Es ging ihm dabei nicht um Hilfe für Juden, sondern er sorgte sich, dass Gestapo-Leute das sehen könnten und mich einsperren oder mich von zu Hause wegnehmen würden.«

Als Ernst um Erklärungen bei seiner Mutter bittet, versucht sie, ihren Jungen zu beruhigen, und sagt, dass das etwas damit zu tun habe, dass die Juden Jesus ans Kreuz genagelt hätten. So hinterfragt Ernst die Reichspogromnacht nicht mehr, von der er aber nur in der Wochenschau erfährt. »Mein Vater hatte andere Erklärungen. Er probierte, das mit einer Begebenheit in seinem Beruf als Banker zu rechtfertigen. Die Juden hätten immer versucht, ihn zu bestechen, in dem sie ihm Prostituierte angeboten hätten, um bessere Geschäfte mit ihm abschließen zu können. Das war für ihn die größte Beleidigung, dass man ihn für so simpel hielt. Daran machte er einen verdorbenen Charakter der jüdischen Bankiers aus.«

Im November 1943 ist Ernst 15 Jahre alt und wird mit etwa 20 Mitschülern als Luftwaffenhelfer zur Flak-Batterie 211 einberufen. Nach zweimonatiger Ausbildung verteidigt er in verschiedenen Flak-Stellungen Berlin gegen die alliierten Bombenangriffe. Auch Ernst lebt in Baracken und wird hier von seinen Lehrern unterrichtet. Und er bedient ebenfalls ein E-Messgerät und beobachtet fasziniert durch sein Okular die aus dem Nachthimmel herabregnenden Leuchtmittel – sogenannte Christbäume –, die von speziellen Flugzeugen abgeworfen werden, um den hinter ihnen fliegenden Bombern die Ziele anzuweisen. »Ich habe das als eine Art physikalisches Phänomen betrachtet, weniger als direkte Gefahr. Wir hatten schon Physik in der Schule, und ich war fasziniert von den Druckwellen, die man in der Luft beobachten konnte, wenn in der Nähe eine Bombe einschlug. Als fiele ein Stein ins Wasser. Solche Gedanken habe ich mir gemacht.« Dabei sei der Tod ja allgegenwärtig gewesen. »Ich wusste schon, was mich erwartet, mein Bruder war ein Jahr zuvor genau da, wo ich jetzt stand, und hat zwei seiner besten Freunde durch einen Rohrkrepierer verloren. Da hat er lange und schmerzlich drunter gelitten, weil er das alles direkt mit angesehen hatte.« Ernst Batterie gelingt es, 16 Bomber abzuschießen, was man an der gleichen Anzahl an aufgemalten Ringen am Kanonenrohr ablesen kann, welche die Jungen auf das Geschütz malen. Während des Attentats auf Hitler am 20. Juli 1944 befindet sich Ernst mit seiner Batterie in einer Stellung im brandenburgischen Wittstock. »Wir bekamen Alarmstufe 1, obwohl keine Bomben fielen. Wir mussten unser Geschütz auf eine Verbindungsstraße, die nach Berlin führte, ausrichten, da man Panzer von Revolutionären erwartete. Da wurde mir etwas mulmig. Auf die eigenen Leute schießen? Das kam mir nicht richtig vor. Aber es kamen keine Panzer. Irgendwann liefen aus einem Bunker der Batterie andere Flaksoldaten, die einen Volksempfänger hatten und verkündeten und jubelten, dass das Attentat schiefgegangen sei und Hitler lebe. Und ich war froh. Ich musste also nicht auf Kameraden schießen. Und ich gebe ehrlich zu, ich habe mich richtig gefreut und mitgefeiert, dass unser Führer nicht gestorben ist. Da bekam er etwas Magisches.«

Das Leben und Kämpfen gehen weiter. Mitunter nimmt der Alltag kuriose Züge an. In der nächsten Flakstellung überraschen Musikprofessoren der Hochschule und ein Theaterintendant als Kanoniere verkleidet die Luftwaffenhelfer-Schüler mit der Bildung eines Männerchores. Ernst darf die Hauptrolle in Schillers *Wallensteins Lager* spielen. »Ich sehe mich als erster Kürassier abends in unserem Geschützbunker Texte auswendig lernen und einüben. Ich wollte glänzen in der Rolle, war ehrgeizig ohne Ende. Inmitten all der Kriegswirren. So dachte man.« Während einige seiner damaligen Kameraden, mit denen er nach dem Krieg darüber spricht, sich aufgrund ihrer vorherigen oder späteren Erlebnisse gar nicht mehr an die Begebenheit erinnern können, schafft es Ernst, den Text seiner Rolle heute immer noch auswendig und begeistert vorzutragen. Er stellt sich vor seinen Tisch auf und spricht mit erhobener Stimme:

»Bruder, den lieben Gott da droben,
Es können ihn alle zugleich nicht loben.
Einer will die Sonn, die den andern beschwert,
Dieser will's trocken, was jener feucht begehrt.
Wo du nur die Not siehst und die Plag,
Da scheint mir des Lebens heller Tag.
Geht's auf Kosten des Bürgers und Bauern,
Nun wahrhaftig, sie werden mich dauern;
Aber ich kann's nicht ändern – seht,
's ist hier just, wies beim Einhau'n geht,
Die Pferde schnauben und setzen an,

Liege wer will mitten in der Bahn,
Sei's mein Bruder, mein leiblicher Sohn,
Zerriß mir die Seele sein Jammerton,
Über seinen Leib weg muß ich jagen,
Kann ihn nicht sachte beiseitetragen.«

Spätestens ab Anfang 1945 ist die Niederlage Hitler-Deutschlands im Zweiten Weltkrieg nur noch eine Frage der Zeit. Während Amerikaner und Briten im Frühjahr den Rhein überqueren und die Westfront bricht, hat Stalin 2,5 Millionen Soldaten, über 6000 Panzer und mehr als 40000 Geschütze für den Sturm auf Berlin mobilisiert. Am 16. April eröffnet die sowjetische Armeeführung eine Großoffensive auf die deutsche Hauptstadt, die binnen fünf Tagen das NS-Regime zur bedingungslosen Kapitulation zwingen will. Dass das nicht gelingt, ist nur Hitlers unbedingtem Willen geschuldet, Deutschland mit sich in den Tod zu reißen. Er zwingt noch einmal eine Million Wehrmachtsoldaten, Angehörige der Waffen-SS, Polizeitruppen, Greise und Kinder des Volkssturmes zum erbitterten Widerstand. Am 22. April erlässt er einen Befehl an die Berliner Bevölkerung: »Merkt euch, jeder, der Maßnahmen, die unsere Widerstandskraft schwächen, propagiert oder gar billigt, ist ein Verräter. Er ist augenblicklich zu erschießen oder zu erhängen.«

Irgendwann ist das Schießen mit der Flak auf Flugzeuge für Ernst vorbei. Als die ersten russischen Panzer auf die Reichshauptstadt zu rollen, schult Ernsts Flak-Batterie auf den Erdzielbeschuss um. »Und das, wo ich gerade die Bühnengestalt des Ruprecht in Kleists Stück *Der zerbrochene Krug* spielen sollte. Die kurze Muse war schnell vorbei.« Die Jungen erhalten Soldbücher und sind jetzt formal in die Wehrmacht eingegliedert, damit sie im Falle der Gefangennahme als Soldaten erkannt und nicht als bewaffnete Terroristen sofort erschossen werden, wie es damals mit Gleichaltrigen geschieht, die sich NS-Untergrundorganisationen wie der Freischärlerbewegung *Werwolf* (ugs. Werwölfe) angeschlossen haben. Als vorgeschobener Beobachter müssen Ernst und zwei Kameraden die Stellungen der Russen ausfindig machen. Von einem der vier Ecktürme des Goerzwerkes am Teltowkanal aus beobachtet er durch ein Fernglas am Morgen des 22. April auf der anderen Seite des Flusses etwa 20 russische T-34-Panzer in 150 Meter Entfernung. »Die machten Pause. Zwischen den Kanonenrohren waren Wäscheleinen gespannt mit braunen Uniformteilen und Laken. Wir haben das über Funkgeräte sofort an die Batterie gemeldet. Dann bewegte sich die Wäscheleine plötzlich, und es krachte, dreimal. Die Panzer schossen auf das Werk, trafen es schwer. Wir sind gerade so rausgekommen, haben uns auf die Fahrräder geschmissen und sind zurück zur Stellung.«

Völlig außer Atem dort angekommen, erfährt Ernst von seinem vorgesetzten Oberleutnant, dass dieser nach einem Gespräch mit Ernsts besorgtem Vater, der in die Stellung gekommen ist, einen Befehl verweigert habe, nach dem Ernst in die Leibstandarte Adolf Hitler zur Verteidigung der Reichskanzlei eingegliedert werden sollte. »Das hat mein Vater gewollt. Mein Vorgesetzter hat Mut bewiesen und ihn mit der Begründung, ich sei ein unabkömmlicher vorgeschobener Beobachter, wieder nach Hause geschickt.«

Am 25. April ist die Reichshauptstadt in die Zange genommen. Die 1. Ukrainische Front unter Marschall Iwan Konew bricht von Süden durch, die 1. Weißrussische Front unter Georgi Schukow von Norden. Trotz massiven Beschusses von Artillerie und Luftstreitkräften halten deutsche Soldaten die Stadtgrenzen noch tagelang. Ernsts Batterie soll mit drei Geschützen zum Reichstag ziehen, um von dort aus auf angreifende Panzer zu schießen. Mehrere Lkws der Feuerwehr halten vor der Batteriestellung, um die Munitionskisten aufzuladen und alles zum Abmarsch fertig zu machen. Ernst sucht verzweifelt unter den Verwundeten und Toten im Keller eines Bunkers nach seinem Freund Fritz, der nach einem heftigen Angriff verschwunden geblieben ist, findet ihn aber nicht mehr. Gerade so eben schafft er es, auf einen abfahrenden Lkw zu springen. »Ich schmiss mich oben auf eine der Munitionskisten und auf dem Weg zum Regierungsviertel hatte ich ein weiteres kurioses Erlebnis. Ich wäre beinahe erschlagen worden von einem an einer Laterne aufgehängten Defätisten oder Deserteur, der über der Straße baumelte. Der Laster musste im Zickzackkurs über die zerstörten Straßen fahren und kam immer wieder ganz nahe an den Bordstein. Ich konnte soeben den Kopf wegziehen. Ein Bein der Leiche traf meine Schulter hart. Ein schmerzhafter Fußtritt. Vielleicht war das der gefährlichste Moment im Krieg, wenn der mich voll erwischt hätte, ist ja wie ein Geschoss bei dem Tempo. Auch wenn der Wagen getroffen worden wäre, vielleicht hätte ein Funke gereicht, und die Munition wäre mit mir hochgegangen.«

Ernst verteidigt den Reichstag so lange, bis die Artillerie der Russen alle Geschütze zerstört hat. Dann bezieht er Quartier in dem Eckturm im rechten Flügel des Reichstages. Am 27. April 1945, Ernst ist 16 Jahre alt, hat die Rote Armee das Regierungsgelände umzingelt. Den linken Flügel bezieht die Waffen-SS. »Es wird immer wieder behauptet, der Reichstag sei eine Festung gewesen. Das stimmt meines Erachtens nicht. Es war der letzte Fluchtpunkt für alle möglichen versprengten Soldaten. Und ich habe ab diesem Zeitpunkt kaum Widerstand bemerkt. Die SS schoss zwar mit Maschinengewehren aus dem linken Flügel und hielt so die Russen zurück. Aber es war nicht der aufopferungsvolle Kampf, wie er in russischen und deutschen Geschichtsbüchern beschrieben wird.« Zum ersten Mal erhebt sich Ernsts Stimme. Er ist wütend. »Ich verstehe das nicht. Ich habe doch alles gesehen und erlebt, warum schreiben Historiker, im Reichstag hätte es eine blutige Schlacht bis zur letzten Patrone gegeben? In unserem Flügel hat keiner geschossen, niemand. Das war ein Wartesaal. Wir haben Karten gespielt. Keine Befehle, kein Widerstand, kein Kampf.«

Eher wird nach Ernsts Erinnerung vielmehr an der Krolloper gekämpft. »Und ich habe auch kein Massaker erlebt. Ich konnte mich frei bewegen und habe das Innenministerium beobachtet. Dort hatten sich etwa 30 deutsche Fallschirmjäger in einem Keller eingenistet. Das Gebäude wurde von vorne von den Russen beschossen, aber es wurde nicht gestürmt, was locker möglich gewesen wäre. In den oberen Stock waren schon Russen eingedrungen und plünderten. Das konnte ich alles gut beobachten. Die hatten aber kein Interesse, die verschanzten deutschen Soldaten unter ihnen zu liquidieren. Ich habe Wehrmachtssoldaten aus der hinteren Tür flüchten sehen. Die Russen haben sie laufen lassen. Nichts mit blutigem Massaker, von dem ich immer wieder in Büchern lesen musste, an genau dieser Stelle. Ich habe sogar gesehen, dass Zigaretten unter Feinden getauscht wurden. Die Rote Armee hatte keine Lust mehr auf Kampf, da wollte niemand mehr sterben.«

Ernst wird am Nachmittag des 30. Aprils bei seinen Beobachtungen von einem patrouillierenden SS-Offizier entdeckt: *Du feiges Schwein, was machst du da hinter der Mauer? Deine Kameraden verteidigen das Innenministerium, und du lungerst hier rum?*

»Er befahl mir dann unter vorgehaltener Pistole hineinzugehen und Brote zu schmieren für die Kämpfer im Innenministerium. Das habe ich gemacht. Ich bin dreimal rübergerannt und habe Brote und Wasser in den Keller gebracht. Kein Russe hat auf mich geschossen. Nicht mal, als ich später drei Panzerfäuste hinüberschleppte auf Befehl der SS. Ich war dann im Keller und schaute auf die Moltkebrücke. Da fuhr ein russischer Panzer vor das Innenministerium, hielt auf der Moltkestraße. Der T-34 richtete das Geschützrohr auf den Keller aus. Ein Soldat neben mir hat rechtzeitig die Panzerfaust bedient. Der Panzer wurde getroffen, ein schauerlicher Moment. Es war so nah, wir hörten die Russen im Inneren des Panzers schreien, sie verbrannten. Dann ging der Turmdeckel auf und der Panzerkommandant stieg aus, richtete seine Maschinenpistole auf uns. Wir drei haben unsere Karabiner schon in der Hand und drücken ab. Ich auch. Es war der einzige Schuss, den ich im Zweiten Weltkrieg auf einen Menschen abgegeben habe.« Ernst gerät leicht außer Fassung. »Ich habe den russischen Soldaten mit getötet. Wenn ich das Freunden erzählt habe, haben mich immer alle stirnrunzelnd angeschaut. Ich weiß aber, dass er sonst uns erwischt hätte. Und ich bin nicht der Einzige, der im Krieg getötet hat. Aber warum haben die Russen uns zuvor nicht ausgeschaltet, als das möglich gewesen wäre? Gab es Befehle seitens der Roten Armee, das nicht mehr zu tun?« Ernst ringt nach Luft, er hat sich in Rage geredet. »Das war es dann jedenfalls für mich. Ich lief zurück zu meinem Oberleutnant in den Reichstag. Da hatte sich schon rumgesprochen, dass Hitler tot war, aber ich wusste es noch nicht. Mein Vorgesetzter nahm mich in den Arm wie ein Vater seinen eigenen Sohn und sagte: Wir gehen jetzt!«

Ernst rennt am Abend des 30. April mit dem Oberleutnant Richter in den Tiergarten. »Wir sind an der brennenden Kaiser-Friedrich-Gedächtniskirche vorbeigelaufen. Der Tiergarten war menschenleer. Wir sind weiter in den großen Zoobunker gerannt. Ich habe gegessen und bin eingeschlafen. Als ich aufgewacht bin, war der Oberleutnant weg. Ich weiß heute, er wollte mich retten. Am nächsten Morgen bin ich raus, bin zurück zum Reichstag. Niemand war im Tiergarten. Kein Mensch, ganz still. Es war wie das Auge im Taifun.«

80 000 Rotarmisten lassen beim Sturm auf das Stadtzentrum ihr Leben. Fernab von Ernsts Beurteilung schätzen Historiker,

dass 2000 Tote hätten verhindert werden können, hätte die sowjetische Armeeführung nicht beschlossen, unbedingt den Reichstag einnehmen zu wollen. Strategisch völlig unwichtig, nicht zuletzt, da sich Hitler und sein verbliebener Stab im Führerbunker unter der Reichskanzlei aufhalten, soll das Gebäude zum Symbol des sowjetischen Sieges erklärt werden. Seit dem 29. April kämpfen sich die Soldaten des 380., 756. und des 674. sowjetischen Infanterieregiments langsam an den Reichstag heran. Gut ausgebildete Waffen-SS-Soldaten verteidigen den linken Flügel mit schweren Maschinengewehren. Unter ihnen sind viele Franzosen, die für die Waffen-SS kämpfen. Wohl wissend, dass sie nichts mehr zu verlieren haben und als Kollaborateure nach dem Krieg die Todesstrafe in ihrem Land erwarten dürften, kämpfen sie bis zur letzten Patrone. Am 30. April weht kurz vor Mitternacht ein rotes Tuch aus einem der Fenster im zweiten Stock des Regierungsgebäudes. Doch das Blutvergießen geht im Inneren weiter. Aus Gängen, Zimmern und Kellern schießen die Verteidiger noch bis zum Nachmittag des 1. Mai, bevor sie sich ergeben oder flüchten. So schreiben es die Geschichtsbücher. Während der Einnahme der Stadt üben die Soldaten der Roten Armee entsetzliche Rache wie schon auf ihrem Vormarsch durch Ostpreußen. Von den etwa zwei Millionen vergewaltigten deutschen Frauen in dieser Zeit werden ca. 130 000 allein in Berlin zu Opfern, etwa 10 000 finden den Tod durch die Misshandlungen oder durch Selbstmord aus Scham danach.

Von all dem bekommt Ernst nichts mit. Am Reichstag angekommen, sieht er, dass das Gebäude vollständig brennt. Er dreht sich um, läuft wieder in den Tiergarten. Inmitten einer Wiese bemerkt er, wie Gewehrkugeln an ihm vorbeizischen. Er schaut sich um und sieht in einem Bombenkrater zwei russische Scharfschützen, die ihn mit Gewehren anvisieren. »Ich habe meine Handgranate von der Koppel gelöst und sie in den Krater geworfen, das ging blitzschnell, wie ein Reflex. Dann bin ich wie wild gerannt, habe aber keine Explosion gehört, auf mich geschossen hat aber auch niemand mehr. Das war Fügung. Das sollte alles nicht mehr sein. So sehe ich das. Es kann Zufall sein – oder Schicksal. Es kann sein, dass die Russen besoffen waren, es war der 1. Mai und die feierten alle schon ihren Sieg. Vielleicht wollten sie mich erschießen und haben nicht getroffen, betrunken wie sie waren. Aber ich will da nicht dran glauben. Es sind Spekulationen. Für mich waren das Warnschüsse. Die wollten mich nicht erschießen und deswegen ist auch meine Granate nicht explodiert. So kann es gewesen sein, oder anders. Für mich ist diese Variante die schönere Vorstellung.«

Ernst läuft weiter bis zur Siegessäule, setzt sich dort auf das Rondell und hört von einem anderen Soldaten, dass Hitler nicht nur tot ist, sondern dass er kurz vorher geheiratet hat.»Die Heirat hat mich schockiert, nicht der Tod. Damit ist die Legende gestorben. Der Mann, der immer gesagt hat, er liebe nur Deutschland. Dieser Mann heiratet inmitten des Kampfes um sein Deutschland ganz spießig eine Bürgerliche.«

Seit Januar 1945 hat sich Hitler im Führerbunker unter der Reichskanzlei in Berlin befunden. Selbst beim Ansturm der Roten Armee auf die Hauptstadt gibt er sich weiter der Illusion hin, den Krieg noch gewinnen zu können. Äußerlich jedoch zeigt sich sein körperlicher und geistiger Zerfall. Die sonst immer akkurat sitzende Kleidung wirkt in diesen letzten Tagen verwahrlost, seine linke Hand zittert in Folge einer fortgeschrittenen Parkinsonerkrankung. Mit Medikamenten zugedröhnt, betrachtet er oft gedankenversunken und stundenlang ein Porträt Friedrich des Großen, das in seinem Privatquartier hängt. Die letzten Zeitzeugen, die ihn dort treffen, berichten davon, dass Hitler fortlaufend nach Kuchen verlangt haben soll, von großen Streitmächten und Wunderwaffen fantasiert hat. Mitte April zieht Hitlers langjährige Freundin Eva

Braun in die Reichskanzlei ein. Am 20. April feiert Hitler mit den verbliebenen Führungsspitzen des NS-Regimes, unter ihnen Reichsmarschall Hermann Göring, Reichsführer SS Heinrich Himmler und Reichspropagandaminister Joseph Goebbels, seinen 56. Geburtstag in der Reichskanzlei. Auch hier werden noch Siegesparolen geschwungen. Wirklich daran geglaubt haben zu diesem Zeitpunkt wohl nur die Verblendetsten unter den Nazis.

Nachdem Hitler am 25. April von der gemeinsamen Siegesfeier zwischen US-Soldaten und Rotarmisten hört, die sich in Torgau getroffen haben, und von der vollständigen Einkesselung Berlins erfährt, muss er sich eingestehen, dass der Krieg verloren ist. Seine Wut richtet sich gegen die Generalität. Besonders enttäuscht zeigt er sich von Göring, der die Nachfolge auf der Position des Führers fordert, und von Himmler, der über einen schwedischen Diplomaten versucht, mit den Alliierten Kapitulationsverhandlungen aufzunehmen. Zudem meldet der Kampfkommandant der Schlacht um Berlin, General Weidling, am 28. April, dass die Reichshauptstadt nicht mehr zu halten sei. Spätestens die am darauffolgenden Tag eintreffende Nachricht darüber, dass die Leiche des von Partisanen getöteten Verbündeten und ehemaligen italienischen Führers Benito Mussolini öffentlich zur Schau gestellt und geschändet worden ist, muss Hitler den letzten Anstoß gegeben haben, sich selbst das Leben zu nehmen. Am 29. April heiratet er Eva Braun und verfasst im Anschluss sein politisches Testament. Am folgenden Tag verteilt er Giftampullen an die Bunkergefolgschaft und erlaubt Ausbruchsversuche. »Tun Sie, was Sie wollen«, soll er gesagt haben. Nachdem zuerst um circa 15:30 Uhr am 30. April Eva Braun auf eine Giftkapsel gebissen hat, erschießt sich Hitler direkt im Anschluss. Ihre Leichen werden im Garten des Reichstages abgelegt und verbrannt. Einen Tag später töten sich Goebbels und seine Frau Magda, die zuvor ihre sechs Kinder ebenfalls mit Gift ermordet hat.

Ernst steht an der Siegessäule und denkt über die Sinnlosigkeit des Krieges nach. Er merkt, wie eine irrsinnige Wut auf Hitler in ihm hochkocht. Und er hat nach seinen Befehlen gehandelt, dafür schämt er sich nun. Ernst irrt durch den Tiergarten und findet einen geladenen Karabiner neben einem Toten. Er überlegt, ob er sich erschießen soll. In diesem Moment denkt er an seine Mutter. Er hört ihre Stimme in seinem Kopf, wie sie ihn einmal verabschiedet hat, als er in die Flakstellung musste:»Mein Lieber, fürchte dich nicht. Du bist in Gottes Hand.« Ernst entschließt sich in diesem Moment, seine Mutter wiedertreffen zu wollen und sich nicht umzubringen. Das soll es nicht gewesen sein. Er läuft eilig zum Schloss Bellevue, trifft dort auf SS-Leute, die sich ihrer Embleme entledigen. Es ist der 2. Mai 1945. Alle warten auf die russischen Soldaten, um sich ergeben zu können.

Etwa zur gleichen Zeit klettern zwei Rotarmisten auf das Dach des Reichstages und hissen stolz die sowjetische Flagge, die tatsächlich als Symbol des sowjetischen Sieges über Nazi-Deutschland in die Geschichtsbücher eingehen wird. Die gestellte Szene knipst der Kriegsfotograf Jewgeni Chaldej. Bevor das Bild veröffentlicht wird, muss es retuschiert werden, da einer der Soldaten zwei Uhren am Handgelenk trägt und somit als Plünderer hätte erkannt werden können.

Nach Hitlers Tod erfährt Großadmiral Karl Dönitz, dass ihn der Führer in seinem Testament zum Nachfolger ernannt hat. Er zögert nicht, gründet eine geschäftsführende Reichsführung und akzeptiert am 4. Mai 1945 eine von den britischen Streitkräften geforderte bedingungslose Teilkapitulation Nordwestdeutschlands, der besetzten Niederlande und Dänemarks sowie die von den amerikanischen Streitkräften geforderte Teilkapitulation Süddeutschlands. Den Kampf gegen die Sowjets lässt er hingegen zunächst nicht einstellen, da er zu verhindern versucht, dass Hunderttausende Deutsche in sowjetische Gefangenschaft geraten.

Außerdem spekuliert er bis zuletzt darauf, dass die Westalliierten sich mit Deutschland gegen die Sowjetunion verbünden. Das haben diese jedoch nicht im Sinn und verlangen eine Gesamtkapitulation, gewähren Dönitz dafür aber immerhin 48 Stunden Zeit, damit deutsche Soldaten den Russen entkommen können. Am frühen Morgen des 7. Mai 1945 unterzeichnet Generaloberst Alfred Jodel im Auftrag der Regierung Dönitz die Gesamtkapitulation aller Streitkräfte. Dazu ist er ins Büro des Oberkommandierenden der alliierten Streitkräfte Dwight D. Eisenhower in die französischen Stadt Reims gereist. Da an diesem Tag kein sowjetischer Oberkommandeur anwesend ist, verlangt Stalin eine Wiederholung der Gesamtkapitulation, die schließlich am 8. Mai in Berlin erfolgt.

Drei Fragen an Ernst

Waren Sie denn noch in Gefangenschaft?
Ja, kurz. Aber davor ist noch etwas passiert. Als ich den Panzer abgeschossen hatte, habe ich von Oberleutnant Richter am Abend noch ein EK2 verliehen bekommen, das ich bei mir trug, als wir am Schloss Bellevue auf unsere Gefangennahme warteten. Darauf habe ich aufgepasst, aber nicht auf meinen Stahlhelm, der weg war, als ich ihn mal kurz abgelegt hatte. Ich habe mir einen anderen genommen, den ich dort fand. Nach der Gefangennahme am 2. Mai wurden wir zum sogenannten Schaulaufen durch Berlin getrieben, und da habe ich gemerkt, dass was nicht stimmt. Einer der Gaffer aus der Menge ist auf mich zugelaufen, hat mich mit einem Stock verdroschen und mich als SS-Mann beschimpft. Ich habe mich schwer gewundert, aber schnell geschaltet. Ich nahm den Helm ab und erkannte das SS-Symbol darauf. Ich warf das Teil weg, und weil ich so wütend auf das alles war auch meine

Tüte mit dem EK2 und der Verleihungsurkunde. Ich habe alles in die Menge geworfen, wollte ich nicht. Nach unserem Schaulaufen wurden wir im Hof einer Brauerei eingesperrt. Da lagen wir zwei oder drei Tage platt auf dem Kopfsteinpflaster. Später brachte uns ein Zug von Fürstenwalde bis Küstrin (Kostrzyn) und von dort in das Lager Dembsen in Posen. Wir lagen in Baracken auf Holzpritschen. Acht Mann übereinander. Aber ich habe nicht wie andere irgendwelche Quälereien erlebt, es war auszuhalten, vermutlich, weil ich nicht lange da war. Anfang August 1945 wurden wir ganz jungen Soldaten schon entlassen und konnten von Posen aus mit unseren Entlassungspapieren zu Fuß nach Berlin zurückmarschieren. Der Krieg war aus, und ich hatte nur noch den Wunsch, zu meiner Mutter zurückzukommen. Deshalb bin ich ja am Leben geblieben.

Wann haben Sie vom Holocaust erfahren?
Einige Monate nach dem Krieg aus dem Fernsehen. In der Wochenschau liefen all die gruseligen Bilder von den Knochenbergen, die auch den Kriegsgefangenen gezeigt wurden. Meine Mutter und ich hatten Tränen in den Augen. Wir waren genauso schockiert wie alle um uns herum. Und selbst mein Vater, den wir in Kriegsgefangenschaft besucht haben, war völlig perplex, dass er als ranghoher SS-Mann von diesen Dingen nichts erfahren hatte. Das alles ist peinlichst genau von der obersten Nazi-Führung geheim gehalten worden. Wie das passieren konnte, ist eines der ungeklärten und quälenden Rätsel für mich, immer noch. Alle fragen zu Recht, wie Menschen imstande waren, solche abscheulichen Verbrechen zu tun, andere Menschen ins Gas zu schicken. Das kann ich mir nicht erklären. Das ist unerklärlich, weil es unmenschlich ist. Mindestens genauso unbeantwortbar bleibt aber für mich die Frage, wie die Nazis das Ganze so geheim halten konnten vor der Bevölkerung. Viele Historiker versuchen sich an

verschiedenen Erklärungen, aber überzeugende Antworten finde ich nicht darunter. Es ist eine Mischung aus vielem. Ich habe aber nie jemanden getroffen, der etwas davon gewusst hat, und dabei nie das Gefühl gehabt, dass ich belogen werde. Und ich habe mit so vielen Menschen aus der Zeit diskutiert und immer wurde diese Frage erörtert. Wie konnte das passieren? Wie konnten wir so getäuscht werden? Ich habe das Gespräch eben deswegen auch mit deutschen Juden gesucht, die den ganzen Horror durchleben mussten. Auch die haben mir ungläubig versichert, dass sie das niemals geahnt hatten, dass so etwas möglich gewesen wäre, bis sie eben in den Todeslagern ankamen und Zeuge des Unfassbaren wurden. Eben diese Juden haben doch keinen Grund zu lügen. Sie haben das doch durchgemacht, den ganzen Weg von der Deportation aus den Städten bis zum Anblick der Krematorien.

Was möchten Sie den Menschen über den Kampf mitteilen, den Sie erlebt haben?
»Mir ist daran gelegen, dass endlich dieser Blödsinn über den heroischen Kampf am Reichstag nicht mehr erzählt wird. Außer der SS hat kaum mehr jemand geschossen. Keine gegnerische Artillerie, keine russischen Scharfschützen. Es muss da einen offiziellen Befehl für die Rote Armee gegeben haben, dass Menschenleben geschont werden sollen, auf beiden Seiten. Davon bin ich überzeugt, und das muss erzählt werden. Ich habe vielen russischen Autoren Interviews gegeben, und die haben dazu auch publiziert. In Deutschland hatte man wenig Interesse an meinen Schilderungen. Joachim Fests Beschreibung ist hier das Maß der Dinge. Aber ich habe immer erzählt, wie es wirklich war. Auch meine drei Söhne wollten alles wissen. Einer fragte mich mal, welchen Film über den Krieg ich für realistisch halte. Und mir fällt keiner ein, außer *Die Brücke* von Bernhard Wicki. Das, was da gezeigt wird, diese Dinge haben wir beim Kampf um Berlin er-

lebt. Wenn man etwas aus der Zeit lernen will über uns Jungen, die am Schluss fanatisch gekämpft haben, dann sollte man sich den Film anschauen. Möglicherweise muss weitere Zeit vergehen, bis man Geschichten von deutschen Soldaten erzählen kann. Vielleicht wird das irgendwann gemacht. Leider werden wir Beteiligten das nicht mehr erleben.

Ernst verstarb 2017 im Alter von 89 Jahren.

WOLFGANG UND DIE TOTEN KINDER IN SCHLESIEN

Ich kann an keinen Gott mehr glauben«, sagt Wolfgang (*1930), der in blauem japanischem Kimono und an einem Stock laufend durch seine Berliner Wohnung humpelt. »An meinen Wänden hängt so ziemlich alles außer religiösen Symbolen.« Und tatsächlich ist kaum mehr ein Stück Tapete zu sehen. Ob im Badezimmer, in der Küche oder im Wohnzimmer, wo die Jalousien Tag und Nacht heruntergezogen sind, überall hat Wolfgang Mitbringsel aus der ganzen Welt befestigt. Alte Fächer und Samurai-Schwerter aus dem Fernen Osten, Holzschnitzkunst und Töpfereien aus Afrika, Totenmasken und Speere aus Mittelamerika, Tomahawks. »Als ich wegen meiner Hüftarthrose aus dem Polizeidienst ausscheiden musste, bin ich Reiseveranstalter geworden und war 25 Jahre unterwegs, habe über 100 Weltreisen gemacht. Ich habe so ziemlich jedes Land gesehen, war am liebsten in warmen Gefilden, deswegen gehe ich jetzt im Winter auch nicht raus.« In seiner Wohnung ist die Heizung voll aufgedreht. »Ich lebe bei 30 Grad und im Dunkeln, das hilft gegen die Schmerzen, die immer heftiger werden.« Wolfgang leidet an einer schweren Entzündung im Bein und ist lange nicht mehr bei einem Arzt gewesen, überhaupt lassen es seine Schmerzen nicht mehr zu, dass er rausgeht. Nachbarn bringen ihm Lebensmittel, Familie hat er nicht. Obwohl er viermal verheiratet gewesen ist, hat er nur einen Sohn bekommen, der aber schon lange tot ist. »Ich habe keine Nachkommen, aber ich schwelge viel in Erinnerungen, habe mein Leben gelebt. Und mit guten Freunden aus der ganzen Welt habe ich regelmäßig Kontakt über Telefon und Internet. Wir halten gemeinsam unsere Erinnerungen wach.« Wolfgang zeigt stolz seine ersten Boxhandschuhe. Er ist Berliner Boxmeister gewesen und war ebenfalls im Boxsport deutscher sowie Europa-Vizemeister der Polizei. Er erzählt von seinen Streifengängen durch das Rotlichtmilieu der 1970er- und 1980er-Jahre und von den Ausnahmezuständen am Checkpoint-Charlie, Anfang der Sechzigerjahre, als er gemeinsam mit amerikanischen Kollegen patrouilliert. Und dann lässt er sich irgendwann auf seinen Sessel fallen, der zwischen meterhohen Akten an der Wand steht. Darüber Regalwände mit Puppen, Modellautos, Mundharmonikas, ein nostalgisches Radio. »Die schlimmste Zeit war mit Sicherheit der Krieg. Deswegen glaube ich an vieles, aber nicht an Gott. Ich bin, seit ich 15 war, Atheist geworden. Und das hat einen Grund. Ein einziger Tag war der Auslöser dafür.«

Im Januar 1930 wird Wolfgang in Berlin geboren und wächst im Arbeiterbezirk Schöneberg auf. Er ist Einzelkind, was selten ist in der Zeit. »Meine Eltern haben mich spät bekommen, sie wollten eigentlich keine Kinder, haben mir aber eine gute Kindheit ermöglicht und alles gegeben. Ich kann ihnen nicht den geringsten Vorwurf machen.« Sein Vater ist Schneidermeister und führt eine Schneiderei, in der auch die Mutter tätig ist. »Mein Vater war gebürtiger Österreicher und hat im Ersten Weltkrieg gekämpft. Er war nicht politisch, nie. Über Politik wurde auch nicht gesprochen. Meine Eltern waren beide nie Parteimitglied und hegten keinerlei Sympathien für die Nazis. Aber wir profitierten wie alle zumindest indirekt von ihnen, weil es wirtschaftlich bergauf ging. Die Jahre vor der Machtergreifung müssen brutal gewesen sein. Die Leute lagen sprichwörtlich in Elend, kaum einer hatte Arbeit, viele hungerten, nahmen Drogen. In gewisser Weise bot der Nazi-Staat so auch für mich die Grundlage, dass meine Eltern ein so gut gehendes Geschäft führen konnten und ich immer genug zu essen und ein bisschen Geld für Unternehmungen bekam.«

Als 1939 der Krieg ausbricht, ist Wolfgang neun Jahre alt. Sein Vater wird mit seinen schon 41 Jahren noch eingezogen und dient in einer Wachmannschaft, zunächst im besetzten Frankreich, später in Russland. »Meine Mutter habe ich viel weinen sehen in der Zeit. Sie hatte Angst um meinen Vater. Das Geschäft war dann auch zu, und sie hatte damit nichts mehr zu tun. Ich selbst spürte da noch keine Angst. Die hat man als Zehnjähriger nicht. Nun war halt eben Krieg. Und in der Volksschule erzählten uns die Lehrer, dass das so sein müsse, weil die Länder um uns herum uns sonst vernichten würden. Wir haben das geglaubt.« Wolfgang ist Teil des Jungvolkes, und die Zugehörigkeit macht ihm Freude. »Ab April 1940 marschierte ich stolz mit. Ich war ein Pimpf mit braunem Hemd, brauner Schirmmütze und kurzen Hosen.

Wolfgang bei der Hitlerjugend

In unserem Fähnlein 19 waren wir genau 150 Jungen zwischen 10 und 14 Jahren, unterteilt in Jungzüge, Jungschaften und Horden. Ich kriegte von Anfang an allerdings immer wieder Ärger mit dem Hordenführer, dem Jungschaftsührer, schließlich mit dem Fähnleinführer und dem Stammführer. Ich galt als rebellisch und hatte Probleme, mich unterzuordnen. In der Tat fand ich es bald zum Kotzen, dass alle das Gleiche tun mussten, und das auch noch auf Kommando von einem älteren Jungen mit einer schöneren Uniform, der etwas Tolleres machen durfte. Das war nicht meins, und ich holte mir an vielen Mittwochen, an denen wir Dienst hatten, einen Anschiss und Strafen nacheinander ab, meist war das sportliche Erniedrigung. Aber ich sagte ja, insgesamt hat es mir Spaß gemacht. Das galt dann eben für alles, was nicht zum Exerzieren gehörte. Die Heimatabende, wo wir Lieder gesungen haben, Wochenendfahrten durch die Landschaft, Pfadfinderspiele im Gelände, Begegnungen und Flirtereien mit den Jungmädchen. Das war schon aufregend alles. Klar, und auch die Paraden, zu denen wir gingen. In Berlin sahen wir ja ständig alle großen Politiker. Ich habe in der Menge Goebbels reden gehört und Hitler in seinem Auto fahrend zugejubelt.«

Die Welt um den Pimpf Wolfgang verändert sich schnell. »Plötzlich wurde in der Schule so viel Wert auf Rassenkunde gelegt. Der Lehrer hat bei allen die Gesichtsform mit einer Schieblehre vermessen. Herauskam, dass wir sämtlich Arier waren und der allen überlegenen nordisch-arischen Rasse angehören sollten. Na ja, bis auf den Egon. Egon wurde als Jude vermessen. Den Namen habe ich behalten, ich habe später ab und an über ihn nachgedacht. Der Egon wurde als Jude vermessen, was aber sicherlich eher damit zu tun gehabt haben muss, dass der Lehrer um seine jüdische Herkunft wusste. Der tat mir da ein bisschen leid, dieser schlaksige Junge, der sowieso schon geärgert wurde, weil er intelligenter war als die anderen. Aber groß nachgedacht darüber, was das Judensein nun für Egon für Folgen haben würde, habe ich ehrlich gesagt nicht. Auch nicht als Egon dann eines Tages mit einem gelben Judenstern auf der Jacke in die Schule kam. Auch nicht als er dann bald gar nicht mehr kam. Die Lehrer erwähnten ihn nicht mehr, keiner fragte weiter nach ihm. Wir vergaßen Egon. Erst nach dem Krieg habe ich die Zusammenhänge begriffen.«

Und Wolfgangs Tage werden bald von eigenen Problemen begleitet. Die Bombenangriffe auf Berlin mehren sich. 1943 fliegen die Bomber der USAAF regelmäßig schwere Angriffe, ganze Stadtteile werden dem Erdboden gleichgemacht. Ab November 1943 wird die Hauptstadt im Zuge der vom Luftmarschall der Royal Airforce (RAF) Arthur Harris ausgerufenen *Battle of Berlin* durch britische Bomben noch schwerer getroffen. Insgesamt krachen während der 363 registrierten angloamerikanischen Fliegerangriffe auf Berlin bis Kriegsende 45 517 Tonnen Sprengbomben, Brandbomben, Luftminen und Phosphor-Kanister nieder. Schätzungsweise 30 000 Zivilisten werden dabei getötet, über 500 000 Wohnungen komplett zerstört.

»Die auf den Dächern angebrachten Sirenen jaulten Tag und Nacht, die Bevölkerung suchte Schutz in Luftschutzkellern. Da kamen alle Bewohner eines Hauses zusammen. Der Kellerraum hatte Pfeiler zum Stützen der Decke und wurde durch eine schwere Stahltür verschlossen. Wir hörten von da drinnen aus hoch über uns das helle Bellen der Flakgeschütze, die versuchten, die Stadt zu verteidigen. Die Bomben, die um uns herum einschlugen, brachten die Wände zum Beben. Wenn es vorbei war, gingen wir wieder nach oben und ins Bett zurück. Die Engländer griffen ja nur nachts an. Es kam aber häufig vor, dass meine Eltern mich mehrmals in einer Nacht weckten, um mit mir in den Bunker zu gehen. 1943 hatte kaum noch jemand Fensterscheiben in seinem Haus. Man behalf sich mit angenagelter Pappe. Man lebte von Fliegeralarm zu Fliegeralarm, war ständig in Angst und Stress. Nach einem heftigen Angriff gab es dann etwas für uns Jungs. Gierig suchten wir nach den Bombensplittern, den Resten von Flakgeschossen, die wir auf Straßen und Dächern einsammelten, um damit Tauschgeschäfte zu machen. Unsere Kriegstrophäen. Ein Spiel, so etwas wie Quartett oder Murmeln oder so.«

Der Schulunterricht findet während der Zeit der Bombenangriffe nur unregelmäßig statt.»Unsere Schule stand zwar noch das ganze Jahr 1943, aber Fenster und Türen hatte sie nicht mehr. Ich erinnere mich genau an diese bizarre Szenerie. Im Bürgersteig davor war ein riesiger Bombentrichter. Immer weniger Schüler kamen und immer mehr erzählten, dass es ihr Haus erwischt hatte.« Mitte 1943 ist Wolfgang mit 13 Jahren geschulter Luftschutzmelder. Er trägt eine blaue Armbinde mit einem weißen M für Melder darauf, einen Luftschutz-Stahlhelm und eine Feuerschutzbrille. Nach dem Einschlag der ersten Bomben muss er dem Luftschutzwart seines Bezirkes Meldung machen über die Schäden an seiner Straße. Auch die Pimpfe des Fähnleins werden in den Bombennächten gebraucht. Abwechselnd müssen sie Wache auf einer Alarm-Einsatzstelle leisten. Bei einem gemeldeten Bombenschaden sollen sie die Feuerwehr unterstützen.

»Eine Nacht werde ich nie vergessen. Ein ganzer Straßenzug brannte, und wir drei Jungs, die Dienst hatten, rannten durch den Feuersturm, husteten und bekamen kaum Luft wegen des Qualms. An einem Haus erkannten wir Bewohner, die versuchten, ihre Sachen zu retten. Jemand schrie, dass noch Leute oben seien. Ohne zu überlegen, rannten wir ins brennende Haus, stolperten die verrauchte Treppe hoch, über der schon die lodernden Balken eingekracht lagen. Im mittleren Stockwerk fanden wir zwei kleine Kinder, deren Mutter und eine ältere Frau, die nicht laufen konnte und deshalb nie im Luftschutzkeller war. Es sah so aus, als hätten Tochter und Enkel versucht, die Oma hochzuheben, um sie nicht verbrennen zu lassen. Aber nun kam keiner mehr raus. Die Stubendecke war schon halb heruntergekommen. Ich frage mich bis heute, wie wir es geschafft haben, die vier Menschen da rauszuholen. Aber wir haben es geschafft, so viel steht fest. Zwei Andenken habe ich an diese Nacht behalten, eine Narbe von einem Phosphorspritzer am Arm und ein Kriegsverdienstkreuz mit Schwertern, das ich später für meine Lebensrettung erhalten habe. Ich war stolz auf mich. Und das bin ich bis heute.«

Am 23. Dezember 1943 brennt dann auch Wolfgangs Wohnung komplett aus. »Alles, was meine Eltern und ich besaßen, war an Heiligabend zerstört und verbrannt. Ich war schrecklich traurig über den Verlust meiner aus Pappe gefertigten Flugzeugmodelle; und auch zwei Schiffsmodelle, die ich mit so viel Fleiß aufgebaut habe, waren zerstört. Mein Teddybär, der mit mir, seit ich ganz klein war, jede Nacht im Bett schlief. Alles weg. Um den Teddy habe ich getrauert, ja. Aber ich war da 13 Jahre alt und wusste schon, dass das einzig Wichtige war, dass wir alle lebten. Meine Mutter und ich konnten zum Glück in die Wohnung darunter ziehen, die verschont geblieben ist. Die Nachbarn hatten uns den Schlüssel dagelassen; sie waren fortgezogen und kamen nie wieder. Das war nichts Seltenes zu dieser Zeit.«

Wolfgang versucht, sich mit anderem abzulenken, steckt sich neue Ziele. Schon seit Jahren ist er fasziniert von Schiffen und überhaupt von der Seefahrt. Er besucht einen Vortrag über eine Seeberufsfachschule und lauscht wie gebannt. Das ist das Richtige für ihn. Seine Eltern sind einverstanden, und Wolfgang bewirbt sich mit dem Ende der Volksschule für ein Aufnahmeprogramm. Mit viel Fleiß und Eifer besteht er die mehrere Wochen dauernde Eignungsprüfung und wird an der Seeberufsfachschule in Görlitz aufgenommen.

Wolfgang als Kadett auf der
Seeberufsfachschule

»Wir wurden schmuck eingekleidet, erhielten richtige Marine-
uniformen mit goldenen Ankerknöpfen auf der Jacke. Zu je acht
Jungens kamen wir auf Stuben, die in den Baracken eingerichtet
waren. Es war vorgesehen, dass wir am Ende nicht nur Unter-
offiziere würden, sondern ebenfalls einen Abschluss als Betriebs-
schlosser machten. Also Praxis in der Werkstatt und theoreti-
scher Unterricht auf der Schulbank, auch im Seemannswesen.
Wir paukten die verschiedenen Kommandos auf dem Schiff ein,
lernten, die Knoten zu knüpfen, das Winken zu trainieren. Wir
hatten aber auch politische Erziehung, und natürlich gab es das
von mir so verhasste Exerzieren. Heute weiß ich, dass wir schnell
auf den Krieg vorbereitet werden sollten und dass dabei möglichst hoch motiviert und ideologisch vorgegangen wurde. Wir
lernten die Wichtigkeit der Nürnberger Gesetze von 1935 kennen und den ganzen Rassenwahn, der mich nicht interessierte

und über dessen Gefährlichkeit ich mir keine Gedanken gemacht habe. Ich lernte einfach stumpf auswendig, was auswendig zu lernen war, und träumte insgeheim von einer Zeit auf einem großen Schiff, das in den Weltmeeren unterwegs war. Wir sangen jeden Morgen beim alltäglichen Flaggenappell mit erhobenem rechtem Arm das Deutschlandlied und das Horst-Wessel-Lied. Darüber hinaus gab es vor unserem Schulgelände ein Gefangenenlager für russische Soldaten. Eigentlich gar kein richtiges Lager, eher eine große Mulde, wo ausgemergelte Gestalten unter freiem Himmel kauerten. Wir marschierten oft daran vorbei. Ich war entsetzt. Trotz all der ideologischen Erziehung, glaube ich, damals Mitleid gehabt zu haben; die meisten von uns hatten das, vermute ich. Es war zwar streng verboten, und wir mussten es heimlich tun, aber immer wieder haben wir Essenreste aufgehoben und haben dann, wenn wir an der Todesmulde vorbeikamen, Brot oder Kartoffeln runtergeschmissen. Das hat uns Jungen mitgenommen, und wir haben auf unseren Stuben geredet darüber. Wir haben diese Menschen zwar als Russen wahrgenommen, aber als Soldaten und nicht als Untermenschen, wie es in unseren Büchern stand. Die Bolschewisten müssten irgendwelche andere Russen sein, dachten wir, keine Soldaten. Und es war uns unbegreiflich, wie deutsche Soldaten die Armeeangehörigen eines anderen Landes so behandeln konnten. Das stand im Gegensatz zu dem, was wir über das Soldatenwesen im Unterricht lernten. Wir hatten aber eben keinerlei Kriegserfahrungen und haben nicht im Traum daran gedacht, dass es so etwas wie Kriegsverbrechen an der Ostfront überhaupt geben könnte.«

Wolfgangs Traum vom Leben auf einem großen Schiff findet jäh ein Ende, als sich sein erstes Ausbildungsjahr zu Ende neigt. »Im Dezember hörten wir von unseren Baracken aus ein fernes und dumpfes Grollen in der Luft. Es war das Geschützfeuer der Front, und es kam Tag für Tag näher. Waren die Russen schon so weit? Ich konnte es mir kaum vorstellen. Bald darauf kamen aber Soldaten an unsere Schule, nahmen mich und etwa weitere 300 Schüler auf Lkws mit. Man karrte uns in die Nähe von Glogau (Głogów), dort sollten wir einen Panzergraben ausheben.«

Die Wehrmacht hat Ende 1944 die schlesische Stadt Glogau im Rahmen des sogenannten *Guderian-Planes* – benannt nach Generaloberst Heinz Guderian – zur Festung erklärt. Hier werden im Rahmen der Befestigung eines Verteidigungsgürtels der Ostgrenzen Feldstellungen und Panzergräben ausgehoben. »Da draußen war alles vereist, es schneite, und wir hatten erhebliche Mühe, uns mit Spaten durch die Erde zu kämpfen«, erzählt Wolfgang. »Ich fühlte mich elend und gar nicht mehr wie ein Marinesoldat.« Zurück an der Schule erhalten die Jungen keinen Seemannsunterricht mehr. »Es kamen ältere und teilweise verwundete Frontsoldaten, die uns erklärten, wie wir mit dem Karabiner umzugehen haben. Dann wurden bald Gewehre ausgegeben, und ich ahnte, dass wir kämpfen sollten. Und ich bemerkte bei mir, was ich bei allen anderen Schülern wahrnahm. Wir wollten kämpfen, wir waren bereit, unser Vaterland zu verteidigen, und wir fanden es aufregend und ehrenvoll, mit den alten Gewehren in den Wald zu feuern. Wir dachten an unsere Mütter und Schwestern und was die Russen mit ihnen anstellen würden, wenn wir nicht mithelfen würden, sie zurückzujagen. Wir glaubten, dass wir das schaffen würden. Plötzlich wurde auch für mich der Führer wichtig, ein echtes Vorbild, ein Motivator. Wir hörten ehrfürchtig seine Reden und die Wehrmachtsberichte und konnten es kaum erwarten, uns für Führer, Volk und Vaterland endlich in die Schlacht zu stürzen. Unsere Lehrer und Betreuer peitschten uns an, machten uns zusätzlich heiß. Es ist merkwürdig, während kaum einer von den Erwachsenen zu dieser Zeit noch an einen Sieg geglaubt hat und kaum jemand mehr etwas von Hitler hielt – das haben wir dann ja nach dem Krieg erfahren –, so war das bei uns Jungen Anfang 1945 genau gegenteilig. Wir glaubten plötzlich an eine Aufgabe und an unseren geliebten Führer.«

Dann geht alles schnell. Ende März 1945 kommt über Nacht ein Einsatzbefehl. Die Marineschüler erhalten Karabiner, Stiefel, Koppel, Gasmaske und Feldgeschirr. »Man holte uns wieder mit Lkws ab, und wir fuhren immer weiter ostwärts. Irgendwo in Schlesien hat man uns abgesetzt. Hektik, eine Handvoll Infanteriesoldaten kommandierte uns in verschiedene Richtungen. Wir wurden alle weitläufig verteilt. Von meinen Stubenkameraden habe ich ab da nie wieder einen gesehen. Jemand drückte uns Spaten in die Hände, mit denen wir uns in der Erde eingruben. Es kamen immer mehr Transporter und setzten Männer ab. Ich war alleine unter Fremden, im Graben hockten alte Volkssturmmänner mit Panzerfäusten, Jugendliche und Kinder in zivil. Dazu einige SS-Leute. Alle bewaffnet. Ein fremder Offizier stand vor mir und drückte mir ein nagelneues Sturmgewehr 44 in die Hand. Wir warteten, zwei Tage oder drei Tage, ich weiß es nicht mehr genau. Das Geschützfeuer kam immer näher, die ersten Granaten schlugen dann vor uns ein. Das Geräusch war ekelhaft. Ich kannte es nicht. Es waren Stalinorgeln, wie ich später erfuhr. Dann schlug eine Granate zehn oder zwanzig Meter neben uns ein. Ich sah, wie die Körper der Marineschüler, die es erwischt hatte, in die Luft gewirbelt und in Stücke gerissen wurden. In dem Augenblick bekam ich Angst, so richtig. Ich betete, da tat ich das noch. Ich hatte Panik davor, zu sterben, zum ersten Mal in meinem Leben. Als die Russen vor uns im Wald ihr markerschütterndes *Horräh, Horräh* riefen, nahm ich mein Gewehr und schoss in die Richtung, aus der das Kriegsgeschrei kam. Ich drehte mich kurz zu dem Jungen um, der neben mir stand, um mich zu orientieren, wohin ich schießen sollte. In dem Moment flog sein Kopf ab. Einfach nach hinten weg. Ich merkte, dass ich mit Blut vollgespritzt war. Dann nahm ich das Sturmgewehr und schrie und schoss um mein Le-

ben, ohne zu sehen, auf was oder wen ich zielte. Ich habe keine
Ahnung, wie lange das ging. Irgendwann zog mich jemand am
Arm. Ich war wie im Rausch, merkte dann, dass mir die Stimme
bekannt vorkam. Ich sah einen meiner Ausbilder; er packte mich
am Arm und zog mich und einen anderen Schüler, den ich nicht
kannte, zu einem der Lkws. Auf der Ladefläche lagen Verwundete, der Wagen knatterte los und fuhr uns bis zum Bahnhof Görlitz, der bis dahin unbeschädigt war. Ich sprach noch kurz mit
meinem Ausbilder. Ich verstand das alles nicht. Er sagte, im
Wehrmachtsbericht sei unsere Seeberufsfachschule erwähnt worden. Wir als Offiziersschüler hätten tapfer gekämpft, könnten
stolz auf uns sein und müssten nun geschont werden.«

Es kommen weitere Lkws und Traktoren an, die Marineschüler bringen. Sie werden alle in einen Zug gesteckt.»Wir sollten
nach Iserlohn fahren, man hatte dort Verwendung für uns, zur
Unterstützung von Einheiten der Wehrmacht, die sich im Zuge
der Ruhrkesselschlacht dort verschanzt hatten. Es drohte, dass sie
eingekesselt wurden. Wir fuhren über Nacht, kamen am nächsten
Morgen an, das muss um den 13. April herum gewesen sein. Als
wir ausstiegen, wurden wir sofort aus der Luft beschossen. Amerikanische P-38 Lightning-Jagdflugzeuge mit 2-cm-Bordkanonen.
Sie feuerten im Tiefflug auf uns. Ich sprang ins Gleis und spürte,
dass es vorbei war. Ich hörte Schreie. Mir war klar, dass da viele
Jungen im Kugelhagel verreckten. Die Maschinengewehrkugeln
schlugen um mich herum im Gleisbett ein. Ich wollte nicht aufse-
hen. Ich würde gleich dran sein. Ich zog ein Stück Speck hervor,
das ich in der Tasche hatte. Eine Art Übersprunghandlung, vermute ich. Ich knabberte daran, vielleicht wollte ich mit einem an-
genehmen Geschmack im Mund sterben. Nachdem noch ein paar
andere aufgeschrien hatten, erwischte es mich. Ich merkte, wie
die Kugel auf meinem Rücken explodierte, doch ich spürte keinen Schmerz und das Licht ging nicht aus. Auch nach ein paar

Minuten war ich noch wach. Fühlte sich so der Tod an? Man lag einfach da und blieb dennoch wach? Ich konnte mich bewegen, mein Körper wirkte real, nicht wie der eines Geistes. Erst als ich dann auf meinen Rücken griff, wo die Kugel mich getroffen hatte, und meine Hand wieder zurückzog, stellte ich fest, dass ich leben musste. Ich blutete nicht mal. Aber die Gasmaske, die vorher dort hing, fehlte. Ich begriff, dass die Kugel da eingeschlagen war und sie weggerissen hatte. Wie kann man ein solches Glück haben?«

Nach dem Angriff werden Überlebende am Bahnhof Iserlohn eingesammelt und mit Lastern weggefahren. Wolfgang lässt sich ohne zu murren oder nachzudenken wegkommandieren, hört nur, dass es nach Norden gehen soll. Er wechselt ein paar Mal die Fahrzeuge, sitzt zusammen mit Soldaten jeden Alters und verschiedener Waffengattungen auf Ladeflächen; wohin es geht, weiß er nicht. Es ist ihm egal. »Ich schaute in die leeren Gesichter der Männer und Jungen um mich herum. Keiner hatte mehr ein Gewehr, ich ebenfalls nicht. Wir mussten sie weggeschmissen haben. War der Krieg aus? Ein paar Zivilisten, die mit auf dem Transporter saßen, hielten aber Pistolen in der Hand. Einer bemerkte mich und reichte mir eine zweite Pistole, die er hatte. Es war eine kleine 6,35 Millimeter mit einem vollen Magazin. Waren die für unseren Selbstmord gedacht? In Gefangenschaft wollte ich nicht. Ich schlief ein, kam zu mir, als mich jemand anstieß und mir Brot reichte. Ich bemerkte, dass wir auf einer Wiese saßen bei einem Bauern und aßen. Es sollte bald weitergehen. Ich fuhr auf einem flachen Anhänger eines Treckers mit einem Dutzend fremder Soldaten mit. Irgendwann hielt der Wagen an. Ich hörte Motoren und Rufe.«

»Engländer«, zischt der Mann, der neben Wolfgang sitzt und ihn am Arm packt. »Ich wollte mich gerade beschweren, als ich sah, dass er unfassbare Angst zu haben schien. Die bemerkte ich in seinen Augen, die panisch wirkten; er zitterte am ganzen Körper.

Was hatte der Kerl? Er trug eine Ziviljacke, aber ich sah, dass er in einer Uniformhose steckte, mit roten Binsen dran. Also war es ein Generalstabsoffizier. Er schlotterte immer heftiger. Ich wusste nicht, was er wollte. *Kamerad hilf mir,* stammelte er dann vor sich hin. Dies ist ein weiterer Moment, den ich niemals vergessen werde. Das kann ich nicht. Ein bisher für mich höherstehendes Wesen, ein so hochrangiger Offizier im Moment seiner Gefangennahme, ängstlich und unwürdig. Ohne Ehre und Anstand. Er wendet sich an ein Kind und bittet um Hilfe. An diesem Tag habe ich meinen Respekt vor Autoritäten verloren. Dieser Tag hat viel verändert. An diesem Tag habe ich aufgehört zu glauben.«

Englische Soldaten ziehen die Männer vom Traktor. Wolfgang läuft mit anderen Gefangenen zu einer Sammelstelle. Auf einer langen Rasenfläche sind Zelte aufgestellt. Ein Kessel mit Suppe steht ebenso da. Wolfgang stürzt sich mit den anderen Männern darauf. »Ich hatte unfassbaren Hunger, aber das wurde erst mal nichts. Ich spürte einen heftigen Schlag im Nacken und sah Blitze vor meinen Augen zucken. *Damned Nazis,* rief ein britischer Soldat. Ich sah, wie sie die anderen von uns mit Gewehrkolben schlugen. Als alle verprügelt waren, durften wir die Suppe essen, als sei nichts gewesen. Drei Tage blieben wir auf der Wiese und wurden verhört. Dass ich erst 15 war, hat mir keiner von den Briten geglaubt, auch von einer Seeberufsfachschule wussten sie nichts. Ich blieb aber bei meiner Version und erklärte, dass ich kein regulärer Marinesoldat war, für den man mich hielt. Ich wurde dann von einem älteren Offizier vernommen, der mir glaubte und mich fragte, wo ich wohne. Ich wusste, mit Berlin könnte es Schwierigkeiten geben, denn da waren jetzt die Russen. Ich sagte bloß: Kassel. Immerhin erinnerte ich mich, da einen Onkel gehabt zu haben, hatte aber nie wirklich vorgehabt, dorthin zu gehen. Aber ich bekam so die Entlassungspapiere ausgehändigt, und nur die wollte ich.«

Mehrere Wochen wandert Wolfgang durch Deutschland, meistens nachts, denn er will nicht von den Engländern aufgegriffen werden und Ärger kriegen, weil er in die falsche Richtung läuft. »Ich war noch nicht ganz klar mit meinen Gedanken. Wie habe ich da gedacht, dass ich meinte, mich vor den Engländern verstecken zu müssen und nicht vor den Russen wie alle anderen? Aber ich wollte eben nach Hause, ich wollte unbedingt zu meiner Mutter. Und mein Zuhause, das war Berlin. Der erste russische Soldat, dem ich kurz vor Berlin begegnete, hielt mir dann aber gleich eine Waffe vor.«

»*Stoi!* Du SS!«, ruft der Soldat der Roten Armee, der auf Wolfgang trifft.

Er erschließt sich den Grund für die Verwechselung und versucht, auf Deutsch zu erklären, dass seine Jacke nicht schwarz, sondern blau ist und er nicht der SS angehört. Der russische Soldat wird aggressiver, treibt ihn an den Straßenrand. »Es war klar, dass er mich erschießen wollte, wie konnte ich nur so dumm sein? Ich versuchte es weiter: keine SS, *njet* SS! *No* SS. Ich hörte jemanden hinter mir auf Russisch reden, dann in gebrochenem Deutsch. Ein höherer Offizier hatte vermutlich in letzter Sekunde eine übereilte Exekution verhindert. Er musterte mich und schaute mich verdutzt an. Ich glaube, er hat gesehen, dass ich ein Kind war. Das hat mich gerettet. Er forderte mich auf, Jacke und Hemd auszuziehen. Er kam, prüfte und sah, dass ich keine Blutgruppen-Tätowierung auf der Haut unter der Achsel trug. *Niet SS!* Er beruhigte seinen Untergebenen, nahm dann ein Stück Packpapier aus seiner Tasche, kritzelte etwas auf Kyrillisch darauf, gab mir den Zettel und trat mir ordentlich in den Hintern. Ich wusste, das hieß, ich war frei. Und ein paar Stunden später hielt ich meine Mutter im Arm. Und sie mich. Lange.«

Drei Fragen an Wolfgang

Wie ist Ihre Einstellung zu Kriegen heute?

Auf dem Fußweg durch Berlin fielen mir damals die russischen Soldatinnen in Röcken und Stiefeln auf, die mit umgehängten Maschinenpistolen an den Kreuzungen standen und den Straßenverkehr mit Fähnchen regelten. Das hat mich entsetzt. Das hatte ich noch nicht gesehen. Frauen in Armeeuniformen? Mit Waffen? Das ist noch heute für mich kaum zu ertragen, wenn ich so etwas sehe. Aber generell kann ich mir nichts Militärisches anschauen. Militär bedeutet Krieg. Ich will sagen, dass ich hundert Prozent Pazifist geworden bin durch den Krieg. Wer den erlebt hat mit seinen Gräueln, diesen Irrsinn und Wahnsinn und dieses Elend, der muss überzeugt sein: Niemals wieder! Ich habe auf meinen Weltreisen so viele Menschen verschiedener Kulturen, Ethnien und Nationalitäten kennengelernt. Nicht ein Einziger hat mir jemals gesagt, dass er Krieg wolle oder einen solchen für richtig halte. Warum aber gibt es sie immer und immer wieder? Wer befeuert sie? Was zwingt Politiker und Generäle? Geld, Orden? Den Ausspruch: »Stell dir vor, es ist Krieg, und keiner geht hin«, finde ich so treffend, dass er in jedem Land der Erde jeden Tag jedem Menschen eingetrichtert werden sollte. Leider ist dem nicht so, und ich weiß, dass das alles leichter gesagt als getan ist. Krieg ist mir aber so verhasst, dass ich persönlich daran kaputtgehe, dass er auf unserem Planeten nicht auszurotten ist. Dazu zähle ich auch den Terrorismus, eine neue und ganz miese Form der Kriegsführung, die sich immer perfider entwickelt. Ich stehe am Ende meines Lebens und frage mich: Kann es sein, dass es eine biologische Maßnahme der Natur ist, dass sich Menschen gegenseitig umbringen müssen? Eine andere Erklärung kann ich nicht finden. Ich spreche mal für meine Generation der kämpfenden Soldaten im Kindes- und Jugendalter.

Was wir ertragen mussten, wie unvorbereitet und brutal wir in diesen Krieg hineingeschmissen wurden, das ist kaum analysierbar. Ob es psychologisch ausgebildete Fachleute können? Ich bezweifle es.

Wie und wann haben Sie vom Holocaust erfahren?

KZs? Ich habe bis zu den Kriegsverbrecherprozessen in Nürnberg nie etwas davon gehört. Ich schwöre es. Ich kannte nicht mal den Begriff. Und wenn meine Eltern den gekannt haben, dann haben sie nicht gewusst, was da passiert. Die hätten mir das niemals verschwiegen nach dem Krieg, wenn die was mitbekommen hätten vom Holocaust. Die hätten sich Tag und Nacht aufgeregt. Als wir dann gehört haben, dass Juden vergast sein sollten, habe ich das auch nicht geglaubt. Also ich war wütend, aber zuerst auf die Sieger, die uns das unterstellen wollten. So habe ich das empfunden. Ich habe lange damit zu tun gehabt und viel lesen und nachdenken müssen, bevor mir bewusst wurde, was Hitler getan hatte und wie er das ganze Land und auch mich manipuliert und benutzt hatte.

Ich habe als Kind schon im Laden ausgeholfen. Mein Vater hatte viele jüdische Kunden. Die kamen irgendwann nicht mehr, und ständig waren Möbelwagen in unserer Gegend. Ich wusste, dass die wegzogen. Aber ich habe mit meinen Eltern nicht darüber geredet. Da wir in der Schule Rassenkunde hatten und wir von unserem Lehrer eingetrichtert bekamen, dass die Juden in Deutschland keine Zukunft hätten, war es für mich eben logisch, dass sie wegziehen würden. Wohin, das habe ich mich nicht gefragt. Was hätte man mir gesagt, wenn ich gefragt hätte? Und wen hätte ich fragen können?

Gibt es einen Punkt in der deutschen Geschichte, den Sie als positiv, schön oder richtig empfunden haben?

Oh ja. Das war zweifelsohne die Wiedervereinigung. Dass ich dieses kaum für möglich Gehaltene erleben durfte, ist für mich ein großes Glück, für das ich wahnsinnig dankbar bin. Es hat mich so tief berührt und das tut es immer noch. Gleichzeitig aber sorgt es mich heute wieder. Denn selbst wenn die Mauer gefallen ist, so zeigt sich doch mehr und mehr, dass die Trennung in den Köpfen der Menschen immer noch Bestand hat. Vielleicht braucht es zwei weitere Generationen, bis man im Herzen geeint ist. Das würde ich mir wünschen, auch und besonders für mein Berlin. Trotz aller Unzulänglichkeiten, ich kann heute sagen, ich bin froh und stolz, Berliner zu sein. Und egal, wo ich war auf der Welt, ich hatte diese Stadt immer in meinem Herzen und ich möchte, dass es ihr gut geht, dass man sie hegt und pflegt. Hier ist die junge Generation gefragt. Es klingt sicher spießig, wenn ich das sage, und früher hätte ich mir das nie vorstellen können, so etwas zu behaupten. Aber ich verstehe diese Jugend nicht. Und ich rede von der in der ganzen Welt. Es sieht so aus, als würde sich die Menschheit selbst ausrotten, früher oder später. Es könnte mir egal sein, aber nach mir die Sintflut, nein, das ist auch keine schöne Vorstellung. Ich hoffe, die Menschen schaffen es. Ich bin nicht mehr lange hier.

Wolfgang verstarb 2016 im Alter von 86 Jahren.

NACHWORT

»Ein Buch muss die Axt sein für das gefrorene Meer in uns.« So umschrieb Franz Kafka etwas, das sich wohl jeder Autor am Ende seines Werkes wünscht, wenn er damit ein Um- oder wenigstens Nachdenken erreichen möchte. Ich wünsche mir ein weniger hysterisches Deutschland, eines, in dem ein breites Spektrum von Meinungen und Ansichten akzeptiert wird, in dem Politik und Gesellschaft Kompromisse finden, in dem Menschen mit Vernunft aufeinander zugehen und weniger in Schubladen denken. So viel ist über deutsche Einheit und Einigkeit gesagt und geschrieben worden, doch wir kommen immer weiter davon ab. Als Historiker bin ich davon überzeugt, dass wir mit der differenzierten Bewertung unserer Vergangenheit anfangen müssen, um dies auch in der Gegenwart umsetzen zu können. Das sollten wir nämlich tun, wenn wir wieder oder überhaupt einmal zusammenwachsen wollen, vielleicht aber auch einfach, damit wir uns nicht wieder einst gegenseitig die Köpfe über der Identitätsfrage einschlagen.

Verspielen wir unsere Erinnerungskultur, so verlieren wir uns selbst. Und unser Geschichtsbewusstsein trägt inzwischen tatsächlich kafkaeske Züge. Für mich war 2019 der Höhepunkt der

Geschmacklosigkeit erreicht, als eine Berliner Aktionskünstlergruppe aus angeblichem Protest gegen Rechtsextremismus und Konservatismus vorgeblich Knochen und Asche von Holocaustopfern ausbuddelte, sie ungefragt vor dem Reichstag zur Schau stellte und über das Internet zum Verkauf anbot. Viele unserer jüdischen Freunde waren zutiefst entsetzt darüber, dass so etwas im heutigen Deutschland möglich ist. Aber sie mussten zuvor auch schon erleben, dass vor dem Brandenburger Tor Israelflaggen verbrannt werden, Juden auf der Straße zusammengeschlagen oder angespuckt werden, nur weil sie Kippa tragen. Dies alles sind Anzeichen dafür, dass unsere Erinnerungskultur aus den Fugen geraten und immer weniger Wert ist. Ich rede nicht von Einzelfällen – die Diskussion über die geschmacklose Kunstaktion habe ich mit Schrecken in den sozialen Netzwerken verfolgt. Ich las Menschen, deren Profile geschmückt waren mit Antinazi-Hashtags und Sophie-Scholl-Bildern, die aber völlig aggressiv auf Juden, die ihrem Ärger über die Aktion Luft machen wollten, reagierten. Diese würden angeblich nicht verstehen, dass das Ausbuddeln der Asche ihrer Vorfahren doch etwas Gutes sei, hieß es da, und alles sei doch gegen rechts und damit in ihrem Sinne. Schließlich tue man das doch auch und besonders für die Juden, und außerdem müssten Juden verstehen, dass die Enkel der Täter ebenfalls ein Recht darauf hätten, zu entscheiden, wie sie erinnern wollen. Dabei kann diese übertriebene Sucht danach, Schuldige für aktuelle gesellschaftliche Probleme zu finden und dafür nun sprichwörtlich noch über die Leichen der Vergangenheit zu gehen, mit Sicherheit nicht mehr für ein Erinnern stehen. Geschichte wird benutzt zur Selbstdarstellung und Eigenaufwertung. Die Stigmatisierung von Menschen als Nazis dient auch nicht mehr der Stellung tatsächlicher Täter des Dritten Reiches, was die Alt-68er noch im Sinn hatten. Alles wird beliebig und kehrt sich mitunter sogar um. Selbst Opfer müssen heute als

Sündenböcke oder sogar Täter herhalten, wenn es »sachdienlich« ist. Wir schaffen es ja nicht einmal mehr, die Widerständler gegen das NS-Regime zu ehren. Fritz Kolbe, Ferdinand Sauerbruch: Ja, sie haben Widerstand geleistet, aber einfach zu wenig. Natürlich, Stauffenberg hat es versucht, aber eben doch zu spät. In meiner Heimatstadt Osnabrück schafft man es nicht, ein Museum nach Hans Calmeyer zu benennen. Ein Sohn der Stadt, der nachweislich mindestens 2.866 Juden vor der Deportation gerettet hat und in der Gedenkstätte Yad Vashem in Jerusalem als *Gerechter unter den Völkern* verehrt wird. Doch bei uns stellen sich hinzugerufene Gremien die Frage, ob Calmeyer vielleicht nicht noch mehr Menschen hätte retten können oder müssen.

Weil zu viele Politiker nicht in der Lage sind, zu differenzieren, und/oder auch nicht willens, sich multiperspektivisch mit unserer Vergangenheit auseinanderzusetzen, lassen sie lieber Straßen und Plätze umbenennen. Das Gebot der Stunde heißt wieder: lieber nicht drüber reden, lieber wegsehen, lieber alle Denkmäler einreißen als ein möglicherweise Falsches stehen lassen.

Wir werden unsere Eltern und Großeltern, die Zeuge und Teil des schlimmsten Krieges der Menschheitsgeschichte geworden sind, nun nicht mehr um Hilfe dabei bitten können, die Vernunft wiederherzustellen. Das haben wir zum großen Teil verpasst. Aber noch immer und auch nach ihrem Tod können wir durch und von ihren Geschichten lernen. Sie haben in meinem Buch 13 neue gelesen, aber es existieren noch Abertausende, die erzählenswert sind und die dabei helfen, ein Puzzle auch zur Vollständigkeit zusammenzusetzen. Wenn Sie noch Verwandte oder Freunde haben, die aus dem Krieg erzählen können, fragen Sie diese – zunächst ob sie auch darüber reden wollen. Nicht jeder kann, nicht jeder will das. Doch sehr viele haben sich das ihr Leben lang gewünscht, sind aber nicht gefragt worden. Mittlerweile ist die Chance, dass noch Zeitzeugen unter unseren Verwandten weilen, nicht mehr allzu groß. Aber: Haben sie nicht etwas hinterlassen? Gibt es da im Keller oder auf dem Dachboden nicht Briefe, Tagebücher, Fotoalben? Trauen Sie sich, sich mit der Geschichte ihrer direkten Verwandten zu beschäftigen! Es ist in keinem Fall leicht, aber es kann auch Balsam sein. Mir haben Bekannte häufig Fotos von ihren Großvätern aus dem Krieg gezeigt mit der Bitte, ihnen zu sagen, ob die damals getragenen Uniformen oder Orden darauf schließen lassen, dass Opa ein Nazi war. Allein dass dies so hätte sein können, hat viele davon abgehalten, sich der Geschichte ihrer Vorfahren anzunehmen, solange diese noch lebten. Ich selbst brauchte eine Weile, um bei meinen Großeltern das gefrorene Meer aufzutauen. Letztendlich aber waren es die Geschichten besonders meines Opas, den Sie in diesem Buch als Otto aus Bromberg kennengelernt haben, mit denen ich mir bestimmte Verhaltensmuster in meiner Familie und bei mir selbst habe erklären können. Denn wenn unsere Großeltern schmerzliches Leid erfahren haben, dann überträgt sich das so oder so auf unser Leben und auch auf das unserer Nachkommen. Es spielt dabei keine Rolle, ob wir die Vergangenheit unserer Großeltern kennen oder nicht. Sie aber zu kennen oder zu erahnen kann dabei helfen, uns selbst und auch die Schwierigkeiten, die wir in dieser Gesellschaft erleben, zu verstehen.

Ich möchte mich bei allen Protagonisten dieses Buches bedanken. Eure Geschichten werden unsterblich sein! Mein Dank gilt auch den Familien der Zeitzeugen, die mich großartig unterstützt haben, meiner Agentin Anna Mechler, meinem Lektor Franz Leipold und dem gesamten Europa-Verlag.

ANHANG

Merkblatt für den deutschen Soldaten.

1. Der deutsche Soldat kämpft ritterlich für den Sieg seines Volkes. Grausamkeiten und nutzlose Zerstörungen sind seiner unwürdig.

2. Der Kämpfer muß uniformiert oder mit einem besonders eingeführten weithin sichtbaren Abzeichen versehen sein. Kämpfen in Zivilkleidung ohne ein solches Abzeichen ist verboten.

3. Es darf kein Gegner getötet werden, der sich ergibt, auch nicht der Freischärler und der Spion. Diese erhalten ihre gerechte Strafe durch die Gerichte.

4. Kriegsgefangene dürfen nicht mißhandelt oder beleidigt werden. Waffen, Pläne und Aufzeichnungen sind abzunehmen, von ihrer Habe darf sonst nichts weggenommen werden.

5. Dum-Dum-Geschosse sind verboten. Geschosse dürfen auch nicht in solche umgestaltet werden.

6. Das Rote Kreuz ist unverletzlich. Verwundete Gegner sind menschlich zu behandeln. Sanitätspersonal und Feldgeistliche dürfen in ihrer ärztlichen bzw. seelsorgerischen Tätigkeit nicht gehindert werden.

7. Die Zivilbevölkerung ist unverletzlich. Der Soldat darf nicht plündern oder mutwillig zerstören: Geschichtliche Denkmäler und Gebäude, die dem Gottesdienst, der Kunst, Wissenschaft oder der Wohltätigkeit dienen, sind besonders zu achten. Natural- und Dienstleistungen von der Bevölkerung dürfen nur auf Befehl von Vorgesetzten gegen Entschädigung beansprucht werden.

8. Neutrales Gebiet darf weder durch Betreten oder Überfliegen noch durch Beschießen in die Kriegshandlung einbezogen werden.

9. Gerät ein deutscher Soldat in Gefangenschaft, so muß er auf Befragen seinen Namen und Dienstgrad angeben. Unter keinen Umständen darf er über Zugehörigkeit zu seinem Truppenteil und über militärische, politische und wirtschaftliche Verhältnisse auf der deutschen Seite aussagen. Weder durch Versprechungen noch durch Drohungen darf er sich dazu verleiten lassen.

10. Zuwiderhandlungen gegen die vorstehenden Befehle in Dienstsachen sind strafbar. Verstöße des Feindes gegen die unter 1 bis 8 angeführten Grundsätze sind zu melden. Vergeltungsmaßregeln sind nur auf Befehl der höheren Truppenführung zulässig.

ANMERKUNGEN

1   Zit. n. Die Zeit (Hrsg.): Dämone des technisierten Krieges, Nr. 26, 1959, URL: https://www.zeit.de/1959/26/daemone-des-technisierten-krieges/seite-2

2   Vgl. Anhang 1.

3   Zit. n. Keitel, Wilhelm (Dokumentbuch) International Military Tribunal (IMT) VIII, S. 263. Der Befehl existiert in einer leicht abgeänderten Form als grundsätzlicher Befehl für Wehrmacht und NSDAP-Dienststellen. Vgl. Grundsätzlicher Befehl des Führers und des Oberbefehlshabers der deutschen Wehrmacht über die Geheimhaltung in der Wehrmacht vom 11. Januar 1940. Auszug aus der Verschlußsachenvorschrift des OKW vom 1. August 1943. Bestand 500 Findbuch 12450 Akte 66, hrsg. von Deutsch-Russisches Projekt zur Digitalisierung deutscher Dokumente in Archiven der Russischen Föderation, Moskau 2019.

4   Zit. n. Fabeck, Siegmar von: Die militärische Sicherung (5), in: Deutschland Heute, hrsg. v. Presse- und Informationsamt der Bundesregierung, Wiesbaden 1968.

5   Zit. n. Rensing, Matthias: Geschichte und Politik in den Reden der deutschen Bundespräsidenten 1949- 1984, Münster/New York 1996, S. 43 f.

6   Gillessen, Günther: Zeugnisse eines vagabundierenden Schuldempfindens, in: FAZ (6. Februar 1996).

7   Bayernkurier (Hrsg.) (22. Februar 1997): Wie Deutsche diffamiert werden

7a   Zit. n. Der Spiegel 23/1999, S. 62.

8   Markwort; Helmut: Doch ein Thema für Seite 1, in: Focus Magazin, Nr. 43/1999, URL: https://www.focus.de/magazin/tagebuch/tagebuch-doch-ein-thema-fuer-seite-eins_aid_179214.html

9   Müller, Rolf-Dieter: Die Wehrmacht – Historische Last und Verantwortung.

Die Historiographie im Spannungsfeld von Wissenschaft und Vergangenheitsbewältigung, in: Ders./Volkmann, Hans-Erich (Hrsg.): Die Wehrmacht.
Mythos und Realität, München 1999, S. 16.

10   Ebenda, S. 32.

11   Markwort.

12   Ebenda.

13   Vgl. Post, Walter: Die Proportion der sogenannten Täter in der Millionenar-
mee – Versuch einer Quantifizierung am Beispiel der 6. Armee im Rußland-
feldzug 1941, in: Poeppel, Hans/ Prinz von Preußen, Wilhelm-Karl/Hase,
Karl-Günther von: Die Soldaten der Wehrmacht, München 1998, S. 529.

14   Rohde, Horst: Politische Indoktrination in höheren Stäben und in der Truppe – untersucht am Beispiel des Kommissarbefehls, in ebenda, S. 157.

15   Vgl. ebenda.

16   Möller, Horst: Es geht nicht um die Wahrheit, Focus Magazin Nr. 43 (1999).
URL: https://www.focus.de/politik/deutschland/deutschland-es-geht-nicht-
um-die-wahrheit_aid_179244.html

17   Vgl. Hartmann, Christian: Verbrecherischer Krieg – verbrecherische Wehrmacht? Überlegungen zur Struktur des deutschen Ostheeres, in: Ders. et. al.
(Hrsg.): der deutsche Krieg im Osten 1941-1944. Facetten einer Grenzüber-
schreitung, Quellen und Darstellungen zur Zeitgeschichte, Bd. 76, München
2009, S. 4.

18   Zit. n. Interview Deutschlandfunk Kultur: Historiker verteidigt ZDF-Serie
zur Wehrmacht, Moderation Dieter Kassel, Beitrag vom 13.11.2007, URL:
https://www.deutschlandfunkkultur.de/historiker-verteidigt-zdf-se-
rie-zur-wehrmacht.1013.de.html?dram:article_id=167449

REGISTER